Birgit Reimann
mit Henriette Dyckerhoff

Die
Großstadt
ist mein
Revier

Eine Hauptkommissarin
im Kampf gegen
Unrecht und Gewalt

※ | KRÜGER

Erschienen bei FISCHER Krüger

© S. Fischer Verlag GmbH, Frankfurt am Main 2013
Satz: Pinkuin Satz und Datentechnik, Berlin
Druck und Bindung: GGP Media GmbH, Pößneck
Printed in Germany
ISBN 978-3-8105-1631-2

Inhalt

Vorwort

Immer wenn mich jemand fragt, warum ich dieses Buch geschrieben habe, werde ich etwas verlegen. Denn ein bisschen komisch ist es schon, seine Erlebnisse einer Öffentlichkeit zugänglich zu machen. Auch wenn es berufliche Dinge sind, von denen ich berichte, die Gefühle, die ich dabei empfand, sind durchaus privat. Um ehrlich zu sein, ich selbst wäre nie auf die Idee gekommen, wenn ich nicht gefragt worden wäre.

Henriette Dyckerhoff hat mich vor zwei Jahren in meiner Funktion als Frauengruppenvorsitzende der Gewerkschaft der Polizei angesprochen, weil sie eine Polizeibeamtin für ein Buchprojekt suchte. Erst habe ich gezögert, aber dann habe ich mir überlegt, dass es vielleicht gut ist zu erzählen, was in einem Polizistinnenleben alles passieren kann. Wäre es Henriette Dyckerhoff nicht gelungen, mein Vertrauen zu gewinnen, dann hätte ich sicher vieles lieber für mich behalten.

Dieses Buch ist also über die Gewerkschaft zustande gekommen, und ich schreibe auch aus der Sicht einer Gewerkschaftlerin.

Die Polizei kommt ja immer dann ins Spiel, wenn irgendetwas nicht stimmt, wenn etwas außer Kontrolle geraten ist, wenn Menschen leiden, in Not sind, sterben. Meine Kolleginnen, Kollegen und ich, wir sind dann da und managen die Situation, das heißt, wir versuchen, alles wieder in Ordnung zu bringen. Wir geben dabei unser Bestes, aber es kann natürlich sein, dass trotzdem etwas schiefläuft. Und dann sind nicht alle glücklich mit dem Einsatz der Polizei. Wir werden oft kritisiert und beschimpft, »Danke!« oder etwas Nettes hören wir recht selten.

Ich möchte gerne zeigen, wie eine Polizistin arbeitet und was sie leistet (meine männlichen Kollegen leisten natürlich nicht weniger). Es geht mir darum, deutlich zu machen, dass in den blauen oder grünen Uniformen normale Menschen stecken, die das, was sie erleben, auch irgendwie wegstecken müssen. Die Konfrontation mit menschlichen Abgründen, Leid und Tod geht an keinem von uns spurlos vorbei. Diese Erlebnisse müssen irgendwie verarbeitet werden. Ich selbst bin oft an meine Grenzen gekommen und wusste nicht immer, wie ich mich verhalten sollte. Da geht es mir wie allen anderen Menschen auch. Inzwischen weiß ich immerhin, dass ich auch mit meinen Ressourcen sorgsam umgehen muss, aber bis dahin war es ein langer Weg.

Die Fälle, die hier beschrieben sind, sind unter anderem Ereignisse, die mich zum Nachdenken gebracht haben, weil ich begreifen wollte, wie es dazu kommen konnte. Zum Beispiel, warum sich eine Frau jahrelang von ihrem Partner schlagen lässt oder warum sich zwölfjährige Kinder gegenseitig Pornofilme auf ihre Handys schicken. Vielleicht hilft es mir ja, wenn ich darüber schreibe.

Und vielleicht sind diese Fälle auch für eine breite Öffentlichkeit interessant. Wenn man von Ursachen und Hintergründen, die zu einer Tat geführt haben, eine Ahnung bekommt, ist man vielleicht sensibilisiert und versteht bestimmte Bemühungen, zukünftige Verbrechen zu verhindern, besser.

Birgit Reimann, Frühjahr 2013

Eine muss den Job ja machen

2007

Es riecht noch immer neu und unbewohnt in den Fluren, obwohl das Gebäude schon ein paar Jahre genutzt wird. Ich höre meine Schritte dumpf auf dem grauen Linoleum. Durch manche Türen dringt ersticktes Gemurmel. Würde ich stehen bleiben, um zu lauschen, würde ich jedes Wort verstehen, denn die Wände sind dünn und die Türen dienen eher dem Sichtschutz. Karin kommt mir entgegen und nickt mir zu.

»Sie sind da drüben. Geh schon mal rein«, sagt sie und deutet auf eine der Türen.

Ich hospitiere heute im Bereich Kinderpornographie. Seit 25 Jahren bin ich nun schon bei der Polizei und ich habe in der Zeit einige Stationen durchlaufen. Trotzdem ist es wieder spannend, in einen für mich neuen Bereich der Polizei zu kommen.

Ich betrete ein helles, kleines Besprechungszimmer. Die Kollegen sind schon alle da.

»Ah Birgit! Komm rein. Karin müsste auch gleich hier sein«, winkt mich Susanne herein.

Ich reiche ihr die Hand, dann Klaus, Bärbel, Michael und Wilhelm.

»Willkommen in unserer kleinen, feinen Dienststelle«, sagt Klaus und schiebt mir einen Stuhl hin. Dann wendet er sich an die anderen: »Birgit wird uns heute über die Schulter gucken. Und wenn's ihr gefällt, bleibt sie bei der KiPo.«

Karin kommt mit Kaffeekanne und Tassen und schließt die Tür hinter sich. Ich stelle mich kurz vor, obwohl mich alle kennen. Dann sehe ich in die Runde und lächle. Ich sehe in offene, vertraute Gesichter und habe das angenehme Gefühl, dass ich mich auf diese

Menschen verlassen kann. Es ist keine Aufregung dabei, und doch schlägt mein Herz etwas schneller.

Nach einer kurzen, allgemeinen Besprechung steht Klaus auf und nickt mir zu: »Birgit, du kommst mit uns.«

Ich folge ihm, Michael und Bärbel in einen Raum, in dem an mehreren Tischen Bildschirme aufgebaut sind. Kalter Zigarettenrauch hängt in der Luft.

»Das ist der Auswerteraum, in dem wir die beschlagnahmten Datenträger sichten. Hier kann man viel, viel Zeit verbringen«, höre ich Klaus sagen. Bärbel knipst einen der Bildschirme an und schiebt eine CD in ein Laufwerk.

»Das hier haben wir bei einer Hausdurchsuchung gefunden«, sagt Klaus zu mir, während er die Jalousie herunterlässt, bis nur noch ein schmaler Streifen Tageslicht in den Raum fällt. »Wir haben Hinweise darauf, dass der Mann seinen achtjährigen Sohn missbraucht«, fährt er fort. »Er soll Filme von ihm und dem Jungen im Netz für andere zugänglich gemacht haben. Ich habe den Film auch noch nicht gesehen. Mach dich auf was gefasst.«

Ich suche tastend nach einem Stuhl und setze mich unbehaglich hin. Ich habe in meiner Zeit bei der Polizei schon viel erlebt, aber mit Kinderpornographie hatte ich bisher noch nichts zu tun gehabt.

Auf dem Bildschirm ist ein Bett zu sehen. Dann kommt der Junge ins Blickfeld: kurzes braunes Haar, schmale Schultern und Hüften. Er zieht sich das T-Shirt aus, die Hose und die Unterhose. Er tut das schnell und ohne aufzublicken. »Langsam!«, befiehlt eine Stimme. Das Bild wackelt etwas, offenbar wird die Kamera abgestellt und ein Mann kommt ins Bild, bereits ohne Unterhose, sein Glied halb erigiert. Ich spüre, wie ich mich verkrampfe. Jetzt würde ich eigentlich gerne weggucken, aber ich widerstehe diesem Impuls.

Der Mann gibt dem Jungen immer wieder Instruktionen: »Dreh dich mal um!«, und so weiter. Er sagt das in ganz sachlichem Tonfall. Der Junge sagt nichts. Er weint nicht mal. Ich sehe, was der Mann in dem Film mit dem Jungen macht, und es kommt mir vor, als würde der Raum kleiner werden. Die Luft ist furchtbar schlecht. Am liebsten würde ich aufstehen und rausgehen.

10

»Alles okay?«, fragt mich Bärbel, die sich während des Films Notizen macht. »Sollen wir eine Pause machen?«

Ich schüttle den Kopf und atme tief durch: »Ne, geht schon.«

Michael geht zum Fenster und öffnet es. Durch den Spalt, den die Jalousie noch frei gelassen hat, strömt warme Septemberluft in den Raum. »Danke!«, sage ich erleichtert.

Der Film dauert etwa sieben Minuten. Als er zu Ende ist, lässt Michael die Jalousie wieder ein wenig hochfahren. Bärbel betrachtet ihre Notizen.

»Das ist eindeutig dokumentierter sexueller Missbrauch von einem Kind«, sagt sie ernst. »Das dürfte reichen, um den Mann zu überführen.« Die anderen nicken stumm.

»Wilhelm und Susanne werden gleich mit der Vernehmung fertig sein. Wir treffen uns wieder im Besprechungszimmer«, erklärt Klaus. Er sieht von Bärbel zu mir und verlässt mit Michael den Raum.

»Rauchen?«, Bärbel hält mir ihre Schachtel hin.

Dankbar greife ich zu. Ich inhaliere tief und sehe zu, wie sich der Rauch im Zimmer verteilt, bevor er langsam Richtung Fenster kriecht. Es ist ein schöner Tag, Anfang September, die Sonne hat noch Kraft, einer der letzten warmen Tage, bevor sich der Herbst endgültig einnistet. Bärbel und ich rauchen, ohne ein Wort zu sagen, dann folgen wir den anderen.

Auf dem Weg begegnen wir Wilhelm und einem anderen Mann. Wilhelm grüßt knapp, der Mann sagt nichts und sieht zu Boden. Erst als die beiden neben uns sind, erkenne ich ihn. Ich spüre, wie mir das Blut ins Gesicht steigt und mir warm wird. Er ist kleiner, als ich vermutet hätte, Mitte vierzig, braunes Haar, sehr hohe Stirn. Keine ungepflegte Erscheinung. Ich muss mich zusammenreißen, um ihn nicht anzustarren.

Als er vorbei ist, sehe ich Bärbel fragend an. Sie nickt. Es ist der Mann aus dem Film.

»Das war der Vater des Jungen«, raunt sie mir zu.

»Er hat gesagt, es wäre das einzige Mal gewesen«, sagt Susanne später im Besprechungszimmer. Es hört sich nicht so an, als ob sie ihm glauben würde. Ich glaube es, nach dem, was ich gesehen habe, auch nicht.

Es ist Freitag. Als ich nach Dienstschluss zum Auto gehe, um nach Hause zu fahren, denke ich an das bevorstehende Wochenende: Wenn ich es schaffe, bis Montag nicht an den Fall zu denken, wenn mich die Bilder nicht verfolgen, dann bleibe ich in dieser Dienststelle. Irgendjemand muss den Job im Bereich Kinderpornographie ja machen.

Das Wochenende vergeht, und ich denke kein einziges Mal daran, obwohl ich mir die Bilder aus dem Film noch jederzeit aus dem Gedächtnis abrufen kann. Am Montag gehe ich zu Klaus und sage: »Gut, ich bleibe.« Vielleicht hätte ich mich anders entschieden, wenn ich geahnt hätte, was da noch auf mich zukommt.

Ich muss als Polizistin vieles sehen, was nicht schön ist. Das meiste verschwindet nach einer Weile wieder aus meinem Kopf, aber manche Erlebnisse brennen sich ein. Welche Erlebnisse, Bilder, Wahrnehmungen oder Emotionen noch verarbeitet oder verdrängt werden können, dafür hat jeder seine eigene Grenze. Wenn diese Grenze jedoch überschritten wird, muss etwas verändert werden. Das erste Mal habe ich solch eine Grenze in meinem Praktikum gespürt, als ich mit Leichen zu tun hatte. Es ist gar nicht einmal der Anblick eines Toten, vor dem es mich graust. Das kann ich noch aushalten, selbst dann, wenn der Leichnam schon beginnt, sich in seine Bestandteile aufzulösen. Schlimmer ist der Geruch. Deshalb musste ich mir irgendwann eingestehen, dass die Mordkommission nichts für mich ist. Mancher Kollege von der Mordkommission hat hingegen Schwierigkeiten, sich mit Kinderpornographie auseinanderzusetzen. Ich kann das verstehen. Nicht jeder ist für die Arbeit bei der KiPo geeignet. Meiner Ansicht nach gehört unter anderem auch eine gewisse Lebenserfahrung dazu und natürlich Erfahrung im Beruf. Wenn ich daran denke, was ich mir unter der Arbeit einer Polizistin vorstellte, bevor ich mit der Ausbildung angefangen habe, muss ich heute lächeln. Es ist alles ganz anders gekommen, als ich es erwartet habe.

In der Ausbildung – Bitte keine Leichen

Von Anfang an

Als ich den Entschluss fasste, den Einstellungstest bei der Polizei zu machen, wollte ich eigentlich Verkehrspolizistin werden. So wie Herr Vollmer, der Verkehrserzieher, der uns damals in der Grundschule besuchte, in damals noch blauer Uniform und mit der Magnettafel, auf der er Autos, Verkehrsschilder und Fahrräder hin und her schob. Er hatte so eine ruhige, sichere Art. Jeden von uns sah er aufmerksam an, wenn er etwas erklärte. Ich mochte Herrn Vollmer und ich hatte Respekt vor ihm. So wie Herr Vollmer sahen für mich die Guten aus, die für Recht und Ordnung sorgten.

Etwa zehn Jahre später, kurz vor dem Abitur, als meine Freundin Sabine erzählte, sie würde den Eignungstest bei der Polizei machen, fiel mir Herr Vollmer wieder ein. Und bei der Vorstellung, in Uniform in die Schulen und Kindergärten zu gehen, machte sich ein angenehmes Gefühl in mir breit. Aber dann kam es doch anders. Der Eignungstest fiel genau in die Zeit, in der ich nach dem Abitur eine Reise in die USA geplant hatte. Die Tickets waren bereits gekauft, die Route war festgelegt. Ich wollte darauf nicht verzichten und beschloss, den Test im nächsten Jahr zu versuchen. In der Zwischenzeit begann ich, Ägyptologie zu studieren, ein zugegebenermaßen exotisches Fach mit sehr schlechten Berufsaussichten, doch so spannend, dass ich ohne zu zögern damit weitergemacht hätte, wenn es mit der Polizei nichts geworden wäre. Ich habe das große Wörterbuch »Hieroglyphen – Englisch« noch immer zu Hause stehen.

Ich bestand den »verspäteten« Eignungstest im ersten Anlauf und entging damit dem Schicksal, Putzfrau im Museum zu werden, das dann viele meiner damaligen Kommilitoninnen ereilte.

1983

Es ist noch dunkel, als ich aufstehe, um Kaffee zu kochen. Das Frühstück nehme ich in Form einer Zigarette zu mir. Meine Mutter, noch
im Nachthemd, steckt den Kopf in die Küche und rümpft die Nase.

»Soll ich dir Brote schmieren?«

»Quatsch«, sage ich schnell und greife selbst in den Brotkasten.
Es passt nicht in mein Selbstbild, einerseits für Recht und Ordnung
zu sorgen, aber nicht einmal mein Pausenbrot selbst zu schmieren.
Meine Mutter lächelt, als hätte sie meine Gedanken gelesen.

Als ich aufbreche, gibt sie mir wortlos einen Kuss auf die Stirn.
Ich lasse es über mich ergehen und suche dann etwas hektisch meine
Sachen zusammen, obwohl ich eigentlich noch ein bisschen Zeit
habe. Nach einem Jahr Theorie werde ich nun endlich in die Praxis
entlassen. Ein halbes Jahr soll ich eine Wache unterstützen. Mein
erstes Praktikum.

Ein letzter prüfender Blick in den Spiegel: Das beigefarbene
Hemd ist etwas unförmig, eine Männergröße. Es ist zu lang, und die
Schultern stehen zu weit auseinander. Ich versuche noch einmal, es
so in den Hosenbund zu stopfen, dass man es nicht sieht. Das Mo-
dell für Damen gibt es in meiner Größe nicht. Auf eine 1,81 Meter
große Frau ist man einfach nicht eingerichtet. Die Hose sitzt, dank
des Gürtels, einigermaßen. Aber die grüne Tuchjacke, die ich in der
Polizeischule bekommen habe, sieht an mir so unförmig aus, dass
eine Dozentin mich fragte, ob ich mich nicht sorgfältiger kleiden
könne. Eine wirkliche Alternative konnte sie mir dann aber auch
nicht anbieten. Und trotzdem: Obwohl mir die Uniform nicht perfekt
passt, fühlt es sich gut an, sie zu tragen. Ich finde mich darin nicht
besonders attraktiv, aber ich sehe aus wie eine richtige Polizistin,
seriös und ein bisschen respekteinflößend. Ein letztes Mal prüfe ich,
ob ich auch nichts vergessen habe, dann ziehe ich noch einmal tief
Luft durch die Nase ein und verlasse das Haus.

Ich nehme den Wagen, obwohl die Wache nicht weit entfernt ist.
Über Nacht ist es mit einem Mal kalt geworden. Es nieselt, die
Bäume haben schon die ersten Blätter verloren. Sie kleben auf den
Straßen und Gehwegen. Ich parke im Hof hinter der Wache und sehe

14

auf die Uhr: genau fünf Minuten vor sieben. Das ist gut. Ich will auf keinen Fall zu spät sein und auch nicht viel zu früh, weil ich nicht dumm herumstehen und warten will. Als ich aussteige, ist das Erste, was mir auffällt, das Dröhnen der Autobahn. Sie muss unmittelbar in der Nähe sein. Noch ein paar Schritte, dann stehe ich vor der Eingangspforte. Ich ziehe die Schultern nach hinten und drücke die Klingel.

»Birgit Reimann. Ich soll mich beim Wachhabenden melden.«
Der Mann am Tresen nickt und greift zum Telefon.
»Gang runter, dann links. Zimmer 0.43. Hans weiß Bescheid.«
Ich kenne den Wachhabenden nicht persönlich. Ich weiß bloß, wie er heißt und dass er Polizeihauptmeister ist.

Bevor ich klopfe, wische ich rasch meine feuchten Handflächen an der Hose ab. Ich will nicht, dass die Kollegen beim ersten Händeschütteln gleich merken, dass ich nervös bin.

Die Tür wird aufgerissen und ein Mann steht vor mir, mit Schnauzbart und vollem, braunem Haar, in dem schon einige graue Strähnen zu sehen sind. Er ist etwa so groß wie ich. Eine Sekunde wirkt er irritiert, dann lächelt er. Verlegen lächle ich zurück. Manche Männer reagieren so, wenn sie mich zum ersten Mal sehen. Sie sind einfach nicht daran gewöhnt, dass Frauen so groß sind wie sie.

Nachdem wir uns vorgestellt haben, macht Hans eine einladende Geste in das Zimmer hinein. Ich betrete den Wachraum, der nichts weiter ist als ein sehr großes Büro.

»Das sind Paul, Walter, Harald, Torsten, Edgar …« Hans stellt mir alle zwölf Kollegen vor. Die Namen vergesse ich im gleichen Moment, in dem er sie sagt. Ich bin zu aufgeregt. Einige der Männer sitzen auf den Bürostühlen, andere lehnen lässig an einem Schreibtisch. Plötzlich fühle ich mich, als wäre ich gerade neu in eine Schulklasse gekommen, in der sich schon alle kennen. Ich bemühe mich, mit möglichst fester Stimme meinen Namen zu sagen, und gebe allen die Hand. Die abschätzenden Blicke versuche ich zu ignorieren. Ich bin die einzige Frau im Raum.

»Du hältst dich an Eddi, also Edgar. Der ist hier dein Bärenführer. Alles klar?«
Ich nicke. Einer der Männer hebt lässig die Hand, als wolle er

mir zu verstehen geben, dass er gemeint sei. Ich schätze ihn auf Ende vierzig. Ein dichter Bart bedeckt fast sein ganzes Gesicht, er ist ein massiger Mann mit einem beachtlichen Bauch. Ich probiere ein Lächeln, aber ich bin mir nicht sicher, ob meine Gesichtsmuskeln mir richtig gehorchen.

Hans geht unterdessen zur Tagesordnung über: »Heute liegt das Übliche an. Letzte Nacht wurden in der Gegend um die Bremer Straße ein paar Autos geknackt. Fahrt mal vorbei, nehmt den Schaden auf.«

Ich gebe mir Mühe, genau zuzuhören. Das ist gar nicht so einfach, denn gleichzeitig versuche ich, alles um mich herum in mir aufzunehmen. Als der Wachhabende geendet hat, laufen alle Kollegen auseinander. Ich stehe noch eine Weile unschlüssig herum, dann fällt mein Blick auf Eddi, der schon in der Tür steht und mir ein Zeichen macht, ihm zu folgen.

»Hier können wir zwischendurch mal Kaffee trinken und Pause machen«, erklärt Eddi. Die Tür zum Aufenthaltsraum steht offen. Es riecht nach Zigarettenrauch, Kaffee und Pizza. Ich sehe einen großen Tisch, ein paar Stühle und ein nicht mehr ganz neu aussehendes, schwarzes Ledersofa. Zwei Kollegen sitzen darauf, denen ich schon im Wachraum begegnet bin. Sie heben ihre Tassen grüßend in unsere Richtung.

»Komm, ich zeige dir, wo du deine Sachen lassen kannst.«

Ich gehe weiter hinter Eddi her, durch einen langen Flur, durch eine Feuerschutztür, eine Treppe hinauf, wieder durch eine Feuerschutztür und einen Flur entlang.

»Hier kannst du dich umziehen«, sagt Eddi und tickt mit dem Zeigefinger auf eine Tür. Ich öffne sie und betrete einen kleinen, weißgekachelten Raum: drei Spinde an der Wand, ein Waschbecken und ein Stuhl. Ein WC und eine Dusche sind durch graue Plastiktrennwände abgeteilt. Das Fenster ist mit Milchglasfolie beklebt, die an den Ecken schon etwas abblättert. Es riecht nach Essigreiniger und Desinfektionsmittel.

Nur einer der Spinde ist abgeschlossen, in einem steht lediglich ein Duschgel. Ich stelle meine Tasche mit ein paar Klamotten zum Wechseln und Waschzeug in den dritten. Dann begutachte ich das Fenster und frage mich, ob die Milchglasfolie tatsächlich neugierige

16

Blicke abhalten kann. In dem Moment fliegt die Tür auf, eine Kollegin kommt herein und stutzt, als habe sie erwartet, alleine hier zu sein. Dann streckt sie mir die Hand hin.

»Hallo, ich bin Inge. Die andere Frau hier.«

Sie ist etwa zwanzig Jahre älter als ich und hat einen energischen Händedruck. Sie stellt sich vor ihren Schrank und knöpft mit raschen Bewegungen ihre Jacke auf. »Wir werden uns wahrscheinlich nur zum Schichtwechsel begegnen«, fährt sie fort. »Es wird darauf geachtet, dass in jeder Schicht eine Frau ist. Deshalb werden wir wohl in unterschiedliche Schichten eingeteilt.«

»Schade«, sage ich. »Gibt es sonst keine andere Frau hier?«

»Manchmal kriegen wir Unterstützung von der Weiblichen Polizei. Die kommt aber eigentlich nur, wenn gerade keine andere Polizistin auf der Wache ist.«

Inge steht inzwischen am Waschbecken und wäscht sich die Hände. Danach reibt sie ihre Hände lange mit einem Desinfektionsmittel ein, das in einer Plastikflasche auf dem Waschbeckenrand steht.

»Das kannst du auch gerne mitbenutzen«, sagt sie, als sie merkt, dass ich ihr zusehe. »Wir können uns ja nicht immer aussuchen, wen oder was wir anfassen.«

Eddi hat natürlich nicht vor der Tür auf mich gewartet. Irgendwie finde ich den Weg vom Umkleideraum zurück in den Wachraum, wo er an einem Schreibtisch sitzt. Als er mich sieht, winkt er mich gleich zu sich.

»Komm, du brauchst noch deine Waffe«, sagt er und ist auch schon aufgestanden und geht voraus. Wieder geht es zum Aufenthaltsraum. Die beiden Kollegen, die schon hier waren, stellen gerade ihre Tassen weg. Sie nicken uns zu und verlassen den Raum.

Eddi geht zu einem Schrank mit mehreren abschließbaren Fächern.

»Das Ding hier wurde im Knast gebaut«, sagt er und tippt dagegen. Dann öffnet er mit einem Schlüssel eines der Fächer und reicht mir meine Dienstwaffe, eine P6 der Firma SIG Sauer.

»Bitte hier unterzeichnen!«, brummt Eddi und hält mir ein Formular hin, während ich noch dabei bin, die Waffe vorschriftsmäßig im Holster am Gürtel zu befestigen. Als ich meine Unterschrift gegeben habe, hält er mir den Schlüssel für das Waffenfach hin.

»Nach dem Praktikum gibst du das im Geschäftszimmer ab. Alles klar?«

Ich nicke und überprüfe noch einmal den Sitz der P6. Zuerst spüre ich ihr Gewicht bei jedem Schritt, aber innerhalb weniger Stunden ist das verschwunden.

»Du fährst jetzt erst mal mit mir«, sagt Eddi.

Kaum sitzen wir im Wagen, höre ich den Funk knistern. Eddi nimmt den Funkhörer und meldet sich. Ich verstehe kaum ein Wort von dem, was aus dem Funkgerät kommt. Irgendwas ist offenbar auf der Autobahn passiert.

»Es gab einen Unfall«, erklärt Eddi. »Wir fahren mal hin. Ein RTW kommt auch.«

Ich nicke, RTW bedeutet Rettungswagen. Ich hoffe, dass keine Verletzten dabei sind. Eddi schaltet das Blaulicht ein und beschleunigt.

»Senatsreklame«, sagt er grinsend mit einem Seitenblick zu mir.

Ich versuche zu lächeln und finde leider keine passende Antwort, die zeigt, dass ich den Scherz verstanden habe. Ich bin viel zu nervös, um ein paar lässige Worte zu erwidern. Das hier ist schließlich mein erster richtiger Einsatz.

»Wenn wir gleich auf dem Seitenstreifen halten, dann pass auf«, höre ich Eddi sagen. »Einsätze auf der Autobahn sind gefährlicher, als man vermutet. Gerade bei diesem Wetter.«

Es ist inzwischen schon fast neun Uhr, aber nicht wirklich taghell. Es nieselt noch immer, dicke, schwere Wolken hängen am Himmel.

»Und warum ist das so?«, frage ich beunruhigt.

»Aus irgendeinem Grund fahren manche Autos oder Lkws direkt auf besondere Lichtquellen zu. Es passiert immer wieder, dass sie direkt in einen Streifenwagen oder auch in Kollegen rasen. Keine Ahnung, warum. So wie Licht die Motten anzieht, scheint das Blaulicht oder eine Warnweste die Autos anzuziehen. Wenn wir also gleich halten, sehen wir zu, dass wir aus dem Auto und hinter die Leitplanke kommen. Verstanden?«

Eilig ziehe ich meine Warnweste über und setze meine Mütze auf. Eddi stoppt den Wagen und schaltet zusätzlich zum Blaulicht die Warnbeleuchtung an. Dann ruft er: »Los!« Ich springe aus dem

18

Auto. Die Fahrer der Unfallwagen warten hinter der Leitplanke auf uns. Es ist ungemütlich dort, matschig, kalt, und die Autos pfeifen an uns vorbei.

Auch die Unfallwagen stehen auf dem Seitenstreifen: ein neuerer Mercedes und ein VW Passat. Der Passat hat hinten eine tiefe Delle, der Kofferraum ist richtig eingedrückt. Der Mercedes sieht ein bisschen besser aus, die Motorhaube ist leicht gewölbt, der Lack hat Kratzer. Auf der Fahrbahn liegen Splitter. Offenbar konnten die Wagen von der Fahrbahn gebracht werden, ohne dass andere Autos beschädigt wurden. Sogar ein Warndreieck wurde schon aufgestellt. Sieht nicht so aus, als wäre jemand schwer verletzt, stelle ich erleichtert fest.

Wegen des Lärms müssen wir schreien, um uns verständlich zu machen. Die Fahrerin des Passats ist nur noch ein Häufchen Elend. Ihr Unterkiefer bebt, als sie versucht, uns den Hergang des Unfalls zu erklären. Der Mercedes sei von hinten in sie reingefahren, erzählt sie, aber sie wisse nicht mehr, ob sie vielleicht vorher gebremst hat. Ihre Angaben sind etwas konfus. Vermutlich hat sie einen Schock. Sie zittert am ganzen Körper. Der Fahrer des Mercedes ist nervös, sein Schlips flattert im Fahrtwind der vorbeirasenden Autos. Er will zu einem Geschäftstermin und ärgert sich über die Verzögerung. Er sagt, dass die Frau aus heiterem Himmel langsamer geworden sei. Eddi lässt mich die Personalien der Frau aufnehmen. Ich versuche, sie zu beruhigen, bis der Rettungswagen kommt, um sie zu versorgen. Irgendwie werde ich selber ruhiger, während ich mit ihr rede.

Als der RTW da ist, drückt die Frau mir fest die Hand, bevor sie sich in die Hände der Sanitäter begibt.

Eddi nickt mir zu. In seinem Blick ist etwas, was man als Anerkennung interpretieren könnte. Ich bin etwas aufgekratzt und fühle mich gut. Genau deshalb will ich Polizistin werden: um Menschen zu helfen.

»Die beiden haben Glück gehabt«, sagt Eddi im Wagen. »Bei den meisten Unfällen auf der Autobahn gibt es Schwerverletzte und Tote. Das ist kein schöner Anblick.«

Wieder zurück auf der Wache, drückt mir Eddi einen Stapel Formulare in die Hand und weist auf einen der Schreibtische.

19

»Du kannst ja schon mal den Bericht schreiben. Durchschlag-papier findest du da vorne. Schreibmaschinetippen kannst du ja.«

Ich hebe die Schultern. »Na ja, also richtig schnell kann ich das nicht.«

»Macht nichts, das lernst du.«

Ich sehe mir die Formulare durch, sieben Blätter, die mit Durch-schlagpapier bestückt werden müssen. Während ich die Papiere in die Schreibmaschine fummle, versuche ich, mich daran zu erinnern, worauf es beim Berichtschreiben ankommt: nur Fakten, keine Ge-fühle, logischer Aufbau und die W-Fragen beantworten, also: Was ist passiert? Wann? Wo? Wem? Was? Wie? Warum? Und: Wer hat es gesehen? Vorsichtshalber schreibe ich mir das alles noch mal auf einen Schmierzettel und hoffe, dass es keiner sieht. Dann mache ich mich ans Tippen.

Natürlich habe ich schon mal an einer Schreibmaschine gesessen, aber das ist lange her und ich musste nie richtig schnell schreiben. Ich suche also mit zwei Fingern die Buchstaben einzeln und habe das Gefühl, nie mit dem Bericht fertig zu werden. Am Schreibtisch nebenan sitzt ein hagerer Kollege mit Brille, der nur wenige Jahre älter als ich zu sein scheint. Ich versuche, mich an seinen Namen zu erinnern. Er schreibt mit zehn Fingern, ohne abzusetzen. Neidisch höre ich das Geklapper seiner Schreibmaschine und versuche, mich zu konzentrieren. Einmal blickt er zu mir rüber und meint mitlei-dig: »Diese Schreibmaschine, die du da hast, ist schon uralt. Darauf dauert alles doppelt so lange.« Das ist ein schwacher Trost, trotzdem bin ich ihm dankbar. Dann liegt es vielleicht nicht nur an mir.

Als ich endlich fertig bin, lese ich mir alles noch mal durch und bin ganz zufrieden. Der Bericht ist knapp und informativ. Ich bin gespannt, ob Eddi und Hans das genauso sehen. Aber als ich das Papier mit einem ratschenden Geräusch aus der Maschine ziehe und die Kopie begutachte, bekomme ich einen Schock: Das Blatt hinter dem Durchschlagpapier ist beinahe leer. Die Buchstaben meines Be-richts lassen sich darauf allenfalls erahnen.

Der Kollege vom Nachbartisch – inzwischen bin ich mir sicher, dass er Torsten heißt – beugt sich rüber und sagt: »Da hast du wohl das alte Durchschlagpapier erwischt. Du musst die Buchstaben im-mer richtig fest anschlagen.«

»Heißt das, ich muss das alles noch mal tippen?«

Er nickt. Ich stöhne resigniert. Gleich ist Mittagspause, ich will etwas essen, zumindest eine rauchen. Aber dann macht Eddi mir ein Zeichen, dass wir wieder los sollen.

»Komm! Der Bericht kann warten. Wir müssen noch mal raus.«

Erleichtert lasse ich den Bericht zurück und folge Eddi.

»Wir müssen zu den Bahnschienen. Da soll ein Hund von einem Zug erfasst worden sein.«

»Und was machen wir da genau?«

»Wir sehen uns die Sache an, und wenn noch was zu machen ist, kommt der Hund zum Tierarzt.«

»Und wenn nicht?« Mir ist nicht wohl bei dem Gedanken, einen sterbenden Hund vorzufinden.

Eddi zuckt mit den Schultern. »Vielleicht ist ja noch was zu machen!«

Nach einer Weile steuert er den Wagen auf einen Waldweg. Ein Mann steht dort, nicht mehr ganz jung, unter seinem etwas altmodischen Hut sehe ich graues Haar. Er winkt uns zu: »Ich habe angerufen. Der Hund liegt da drüben. Sieht so aus, als hätte der Zug ihm die Hinterbeine abgefahren. Ich fürchte, der überlebt das nicht.« Entsetzt blicke ich zwischen dem Mann und Eddi hin und her. Der Mann hat schnell gesprochen, er scheint aufgeregt zu sein und mitgenommen. Ich versuche, mir nicht vorzustellen, was er gesehen hat.

»Haben Sie beobachtet, was passiert ist?«, fragt Eddi.

»Nicht genau, es ging zu schnell. Keine Ahnung, was das Tier da auf den Schienen zu suchen hatte. Ich habe erst registriert, was passiert ist, als der Zug vorbei war und der so erbärmlich gejault hat.«

Mich fröstelt es bei dem Gedanken daran und ich mache mich auf einen schlimmen Anblick gefasst. So ganz klar ist mir noch immer nicht, was wir jetzt zu tun haben. Eddi sieht mich an. »Pass auf, wenn du nicht mit willst, dann bleib hier beim Wagen. Ich guck mir das erst einmal an. Wenn der Mann recht hat, muss ich den Hund wahrscheinlich erschießen, dann kann man nicht mehr verantworten, ihn noch irgendwohin zu fahren.« Benommen nicke ich, und erst als Eddi mit dem Mann zwischen den Bäumen verschwunden ist, realisiere ich, was Eddi jetzt tun wird.

Von weit her kann ich den Hund hören, ein ersticktes Heulen, wahrscheinlich liegt er nur ein paar hundert Meter entfernt. Unwillkürlich taste ich nach meiner Waffe, ich fühle ihr ganzes Gewicht an meinem Gürtel, etwas weniger als ein Kilo. Bisher habe ich sie nur während der Schießübungen in den Händen gehalten, und ich bin ehrlich gesagt nicht scharf darauf, sie tatsächlich im Dienst einzusetzen.

»Die Waffe gehört zu eurer Uniform. Ihr tragt sie zu eurer Sicherheit, so wie ein Arbeiter auf dem Bau einen Helm trägt«, hat Scheffel uns bei den Schießübungen eingebläut. Mir leuchtet das ein. Ich habe nichts gegen meine Waffe. Zumal die meisten Kolleginnen und Kollegen es schaffen, durch ihre Dienstzeit zu kommen, ohne sie zu verwenden.

Frierend trete ich von einem Bein auf das andere. Es kommt mir vor, als wäre Eddi schon ewig weg. Vielleicht sollte ich doch hinterher. Ich blicke auf die Uhr, es sind nur sieben Minuten vergangen. Plötzlich höre ich einen Schuss – er geht mir durch Mark und Bein. Kurz darauf kommt Eddi mit hängenden Schultern zurück. Die Waffe hat er noch in der Hand. Ich bin unendlich froh, dass mir das erspart geblieben ist. Es ist schwer, hinter Eddis Bart eine Gefühlsregung zu erkennen, aber seine Augen blicken ernst. Er steigt in den Wagen und greift ohne Erklärung zum Funkhörer. Ich höre, wie er angibt, einen schwerverletzten Schäferhund erschossen zu haben.

Dann fahren wir los – schweigend.

»Wir müssen auf der Wache dem Veterinäramt Bescheid sagen, wo der Hund liegt«, sagt Eddi in die Stille hinein. Dann fährt er sich mit der ganzen Hand übers Gesicht, wie um etwas wegzuwischen, und murmelt: »Ich hasse das!«

Einige Tage später. Sonntagfrüh. Die Straßen sind noch leer. Auf dem Weg zur Dienststelle begegne ich nur ein paar späten Partyheimkehrern. Es macht mir nichts aus, selbst nicht feiern gehen zu können an diesem Wochenende. Ich bin erst eine Woche im Praktikum und ich gehe gern arbeiten. Jeder Tag bringt etwas Neues.

Kurz darauf sitze ich mit Eddi, Walter und ein paar anderen von der Schicht im Aufenthaltsraum und rauche. Es ist ruhig. Torsten hat

Kaffee gemacht, sogar ein großer, etwas abgeschlagener Teller mit Keksen steht auf dem Tisch. Wir haben es gemütlich.

»Wenn wir Glück haben, wird das eine ruhige Schicht«, sagt Walter.

Ich bin mir nicht sicher, ob ich es gerne so ruhig hätte. Was ist denn das für ein Arbeiten? Den ganzen Tag im Aufenthaltsraum sitzen und rauchen. Irgendetwas anderes müssen wir doch machen. Ich denke an den Bericht, den ich noch schreiben muss, und wünsche mir beinahe, dass doch noch etwas passiert, damit wir raus müssen.

»An manchen Tagen ist gar nichts los und an anderen hetzen wir von einer Sache zur nächsten. Am Wochenende ist das extrem«, erklärt Walter. »An einem Sonntag ist kurz vor Feierabend, bevor die nächste Schicht dran war, ein paar Blocks von hier ein Feuer ausgebrochen. Weißt du noch, Eddi?«

Eddi brummt zustimmend. Walter will gerade weitererzählen, da steckt Hans den Kopf zur Tür rein: »Ihr müsst mal in die Jägerstraße fahren, da ist einer verstorben, vermutlich eine natürliche Todesursache.«

Eddi springt auf, aber ich zögere, denn ich bin kein bisschen scharf darauf, eine Leiche zu sehen. Schicksalsergeben greife ich schließlich nach der Lederjacke, die Eddi mir geliehen hat. Sie ist uralt und stammt offensichtlich aus Tagen, in denen er noch ein etwas schlankerer Mann gewesen war. Er hat sie mir gleich an meinem zweiten Tag mitgebracht, nachdem ich ihm erzählt hatte, wie schwierig es für mich ist, passende Polizeikleidung zu bekommen. »Nimm die erst mal«, sagte er und klang dabei wie immer etwas knurrig. »Die brauche ich nicht mehr.«

Sie riecht ein bisschen muffig nach Zigarettenrauch und Mottenkugeln, aber ich liebe sie. Sie passt mir gut und sieht viel besser aus als die Tuchjacke. Und: Lederjacken gibt es eigentlich erst, wenn man mit der Ausbildung fertig ist.

Walter fährt mit uns. Er ist etwas jünger als Eddi, und sein Körperumfang ist nicht ganz so mächtig. Ich bin nur bedingt glücklich darüber, dass er dabei ist, weil ich nicht so richtig weiß, was ich von ihm halten soll. Gestern habe ich gehört, wie er zu ein paar Kollegen gesagt hat: »Wenn man mit Frauen unterwegs ist, muss man ja mehr auf die achten als auf alles andere. Und wenn's mal brenzlig wird, dann verlass ich mich doch lieber auf'n Kollegen. Was soll denn auch ne Frau bei ner Schlägerei? Da brauch ich dann gar nicht erst hinzufahren.«

Er hat nicht bemerkt, dass ich das hören konnte, weil er mit dem Rücken zu mir im Flur stand, als ich vorbeiging. Mir gegenüber ist Walter eigentlich freundlich, ich glaube nicht, dass er etwas gegen mich persönlich hat, aber irritierend finde ich das schon. Natürlich habe ich mitbekommen, dass es Vorbehalte gegen Frauen bei der Polizei gibt, aber das war das erste Mal, dass ich einen Kollegen so reden gehört habe.

»Na, dann wollen wir mal«, sagt Eddi und startet den Wagen.

»Hier in Hamburg ist das so: Wenn jemand stirbt und der Hausarzt nicht erreichbar ist, müssen wir hin«, erklärt er von vorne auf dem Fahrersitz. »Der Notarzt kann immer nur einen vorläufigen Toten-schein ausstellen. Die Informationen, die der behandelnde Arzt des Toten über dessen Gesundheitszustand hat, sind wichtig, um fest-zustellen, woran der Mensch letztendlich gestorben ist. Wenn der Tote zum Beispiel Krebs im Endstadium hatte, dann ist das etwas anderes, als wenn der vor seinem Tod quietschgesund war, ist ja klar. Die Todesursache kann also erst abschließend geklärt werden, wenn ein Gerichtsmediziner sich den Toten angesehen und am besten die Krankenakte des Hausarztes gelesen hat. Die Leiche wird deshalb erst mal beschlagnahmt, wenn die Todesursache nicht eindeutig fest-gestellt werden kann, und in die Gerichtsmedizin gebracht; und da wird dann geklärt, woran der Tote gestorben ist. Heute ist ja Sonn-tag. Ich denke, dass wir den Hausarzt des Mannes morgen wieder erreichen. Und der wird sagen, ob der Mann krank war oder ganz gesund. Wahrscheinlich ist er an Altersschwäche gestorben oder an einer Krankheit, aber das muss erst mal abgeklärt werden.«

»Aha«, sage ich mit trockener Kehle. »Und was machen wir da jetzt genau?«

»Der Notarzt nimmt keine Toten mit, das macht ein Bestattungs-unternehmen. Die sind schon informiert. Wir gucken mal: Entweder wir versiegeln das Zimmer, in dem der Mann gestorben ist, oder wir warten bei der Leiche, bis der Bestatter eintrifft. Auf jeden Fall müssen wir dafür sorgen, dass nichts an dem Toten verändert wird. Es könnte ja sein, dass es sich doch um Mord handelt, und da sollen dann ja keine Spuren unkenntlich gemacht werden.«

Eine Weile schweigen wir.

Dann dreht sich Walter zu mir um: »Na, Mädchen, ist das deine erste Leiche?«

Ich denke an meinen Vater und sage: »Im Dienst, ja.«

Walter schweigt eine Weile. Ich kann ihm ansehen, dass er überlegt, ob er mich fragen soll, ob ich denn mal außerhalb des Dienstes eine Leiche gesehen habe. Dann entscheidet er sich offenbar dagegen.

Ich sehe aus dem Fenster. Die Sonne scheint, an den meisten Bäumen ist noch Laub. Es leuchtet rot, gelb und orange. Unruhig rutsche ich auf meinem Sitz hin und her. Ich möchte diese Leiche nicht sehen, aber gleichzeitig bin ich auch neugierig. Und schließlich wusste ich ja, dass Leichen zu meinem Beruf dazugehören.

Der Notarztwagen steht noch vor dem Haus. Ein Sanitäter winkt und kommt zu uns an den Wagen. Eddi kurbelt das Fenster herunter.

»Der Mann ist vermutlich an Krebs gestorben. Den vorläufigen Totenschein haben wir schon ausgestellt.« Er wedelt mit einem Blatt Papier, das er Eddi reicht.

Eddi nickt, und Walter fragt: »In welchem Stock ist es denn?«

»Vierter!« Der Mann hebt die Hand und wendet sich zum Gehen.

»Der vorläufige Totenschein wird für den Transport in die Gerichtsmedizin mitgegeben, und dann wird noch ein Zettel mit den Personalien des Toten an dessem großen Zeh befestigt. Damit er nicht verlorengeht«, erklärt Walter. Nach einem kurzen Seitenblick zu Eddi, fährt er zu mir gewandt fort: »Das kannst du ja eigentlich machen.« Hilfesuchend sehe ich Eddi an, aber der brummt nur etwas, was ich nicht verstehe.

»Lass uns erst mal hochgehen«, meint er schließlich.

Langsam steige ich aus – als würde ich meiner Aufgabe entgehen können, wenn ich sie nur lange genug hinauszögere.

»Komm schon! Das schaffst du schon. Wir mussten das alle mal machen«, sagt Walter.

Das ist sicher so eine Art Feuerprobe, denke ich. Und wenn ich sie bestanden habe, habe ich gezeigt, dass ich mir für nichts zu schade bin. Aber ich habe keine Lust dazu und mir graut vor dem Gedanken an eine Leiche nun mal.

Walter tätschelt mir die Schulter: »Ehrlich, Mädchen, das ist halb so schlimm. Der Mann ist vor ein paar Stunden gestorben. Die Leiche ist noch ganz frisch.«

Ich wünschte, er würde mich nicht immer Mädchen nennen.

Das Treppenhaus des Mehrfamilienhauses ist gepflegt, Topfpflanzen stehen auf den Treppenabsätzen, es riecht nach Putzmittel. Ich würde am liebsten fragen, ob ich unten warten darf, aber diese Blöße will ich mir vor den Männern dann doch nicht geben.

Irgendwie komme ich in den vierten Stock. Im Türrahmen steht eine Frau, etwa in Eddis Alter.

»Mein Vater ist vor etwa drei Stunden gestorben. Er hatte Krebs«, sagt sie sachlich. »Ich bin Krankenschwester«, fügt sie nach einer Weile hinzu.

Ich wundere mich darüber, dass sie so gefasst und ruhig wirkt. Von Trauer merkt man ihr gar nichts an. Ihre Augen sehen müde aus, aber sie wirken nicht, als hätte sie viel geweint, auch ihre Stimme klingt ganz normal.

Eine ältere Frau erscheint hinter der Tochter des Verstorbenen.

»Das ist meine Mutter«, erklärt die Tochter und legt der kleinen älteren Dame liebevoll den Arm um die Schulter.

Die Ältere nickt uns zu: »Kommen Sie. Ich führe Sie zu meinem Mann.«

Am liebsten würde ich weglaufen, aber ich reiße mich zusammen. Ich lasse Eddi und Walter zuerst eintreten, dann gebe ich mir einen Ruck und folge den beiden mit Abstand in den Flur der Wohnung. Es riecht ein wenig wie bei meiner Oma früher, ein bisschen muffig, wie ein jahrelang nicht gewaschener Wollpullover.

»Hier liegt er«, sagt die Frau und tritt zur Seite, damit wir in das Zimmer eintreten können. Eddi und Walter sehen sich kurz nach mir um, wie um sicher zu sein, dass ich noch da bin. Ich bleibe unwillkürlich stehen.

»Komm«, fordert mich Walter auf, bevor er im Zimmer verschwindet.

26

Ich nehme meinen ganzen Mut zusammen und trete über die Schwelle. Die Vorhänge sind zugezogen, nur durch einen Spalt dringt etwas Tageslicht in das Zimmer. Walter zieht sie ein Stück zur Seite, um besser sehen zu können. Der Mann liegt auf dem Ehebett, das Gesicht nach oben. Er trägt eine gemusterte Strickjacke, seine Beine stecken in Pyjamahosen. Die Füße sind nackt, weiß ragen sie aus der Hose heraus.

Und dann kann ich nicht anders und blicke in das Gesicht des Toten. Es ist weiß, wie die Füße. Irgendwie blutleer. Erleichtert stelle ich fest, dass die Augen geschlossen sind. Die Vorstellung, in die gebrochenen Augen eines Toten zu blicken, hat mir am meisten Angst gemacht.

Ich trete einen Schritt zurück, wieder in den Flur. Jetzt habe ich genug gesehen. Mehr möchte ich nicht und ich möchte auch nicht diesen Zettel an den Zeh dieses Mannes hängen. Eigentlich will ich schnell wieder raus hier.

»Wir warten jetzt auf den Bestatter. Wir könnten das Zimmer auch versiegeln, aber ich nehme an, die werden gleich hier sein. Das lohnt dann nicht«, höre ich Eddi sagen.

Ich würde es auch begrüßen, wenn die bald kämen.

»Wollen Sie Kaffee?«, fragt die Frau des Verstorbenen pragmatisch. Auch sie wirkt sehr gefasst.

Ich schüttle automatisch den Kopf. Eddi und Walter auch.

Es kommt mir vor wie eine Ewigkeit, bis die Bestatter kommen. Wir stehen herum und schweigen viel. Walter versucht, ein Gespräch über das Wetter anzufangen und dann über die gute Lage der Wohnung. Die Frauen reagieren höflich, aber knapp, so dass das Gespräch nicht richtig in Gang kommt. Worüber spricht man mit Leuten, die gerade einen geliebten Menschen verloren haben?

Ich vermeide es, noch einmal einen Blick auf die Leiche zu werfen.

Endlich klingelt es. Zwei Männer des Bestattungsunternehmens kommen mit einem Metallsarg hoch und lösen uns ab. Sie tragen schlechtsitzende dunkelgraue Anzüge und wirken mehr wie Handwerker. Sie grüßen und machen sich routiniert an die Arbeit. Offenbar sind sie daran gewöhnt, mit der Polizei zusammenzuarbeiten.

»Die Hamburger Polizei hat einen Vertrag mit diesem Bestattungsunternehmen. Die werden immer benachrichtigt, wenn es um einen Leichentransport geht«, erklärt Eddi, als wir wieder im Auto sitzen. »Die müssen rund um die Uhr erreichbar sein. Und die haben auch das nötige Werkzeug, um zum Beispiel eine Wasserleiche zu bergen. Die fallen ja manchmal schon auseinander.«

Ich drehe angewidert den Kopf weg.

»Die nehmen den vorläufigen Totenschein mit und hängen auch den Zettel mit den Personalien an den Fuß des Verstorbenen«, grinst mich Walter an.

Später auf der Wache nimmt Eddi mich zur Seite: »Na, alles klar? War's schlimm?«

»Hatte ich mir schlimmer vorgestellt.« Ich bin froh, dass er mich nicht auch noch Mädchen nennt.

»Wir alle mussten in dem Job unsere erste Leiche sehen. Das ist nicht schön, aber das gehört dazu.«

Ich nicke.

»Ich mag das auch nicht besonders. Und dieser Tote war ja noch ganz frisch. Schlimm ist es, wenn sie schon eine Weile gelegen haben. Das wird auch noch auf dich zukommen. Wir tasten uns langsam ran. Okay?«

Ich nicke wieder. Eddi legt kurz seine Hand auf meine Schulter, und es sieht für einen Moment so aus, als würde er hinter seinem Bart freundlich lächeln.

Tage später, es ist 21.45 Uhr. Manche Menschen gehen um diese Zeit zu Bett, aber ich mache mich auf den Weg zur Arbeit. Ich habe versucht, am Nachmittag zu schlafen, um fit für den Nachtdienst zu sein, aber es war nur ein kurzes Nickerchen daraus geworden.

Der Bewegungsmelder springt an, als ich auf den Hof fahre. Ich nicke dem Pförtner zu. Den Weg in den Wachraum kenne ich längst. Schon routinierter begrüße ich Hans, Eddi, Walter und die anderen Schichtkollegen.

»Ihr macht heute eine Verkehrskontrolle an der Hannoverschen Straße. Eddi übernimmt vor Ort«, ordnet Hans an.

Mir ist alles recht, nur eine Leiche muss ich nicht unbedingt wie-

der sehen. Eddi wendet sich an mich. »Na, dann komm mal mit.«
Ein paar andere folgen uns.

Kurz darauf haben wir in der Hannoverschen Straße Stellung bezogen. Eddi und ich tragen unsere Warnwesten und stehen am Straßenrand. Paul und Walter sitzen im Einsatzwagen, um gegebenenfalls Papiere und Kennzeichen zu überprüfen.

»Mach du mal. Ihr habt das ja in der Schule schon geprobt«, ruft Eddi mir zu. Er winkt einen Ford Fiesta zu uns heran. Natürlich habe ich Verkehrskontrollen in der Polizeischule in Rollenspielen geübt und ich habe auch schon zugesehen, aber ich habe sie noch nie wirklich durchgeführt. Eddi sieht mich aufmunternd an: »Na los. Du kannst das doch.« Ich atme tief durch und strecke den Rücken.

»Schönen guten Abend. Allgemeine Verkehrskontrolle. Die Fahrzeugpapiere bitte.« Ich gebe mir Mühe, laut und deutlich zu sprechen, so wie ich es gelernt habe.

Der Fahrer des Fiestas murmelt etwas, was ich nicht verstehe. Dann wühlt er im Handschuhfach. Ich kann den Unwillen des Mannes förmlich spüren. Er flucht leise vor sich hin. Ich bin sicher, dass er auch mich verflucht.

»Macht Ihnen das eigentlich Spaß?«, knurrt er, während er eine Tasche vom Beifahrersitz fischt.

»Was glauben Sie wohl?«, sage ich kühl. Wir sind in der Ausbildung darauf vorbereitet worden, dass das »polizeiliche Gegenüber«, wie es so schön heißt, hin und wieder unfreundlich zu uns sein kann, unangenehm finde ich das trotzdem.

Der Mann hat die Papiere gefunden. Sie sind in Ordnung.

»Alles klar. Weiterfahren.« Ich hebe die Hand, ohne ihn anzusehen.

»Kalt, was?« Die Frau im nächsten Wagen lächelt etwas gequält, während sie in ihrer Handtasche kramt.

»Lassen Sie das mal meine Sorge sein. Geben Sie mir einfach Ihre Papiere.«

Als Nächstes wird ein VW-Bus herausgewunken. Aus dem Innenraum dringt laute Musik.

»Erst mal die Musik bitte leiser stellen!«, rufe ich ins Wagen-
innere.

Der Fahrer ist kaum älter als ich, er streicht sich seine langen Haare hinters Ohr und fummelt am Radio herum. Er trägt ein T-Shirt, das
so bunt ist, dass mir vom Hinsehen schwindlig wird.

»Schon besser. Jetzt die Fahrzeugpapiere bitte.« Ich habe das
Gefühl, so langsam in Fahrt zu kommen.

Eddi steht ein paar Schritte hinter mir. Als der VW-Bus wieder weg
ist, kommt er zu mir und meint: »Warum denn so unfreundlich?«

Ich sehe ihn verwirrt an. Mir ist das gar nicht aufgefallen. Vielleicht bin ich etwas zackig aufgetreten. Ich wollte bestimmt wirken,
aber nicht unfreundlich.

»Das machen viele am Anfang. Aber gewöhn dir das nicht an.
Sieh's mal so: Wir werden vom Bürger bezahlt, da können wir ruhig
ein bisschen nett sein. Freundlich zu sein kostet nichts und erleichtert vieles. Versuch's mal.«

Ich fühle mich, als hätte mir jemand die Batterie rausgenommen.
Plötzlich ist alle Energie weg, mit der ich die Kontrolle durchgeführt
hatte. Ich habe laut und energisch gesprochen. Ich wollte, dass die
Menschen mich als Respektsperson ansehen. Offenbar bin ich dabei
übers Ziel hinausgeschossen. Nach dieser Kritik weiß ich erst gar
nicht, welchen Ton ich anschlagen soll. Zu forsch ist offenbar nicht
richtig, aber meine Unsicherheit will ich die Autofahrer, die ich
kontrolliere, auch nicht spüren lassen. Nach einer Weile übernimmt
Eddi. Sein Ton ist ruhig und nett, so wie es sich anhört, wenn er mir
etwas erklärt. Er lacht sogar mit den Autofahrern, auch wenn sie zu
schnell gefahren sind oder ihre Papiere nicht dabei haben. Es ist mir
ein völliges Rätsel, wie er so entspannt mit den Menschen umgehen
kann, ohne ihren Respekt zu verlieren.

Gegen Mitternacht fahren wir zurück zur Wache, um dort Kaffee zu
trinken und etwas zu essen. Ich bin ganz verfroren, und so langsam
meldet sich auch die Müdigkeit. Fast die gesamte Schicht ist im
Aufenthaltsraum versammelt. Walter ist bester Laune und ruft Eddi
zu: »Weißt du noch, wie die Prostituierte hieß, die wir vor ein paar
Jahren mal nachts auf der Autobahn aufgelesen haben?«

Eddi schüttelt den Kopf. Irgendwann fängt Walter immer mit den alten Geschichten an.

»Die war sturzbetrunken und sprach kein Wort Deutsch«, macht er weiter. Manchmal nervt mich Walter damit, dass er immer wieder von früheren Fällen erzählt, an die sich meistens nur noch Eddi erinnern kann. Aber manchmal, wie jetzt, finde ich es auch ganz amüsant. Mir wird langsam wieder warm, ich lehne mich zurück, und plötzlich kann ich nur noch knapp verhindern, dass mir die Augen zufallen. Ich gähne herzhaft und gieße mir noch einen Kaffee ein. Aber so richtig wirkt der auch nicht mehr. Die Müdigkeit lässt sich kaum noch aus meinen Gliedern vertreiben. Wenn wir nicht bald noch mal rausfahren, schlafe ich auf der Stelle ein.

Als ich mir gerade eine neue Zigarette anzünde, steckt Hans den Kopf in die Tür: »Einer von euch muss los. Da ist irgendwas in der Buxtehuder Straße los. Mehrere Bewohner eines Wohnhauses haben angerufen. Irgendjemand lärmt da im Hof rum.«

»Das übernehmen wir«, Eddi ist schon aufgesprungen. Trotz seiner Körperfülle ist er bemerkenswert sportlich. Ich drücke die kaum gerauchte Kippe in den Aschenbecher und folge ihm, froh darüber, dass etwas passiert.

In dem Haus, zu dem wir gerufen worden sind, brennt trotz der späten Stunde noch in einigen Fenstern Licht. Irgendwoher kommen dumpfe Schreie. Sie hören sich irgendwie nicht menschlich an. Mich beschleicht ein komisches Gefühl, denn wir haben keine Ahnung, was uns hier erwartet. Eddi wirft mir einen prüfenden Blick zu, dann drückt er wahllos auf irgendeine Klingel. Es wird sofort geöffnet.

»Da ist etwas im Hof«, sagt die ältere Dame, die uns an ihrer Wohnungstür empfängt. Zugleich öffnet sich die Tür der Nachbarwohnung und ein hochgewachsener Mann mit sehr kahlem Schädel streckt den Kopf heraus. »Kommen Sie wegen der Geräusche im Hof?«

Die ältere Dame lässt uns herein und führt uns zum geöffneten Fenster. Der Nachbar kommt wie selbstverständlich hinterher.

Es kommen tatsächlich merkwürdige Geräusche aus dem Hof. Ein seltsames, metallenes Krächzen. Es ist so laut, dass ich mir vorstellen kann, dass man dabei nicht schlafen kann.

»Das ist ein Tier. Ein Hahn oder so etwas«, meint Eddi.

»Und was tun wir jetzt?«, will ich wissen.

»Können Sie den nicht irgendwie einfangen und wegbringen?«, fragt die Frau.

»Aber worin sollen wir das Tier dann hier wegtransportieren?«, überlegt Eddi.

Irgendwoher zaubert die Dame einen alten Käfig. Eddi atmet einmal tief ein und dann aus. Ich habe inzwischen herausgefunden, dass er das immer macht, wenn er zu etwas eigentlich keine Lust hat.

»Ist gut«, sagt er und holt aus dem Wagen eine Decke, mit der wir das Tier einfangen können.

Die Hofbeleuchtung ist dürftig. Sie reicht gerade, um die Mülltonnen und den Verschlag für die Fahrräder zu erkennen. Es ist mit einem Mal ganz ruhig. Von dem Tier keine Spur. Mich fröstelt vor Müdigkeit. Jetzt wünsche ich mich zurück in den warmen Aufenthaltsraum, in dem Walter seine Geschichten zum Besten gibt. Eddi gibt mir die Decke und ruckelt ungeduldig an einer der Mülltonnen. Ich hüpfe von einem Bein auf das andere, um meine Durchblutung anzuregen. Mit einem Mal höre ich den Schrei wieder und etwas huscht zwischen den Mülltonnen Richtung Hauseingang. Geistesgegenwärtig springe ich hinterher. Wieder ein markerschütternder Schrei, dann habe ich das Tier. Es zappelt und schreit in Todesangst. Ich spüre einen Schnabel und Krallen durch die Decke, aber ich halte das kratzende Bündel fest in meinen Armen.

»Ich hab's!«, schreie ich Eddi zu.

Doch von einem Moment auf den anderen ist es stockdunkel. Offenbar schaltet sich das Licht im Hof nach einer Weile automatisch aus.

»Scheiße!«, höre ich Eddi fluchen.

Erschrocken umfasse ich die Decke mit dem Tier darin noch ein wenig fester. Um mich schneller an die Dunkelheit zu gewöhnen, kneife ich die Augen zusammen, aber ich sehe nur konturloses Schwarz um mich herum. Genau weiß ich nicht, was ich jetzt tun soll, nur nicht loslassen, damit das Tier uns nicht wieder entschlüpft. Die Krallen bohren sich durch die Decke. Lange kann ich es nicht mehr halten.

»Mann, Eddi, mach Licht!«, brülle ich. Meine Stimme hört sich gar nicht entspannt an.

Endlich findet Eddi den Lichtschalter. Und als ich mich wieder einigermaßen zurechtfinde, steht er schon mit dem Käfig neben mir. Irgendwie gelingt es uns, das Tier da hineinzubugsieren.

Im spärlichen Hinterhoflicht brauchen wir eine Weile, bis wir erkennen, was ich da gefangen habe. Es ist ein Fasan, ein Hahn. Die langen braunen Schwanzfedern sind zerrupft und auch die grünblaue Partie am Hals sieht etwas zerfleddert aus, aber es besteht kein Zweifel. Keine Ahnung, wie der hierhergekommen ist. Er schreit und tobt, aber er ist eingefangen.

Erleichtert lacht Eddi, ich stimme ein und kann fast nicht mehr aufhören. Es gelingt mir erst, als ich die Stimme der alten Frau höre.

»Haben Sie das Tier?«, ruft sie aus dem Fenster.

»Und jetzt?«, fragt Eddi, als wir uns wieder erholt haben.

»Ins Tierheim natürlich«, sage ich wie aus der Pistole geschossen.

»Wie? Ich dachte, du servierst uns den jetzt als Braten?«

Ich lache, unsicher, ob er das ernst meint.

Erst einmal muss der Vogel aber mit zur Wache, weil das Tierheim mitten in der Nacht natürlich geschlossen ist. Auf der Wache stellen wir den Fasan in den Pausenraum, ich füttere ihn mit ein paar Brocken von meinem Brot, und langsam beruhigt er sich. Eddi ist immer noch von seiner Idee begeistert, ich solle einen Braten aus dem Tier machen. Walter unterstützt ihn natürlich. Es ist inzwischen fünf Uhr. Als ich mich setze, ist die Müdigkeit mit einem Mal wieder voll da. Mein Kopf ist leer, ich fühle mich schwer und sehne mich nach meinem Bett. Eddis Augen sind auch schon ganz klein und glasig. Wir haben beide keine Lust, noch einmal rauszufahren.

»Um diese Zeit passiert meistens nicht viel. Schreibst du wieder den Bericht?«

Ich nicke. Mir sieht man die durchwachte Nacht wahrscheinlich genauso an wie ihm, aber meine erste Nachtschicht möchte ich nicht verschlafen, außerdem muss ich üben, mit dieser Schreibmaschine klarzukommen. Inzwischen weiß ich ja, dass ich nicht zu zaghaft tippen darf, also hämmere ich so fest und so schnell ich kann auf die Tasten ein, mit dem Erfolg, dass die Gs, die Es und die Os ausgestanzt sind. Dafür sind die Durchschläge gut lesbar. Erleichtert und stolz überreiche ich Hans die Papiere, der sie sich noch mal ansehen möchte.

Ich sehe im Pausenraum nach dem Fasan, der auf dem Boden des nicht gerade großen Käfigs herumpickt, obwohl es dort gar nichts mehr zu picken gibt. Schließlich streue ich ihm ein paar zerbröselte Kekse hinein, die auf einem Teller herumliegen und so aussehen, als wären sie schon einige Tage alt. Dann gieße ich mir einen Kaffee ein und will gerade eine Zigarette anzünden, da erscheint Hans in der Tür:

»Birgit, kommst du mal? Ich muss noch mal mit dir über den Bericht sprechen, den du eben eingereicht hast.«

Das hört sich nicht gut an. Seufzend drücke ich wieder die nur angerauchte Zigarette in den Aschenbecher und folge ihm in sein Büro.

»Du warst wohl schon sehr müde, als du das getippt hast, oder?«

»Vielleicht?«, sage ich vage, unsicher, ob es gut oder schlecht ist, das jetzt einzugestehen. »Inhaltlich ist das ja in Ordnung«, fährt Hans fort, »aber der Bericht wimmelt nur so von Rechtschreibfehlern. Sieh mal, hier.«

Er deutet mit dem Finger auf das Blatt. Mit Kugelschreiber hat er in dem Text herumgemalt. Ich kann spüren, wie mir das Blut ins Gesicht steigt. Tatsächlich ist der Bericht voll von Flüchtigkeitsfehlern, die mir normalerweise nicht passieren. Ich habe »Fäfig« statt »Käfig« geschrieben, »uns« statt »und« und noch mehr solche Dreher.

»Soll ich das noch mal sauber abschreiben?«, frage ich vorsichtig und hoffe, dass er nein sagt.

Hans sieht auf die Uhr.

»Jetzt ist es sechs. Eine Stunde hast du noch.«

Mit hängenden Schultern gehe ich zum Schreibtisch zurück und mühe mich wieder mit den widerspenstigen Tasten und dem uralten Durchschlagpapier ab. Kurz vor sieben bin ich fertig.

»Leg es einfach in mein Fach. Ich lese das morgen«, ruft mir Hans zu. Gleich ist Feierabend für uns.

Zerschlagen gehe ich in den Pausenraum, um nach dem Fasan zu sehen. Eddi, Walter, Torsten und die anderen von der Schicht sind hier versammelt. Offenbar lassen sie hier den Dienst ausklingen.

Schwer hängt der Zigarettenrauch im Raum. Ich reiße das Fenster auf, weil ich nicht weiß, ob diese Luft gut für den Fasan ist. Eddi deutet auf einen Stuhl neben sich, drückt mir eine Dose Bier in die Hand und prostet mir zu. Die anderen trinken auch. »Walter gibt einen aus«, brummt er, und ich kann ein Lächeln hinter seinem Vollbart erahnen. »Das hast du dir jetzt auch verdient.« Vielleicht ist das seine Art zu zeigen, dass er mit meiner Arbeit im Großen und Ganzen zufrieden ist. (Inzwischen ist Alkohol in den Diensträumen verboten, und es ist auch 1983 eine Ausnahme, dass nach einer Nachtschicht noch etwas getrunken wird. Häufiger kommt es vor, dass sich die Kollegen nach einer Spätschicht noch auf ein Bier zusammensetzen, um die Schicht Revue passieren zu lassen. Diese Tradition hat auch den sogenannten »Alkoholerlass« teilweise überlebt. Man kommt dann eben nach Dienstschluss noch einmal in einer Kneipe zusammen. Es geht dabei vor allem darum, das Erlebte zu verarbeiten, indem man darüber spricht.)

Das Bier schmeckt merkwürdig bitter. Ich nehme noch einen Schluck und lehne mich zurück. Eddi erzählt, wie ich den Fasan eingefangen habe. Die Männer finden auch, ich sollte ihnen morgen einen Fasanbraten servieren. Ich lache abwehrend. Mir ist angenehm warm, ich habe Feierabend und ich mag es, bei der Polizei zu sein.

Bevor ich nach Hause fahre, erkläre ich Inge bei der Übergabe noch schnell, was es mit dem Fasan auf sich hat, und bitte sie, beim Tierschutzverein anzurufen, damit dessen Leute sich um den Vogel kümmern. Ich kann das in meiner Schicht nicht mehr selbst erledigen, weil um diese Uhrzeit dort noch niemand erreichbar ist.

»Die schicken bestimmt den Struppiwagen«, lächelt sie und erklärt mir, dass der »Struppiwagen« eine Hamburger Einrichtung ist, ein Transporter, mit dem herrenlose Tiere zum Tierheim gefahren werden.

Einige Wochen später verkündet mir Hans, als ich zur Schicht komme:

»Heute fährst du mit Torsten, ich brauche Eddi bei einem größeren Einsatz.«

Ich bin jetzt schon ein paar Wochen hier und kenne viele Abläufe.

Mit Eddi habe ich mittlerweile eine gewisse Routine, aber ich fahre auch gerne mal mit jemand anderem. Torsten ist in Ordnung.

Hans schickt uns gleich mit dem Streifenwagen raus. Es ist ein klarer Tag, aber kalt. Torsten schaltet die Heizung im Wagen so hoch es geht. Ich reibe meine klammen Finger aneinander, bis sie etwas wärmer werden. Die Bäume stehen schon ganz ohne Laub da, und die Menschen auf der Straße tragen dicke Mäntel und Jacken.

Eine Weile sitzen wir stumm nebeneinander im Auto, während Torsten den Wagen durch die Straßen lenkt.

»Wieso willst du Polizistin werden?«, fragt er schließlich.

»Ich will die Welt verbessern!«, antworte ich grinsend.

»Und was machst du, wenn dich mal jemand angreift?«

»Na ja, das, was du auch machst. Ich versuche, die Situation unter Kontrolle zu bekommen, ohne dass jemand verletzt wird.«

Ich ahne schon, worauf er hinauswill: Frauen können sich nicht verteidigen. Sie sind auf die Hilfe der Kollegen angewiesen. Bei Schlägereien und so weiter haben sie nichts zu suchen.

Zum Glück knistert der Funk, so dass wir dieses Gespräch nicht weiterführen müssen. Ich möchte mich nicht mit Torsten streiten.

Inzwischen bin ich schon ganz gut darin zu verstehen, was die Funkstimme sagt. Ein Mann wird seit ein paar Tagen vermisst, er öffnet die Tür nicht. Es wird aber vermutet, dass er sich in der Wohnung befindet.

»Das ist hier in der Gegend. Das übernehmen wir.«

Ich gebe durch, dass wir hinfahren.

»Was meinst du, was mit dem ist?« Ich habe ein mulmiges Gefühl. Warum soll jemand die Tür nicht aufmachen, obwohl er zu Hause ist?

»Lass uns erst mal nachsehen«, sagt Torsten beschwichtigend.

»Hier ist es.« Torsten ist in eine Seitenstraße eingebogen, in der ein hoher Wohnblock neben dem anderen steht. Vor der Eingangstür sitzen ein paar Jungs herum und rauchen. Sie sind allerhöchstens vierzehn, wahrscheinlich jünger. Trotz der Kälte tragen einige von ihnen nicht einmal eine Jacke. Sie starren uns mit einer Mischung aus Feindseligkeit und Sensationslust an. Als wir sie nach dem Vermissten fragen, heben sie die Schultern. »Keine Ahnung, kenn ich nicht«, sagt schließlich der Größte von ihnen. In dem Moment erscheint ein Mann in grauem Kittel in der Tür. Missbilligend blickt er die Jungen an, dann wendet er sich an uns.

»Ich hab Sie angerufen, weil der Herr Beyer nicht öffnet. Ich glaub aber, dass er da ist. Außerdem riecht es so komisch.«

Das Treppenhaus stinkt bestialisch nach Urin und Abfall, im Aufzug ist es nicht besser. »Lass uns laufen«, schlage ich vor. Torsten ist sofort einverstanden, obwohl die Wohnung im fünften Stock liegt. Der Hausmeister keucht hinter uns her. Der Geruch wird mit jedem Stockwerk strenger. Unwillkürlich muss ich daran denken, wie ich mit einigen Kommilitonen in der Gerichtsmedizin war. Wir sollten diese Institution einmal kennenlernen. Eine Leiche mussten wir auch ansehen. Das war nicht so schlimm, wie ich befürchtet hatte. Doch richtig schlimm war der Geruch. Ich hatte ihn danach noch tagelang in der Nase, er hatte sich dort festgesetzt.

Ich bekomme ein flaues Gefühl im Magen und ich weiß nicht, ob es von dem Gestank oder eher von der Angst davor kommt, was uns hier erwarten könnte.

Vor der Tür ist der Geruch so stark, dass wir uns nichts mehr vormachen können. Der Gestank kommt aus der Wohnung.

Wie erwartet öffnet keiner, als wir klingeln. Torsten klopft ein paar Mal laut gegen die Tür und sagt, dass die Polizei da sei und dass wir jetzt reinkommen würden, wenn nicht geöffnet werde. Hinter der Tür der Nachbarwohnung hören wir Schritte, aber sie bleibt verschlossen. Der Hausmeister winkt mit einem Schlüsselbund, um zu signalisieren, dass er uns reinlassen kann. Als die Tür aufspringt, trete ich unwillkürlich einen Schritt zurück. Da drin erwartet uns kein schöner Anblick, so viel ist klar. Ich werfe Torsten einen fragenden Blick zu, um herauszufinden, wie wir jetzt weiter vorgehen sollen. Aber ich werde nicht schlau aus seiner Mimik. Er wirkt genauso unschlüssig wie ich.

»Ich geh jetzt mal rein. Du kannst hier warten, wenn du willst«, sagt Torsten schließlich. Ich nicke erleichtert.

Er holt tief Luft und verschwindet dann in der Wohnung. Eine Minute später kommt er wieder.

»Er ist tot, kein Zweifel.« Seine Stimme hört sich irgendwie anders an als vorher.

»Und«, frage ich zögernd, »sieht er schlimm aus?« Eigentlich will ich es gar nicht wissen, aber gleichzeitig bin ich neugierig.

Torsten hebt die Schultern. »Geht so. Also ehrlich gesagt, ich hab noch gar nicht so viele Leichen gesehen«, sagt er ausweichend.

Unschlüssig blicke ich in die Wohnung. Ein heller, kleiner Flur, der eigentlich nichts Beunruhigendes an sich hat, wenn nur dieser Gestank nicht wäre. Vielleicht sollte ich doch selbst nachsehen, um mir ein Bild zu machen. Schließlich muss ich mich ja daran gewöhnen, Leichen zu sehen. Entschlossen lege ich den Arm unter meine Nase, um nichts zu riechen, und gehe an Torsten vorbei.

»Geradeaus im Wohnzimmer«, ruft er mir hinterher.

Das Erste, was mir auffällt, ist die Hitze. Die Wohnung ist völlig überheizt. Der Mann liegt auf dem Boden, das Gesicht nach oben, Arme und Beine von sich gestreckt. Er ist riesig, dick, mindestens zwei Zentner, schätze ich, die Hautfarbe ist sehr dunkel. Sein Körper wirkt wie aufgeblasen. Und dann das Gesicht, ich wünschte, ich hätte es nicht angesehen. Die Augenhöhlen sind tief und sehen aus, als ob sie leer wären, ich könnte nicht einmal sagen, ob die Augen auf oder zu sind. Der Mund ist offen, ich kann die Zunge sehen. Der Teppichboden wirkt feucht um den Mann herum. Das ist schon mehr, als ich sehen wollte. Schnell wende ich den Kopf und laufe wieder in den Hausflur. Ich schnappe nach Luft, aber der Geruch ist überall. Jetzt, wo wir eindeutig wissen, woher er kommt, ist er noch unerträglicher.

»Alles klar?«, fragt Torsten. Ich bereue meine Neugier und wünschte, ich wäre draußen geblieben.

»Wie, der ist tot?«, schaltet sich der Hausmeister jetzt ein und versucht, an uns vorbei in die Wohnung zu schielen.

»Ich fürchte ja«, sagt Torsten.

Der Mann blickt bestürzt von Torsten zu mir.

»Können Sie uns Herrn Beyer beschreiben?«, fragt Torsten.

»Ja, so etwa eins siebzig groß, braune Haare.«

»Dick?«, frage ich.

»So normal halt, nicht dünn, aber auch nicht dick.«

»Und die Hautfarbe?«

»Wie? Auch normal, also eher blass.«

»Herr Beyer war nicht schwarz, also ich meine dunkelhäutig?«

Torsten und ich sehen uns verwirrt an. Ich habe ganz sicher einen Mann mit sehr dunkler Hautfarbe da drin gesehen und Torstens Blick nach zu urteilen, hat er das genauso wahrgenommen.

»Ne, also, nein. Wieso? Ist der Mann da drin schwarz?«

Der Hausmeister sieht aus, als würde er am liebsten selbst in die Wohnung gehen, um sich den Toten anzusehen, aber das geht natürlich nicht. Die Todesursache ist schließlich noch nicht geklärt, und solange die Möglichkeit besteht, dass es sich hier um einen Tatort handelt, sollten so wenig Personen wie möglich da hinein.

Die Befragung der anderen Nachbarn ergibt ebenfalls, dass Herr Beyer ein mittelgroßer, einigermaßen schlanker, weißer Mann war. Aber wie kommt dann der korpulente Schwarze in die Wohnung, und wo ist Herr Beyer?

Dann so langsam dämmert es uns.

»Und wenn das doch Herr Beyer ist?«, fragt Torsten nachdenklich. Natürlich, das ist sogar wahrscheinlich, schießt es mir durch den Kopf. Der Mann in der Wohnung könnte durchaus zu Lebzeiten eine helle Hautfarbe gehabt haben. Im Unterricht hat man uns ja erklärt, dass Leichen erst rot-violette Leichenflecken bekommen, die dann, wenn der Verwesungsprozess fortgeschritten ist, schwarz werden können. Und es ist auch durchaus möglich, dass der Mann erst nach Eintritt des Todes so aufgequollen ist. In der Theorie haben wir ja Folgendes gelernt: In einem Stadium der Verwesung bildet sich Gas im Körper, was dazu führt, dass sich der Leichnam im wahrsten Sinne des Wortes aufbläht. Ich habe mir das nicht so drastisch vorgestellt, wie ich das hier gesehen habe, und Torsten hat so etwas offenbar auch zum ersten Mal gesehen. Ich schüttle mich bei dem Gedanken, dass der Körper da drin schon dabei ist, sich in seine Bestandteile zu zersetzen. Auch Torsten ist für einen Moment blass um die Nase geworden.

Der Notarzt, den wir verständigt haben, bestätigt dann unsere Vermutung: »Wenn die Leiche ein paar Tage in der gut geheizten Wohnung gelegen hat, dann kann ein weißer, mittelgroßer, schlanker Mann so aussehen.«

Als wir das Haus endlich verlassen, sind die Jungen unten an der

Tür verschwunden. Nur ein paar Zigarettenstummel und eine Dose Cola erinnern daran, dass sie hier gewesen sind.

Im Auto starrt Torsten eine Weile aus dem Fenster, bevor er den Wagen startet. Ich spüre, dass ihn etwas beschäftigt.

»So etwas habe ich noch nie gesehen. Ich meine, das hätte ich doch erkennen müssen, dass das kein übergewichtiger Farbiger ist, sondern eine Leiche im fortgeschrittenen Verwesungsstadium.« Es ist ihm sichtlich unangenehm, dass er das nicht gleich gesehen hat. Schließlich ist er schon eine Weile Polizist.

»Woher sollst du das denn auch wissen, wenn du so etwas noch nie gesehen hast?«, versuche ich ihn zu trösten, aber er zuckt nur schlaff mit den Schultern.

Eine Weile schweigen wir. In meinem Kopf kreisen die Gedanken um Herrn Beyer. Ich begreife nicht, wie es dazu kommen konnte, dass der Mann so lange tot in seiner Wohnung lag, ohne dass jemand etwas gemerkt hat. »Warum hat der Hausmeister uns nicht schon früher gerufen? Das hat doch nicht erst heute angefangen, so zu stinken«, frage ich schließlich.

Torsten sagt lange nichts dazu, und ich denke schon, dass er mit den Gedanken inzwischen woanders ist.

»Ich denk mal, dass der das verdrängt hat«, sagt er schließlich. »Wer will sich das schon vorstellen, dass da eine Leiche im Haus ist. Man ruft ja nicht gleich die Polizei, nur weil einer die Tür nicht aufmacht, wird der sich gedacht haben. Aber es gibt ja auch Leute, die viel länger tot in ihrer Wohnung gelegen sind. Solche Leichen habe ich zum Glück bisher nicht gesehen. Keine Ahnung, wie die anderen Hausbewohner den Gestank ausgehalten haben.«

Später erfahre ich, dass es sich bei dem Toten, den wir gesehen haben, tatsächlich um Herrn Beyer handelt. Er war in seiner Wohnung gestürzt und hatte sich dabei so unglücklich am Rückgrat verletzt, dass er nicht mehr alleine aufstehen konnte. Ich versuche, mir nicht vorzustellen, wie lange der Mann dort gelegen hatte, bis er schließlich starb. Vermutlich ist er verhungert. Mir wird ganz schlecht, wenn ich daran denke. Hatte er denn gar keine Familie oder Freunde? Niemand, der ihn mal besuchte? Herr Beyer war gerade sechzig.

40

Ich nehme mir vor, immer aufmerksam meinen Nachbarn gegenüber zu sein, und ich versuche, die leeren Augenhöhlen schnell zu vergessen. Es gelingt einigermaßen. Aber was ich nicht vergessen kann, ist dieser faulige Geruch, der sich bereits im Treppenhaus ausgebreitet hatte.

Meine Zeit auf der Wache ist viel zu schnell zu Ende. Eddi und ich sind in der Zeit zu einem eingespielten Team geworden. Sechs Monate gemeinsam im Streifenwagen schweißen einfach zusammen. Ich weiß, wie er seinen Kaffee trinkt, in welchen Abständen er zur Toilette muss, und ich erkenne manchmal an der Art, wie er sich in den Wagen setzt, in welcher Stimmung er ist. Ich habe ihn mit seiner bärigen Art ins Herz geschlossen, genauso wie Torsten und die anderen Kollegen von der Schicht. Sogar Walter mag ich inzwischen irgendwie, auch wenn er mich ab und zu Mädchen nennt.

Ein wenig traurig bin ich schon, als ich die Wache wieder verlassen muss. Als unangenehm bleibt mir nur die Begegnung mit den Leichen in Erinnerung.

1984

Es ist ein sonniger Frühlingstag. An den Bäumen wachsen erste zartgrüne Blätter, und es ist sogar schon so warm, dass ich die Jacke erst im Wagen lassen will. Doch dann erinnere ich mich an meinen letzten Besuch in der Gerichtsmedizin und ziehe sie doch lieber über. Olaf nimmt seine ebenfalls mit.

Inzwischen habe ich ein Praktikum bei der Mordkommission angetreten. Ich bin dort schon einige Wochen und mag die Arbeit sehr. Wenn es um einen Mord geht, hat man bei den Ermittlungen ganz andere Möglichkeiten. Wenn wir zum Beispiel einen Fotografen benötigen, der Bilder von einem Tatort macht, dann kommt der sofort und nicht wie häufig bei anderen Delikten nach ein paar Tagen, weil ein Mord einfach als wichtiger eingestuft wird.

Olaf, mein Bärenführer bei der Mordkommission, ist ein erfahrener, kluger Kollege, der sich bemüht, mir so viel wie möglich beizubringen. Leichen ansehen musste ich bei ihm bisher zum Glück nicht, aber heute hat er mich zu diesem Termin mitgenommen. Wir sollen bei einer Obduktion dabei sein. Ein Mann ist an einem Kopfschuss gestorben, und wir sind nicht sicher, ob es Selbstmord war oder nicht. Natürlich könnten wir auch einfach auf den Bericht warten, aber es dauert erfahrungsgemäß eine Woche, bis der fertig ist, und wenn wir bei der Obduktion dabei sind, erfahren wir gleich die Ergebnisse. Außerdem können wir dem Mediziner Informationen geben, die ihm bei seiner Arbeit weiterhelfen.

Mir behagt die Aussicht, wieder mit einem toten Menschen konfrontiert zu werden, natürlich überhaupt nicht. Ich fühle mich unwohl und ertappe mich dabei, wie ich nach Ausreden suche, damit ich da jetzt doch nicht mit hinein muss. Aber das gehört nun einmal zum Beruf einer Polizistin dazu, sage ich mir immer wieder. Ich zwinge mich, an etwas anderes zu denken, und gehe hinter Olaf her.

Vor der Tür verlangsame ich mein Tempo automatisch. Olaf hält mir die Eingangstür auf und wartet geduldig. »Komm! Das schaffst du«, sagt er, aber ich bin mir nicht sicher, ob er es ernst meint oder ob er sich lustig über mich macht. Diesmal bin ich auf den Geruch vorbereitet. Süßlich und beißend hat er sich bei meinem ersten Besuch hier in meiner Nase festgesetzt und war erst Tage später vollständig verschwunden. Es dauerte ein bisschen, bis ich herausgefunden hatte, dass es eine Mischung aus Leichengestank und diesem Reinigungsmittel ist, das sie hier verwenden. Ich versuche, flach zu atmen. Unwillkürlich halte ich meinen Arm schützend unter meine Nase. Es muss eine Möglichkeit geben, sich an diesen Geruch zu gewöhnen, andernfalls würde doch kein Mensch hier arbeiten können. Als hätte Olaf meine Gedanken erraten, dreht er sich zu mir und sagt: »An den Geruch hier werde ich mich nie gewöhnen.«

Die Leichen werden im Keller in riesigen Kühlschränken aufbewahrt. Das habe ich bei meinem ersten Besuch hier schon gesehen. Olaf und ich fahren mit dem Fahrstuhl runter. Unten schlägt uns frostige Kälte entgegen. Ich ziehe meine Jacke enger um mich. Sie kühlen die Räume hier, um die Verwesungsprozesse aufzuhalten. Es sind höchstens zwölf Grad. Der Geruch ist trotzdem sehr intensiv. Ich möchte mir nicht vorstellen, wie es hier riechen würde, wenn sie nicht kühlen würden.

Wir treten in einen großen weißgekachelten Raum, in dessen Zentrum ein metallener, blitzblank geputzter Arbeitstisch steht. Ein Arzt in blauem Chirurgenkittel erwartet uns. »Das ist Dr. Hauk«, raunt mir Olaf zu. Die beiden begrüßen sich wie alte Bekannte. Dr. Hauk ist ein hochgewachsener, schmaler Mann mit sehr wenig Haar und einer großen Brille. Olaf stellt mich vor. Ich versuche, in den glatten Gesichtszügen des Arztes irgendeinen Hinweis darauf zu finden, wie er an so einem Ort arbeiten kann.

Mir ist flau im Magen, trotzdem sehne ich mich nach einer Zigarette. Das würde sicher helfen, diesen Geruch besser zu ertragen. Hinter uns schiebt ein anderer Blaubekittelter eine metallene Bahre herein. Unter einem weißen Tuch erkenne ich deutlich die Konturen eines menschlichen Körpers. Unwillkürlich fröstle ich. Es kommt mir vor, als wäre es mit einem Mal noch kälter geworden.

Der Rollwagen wird neben den Arbeitstisch geschoben, und mit einem routinierten Handgriff heben Dr. Hauk und sein Kollege den Körper mit dem Tuch auf den Seziertisch. Während ich noch damit beschäftigt bin, das Tuch, das bei dieser Aktion wie durch ein Wunder nicht verrutscht ist, mit einer Mischung aus Faszination und Grauen anzustarren, wird es von Dr. Hauk mit einem Ruck weggezogen. Erschrocken halte ich die Luft an. Ich blicke auf den vollkommen nackten Körper eines jungen Mannes. Er liegt auf dem Rücken, seine Haut ist unnatürlich blass. Aber als ich genauer hinsehe, bemerke ich an einigen Stellen dunkelrote Verfärbungen. Soweit ich erkennen kann, sind diese vor allem am Rücken und an der Unterseite der Arme und Beine ausgeprägt: Leichenflecken. Bei einem früheren Besuch hier hat man mir und meinen Kommilitonen gezeigt, wie man anhand dieser Flecken Rückschlüsse auf den Eintritt des Todes ziehen kann. Wenn man sie wegdrücken kann, dann ist die Leiche noch einigermaßen frisch. Ich habe keine gute Erinnerung daran.

»Der Kopfschuss ist jetzt ja drei Tage her«, erklärt Olaf. »Hier soll jetzt ermittelt werden, wie der Schusskanal verläuft. Das kann Aufschluss darüber geben, ob der Tote sich selbst erschossen hat oder von jemand anderem erschossen wurde. Außerdem hat er eine Verletzung im Bauchbereich, die möglicherweise auch zum Tod geführt haben kann. Das muss untersucht werden.«

Ich unterdrücke den Ekel und werfe vorsichtig einen genaueren

Blick auf den Toten. Der süßliche Geruch überlagert jetzt deutlich den der Reinigungsmittel. »Es ist nur ein Körper, alles ist gut«, sage ich mir vor.

Dr. Hauk nimmt ein Skalpell von einem Messingtablett, auf dem noch einige andere Gerätschaften liegen. Ich sehe eine Säge, einen kleinen Hammer und etwas, das wie ein Meißel aussieht. Der Gerichtsmediziner setzt am Bauch an. Unwillkürlich wende ich den Blick ab und starre auf eine Uhr, die an der Wand angebracht ist. Mit einem Knacken rückt der große Zeiger auf die Zwei: elf Uhr und zehn Minuten. Ich weiß, dass ich hinsehen muss, wenn ich hier etwas lernen will. Dr. Hauk hebt etwas aus der offenen Bauchhöhle und benennt es. Der Gestank ist jetzt kaum noch auszuhalten. Ich versuche, durch den Mund zu atmen.

»Die Verletzung am Bauch kommt von einem langen spitzen Gegenstand, einem Messer zum Beispiel. Das muss aber schon ein paar Tage vor dem Todeszeitpunkt passiert sein«, resümiert der Arzt.

Dann greift er zur Säge und setzt an der Stirn des Toten an. Ich drehe entsetzt den Kopf weg. Aber das scharfe Ratschen der Säge höre ich trotzdem. Am liebsten würde ich mir die Ohren zuhalten, aber ich unterdrücke den Wunsch. So eine Blöße will ich mir dann doch nicht geben. Als ich vorsichtig wieder hinsehe, bemerke ich, dass der leblose Körper unter der Einwirkung der Säge zittert. Plötzlich kommt Bewegung in die toten Glieder. Mit einem metallenen Geräusch rutscht der Arm des Mannes vom Operationstisch und schlenkert noch einmal hin und her, bevor er herunterhängend verharrt. Ich schreie auf vor Schreck und mache einen Satz zurück. Mir ist jetzt egal, ob die anderen mich für hysterisch halten. Diese Leiche hat sich bewegt. Olaf ist instinktiv auch zurückgewichen. Dr. Hauk und sein Kollege, dessen Namen ich schon wieder vergessen habe, lachen. Olaf stimmt zögernd in das Gelächter ein. Mir ist überhaupt nicht nach Lachen zumute. Ich will hier raus. Der Gestank ist nicht mehr zu ertragen, gleichzeitig ist es eiskalt.

»Hier, halten Sie das«, sagt Dr. Hauk in diesem Moment zu mir und drückt mir ein kleines gläsernes Behältnis in die Hand. Ich erstarre und umklammere das Gefäß, als hinge mein Leben davon ab.

Sein Kollege hat unterdessen etwas aus dem inzwischen offenen Schädel geholt, von dem ich annehme, dass es das Gehirn ist. Ich konzentriere mich ganz auf das Glas in meiner Hand. Aus den Augenwinkeln sehe ich, wie Dr. Hauk sich über das Gehirn, oder was es sonst sein mag, beugt und es mit dem Skalpell bearbeitet. Wieder hefte ich meinen Blick auf die Uhr: elf Uhr und 29 Minuten.

»Hier ist es ja«, höre ich Dr. Hauk sagen. Mit einer Art Pinzette hält er einen kleinen blutigen Gegenstand hoch und betrachtet ihn einen Moment lang von allen Seiten. Als er Wasser darüberlaufen lässt, kann ich erkennen, dass es ein Geschoss ist. Dann hält mir der Arzt den Fund unter die Nase und lässt ihn mit einem kleinen Klicken in die Glasviole fallen, die ich noch immer in der Hand halte. Wie festgefroren starre ich auf das kleine Stück Metall. Meine Hand zittert leicht. Ich bin plötzlich nicht mehr sicher, ob ich das Glasgefäß in meiner Hand jemals wieder loslassen kann. Mein ganzer Körper bebt und ist gleichzeitig steif. Ich habe das Gefühl, als sei der Boden unter mir mit einem Mal schief. Gleich verliere ich die Kontrolle, schießt es mir durch den Kopf, dann zerdrücke ich das Glasgefäß in meiner Hand oder ich lasse es fallen und vielleicht falle ich dann auch einfach um. Hilfesuchend sehe ich zu Olaf, der noch immer neben mir steht. Auch er scheint das, was hier vorgeht, nicht gerne zu sehen, aber offensichtlich kann er damit irgendwie besser umgehen als ich.

»Olaf?«, meine Stimme hört sich rau an. »Kannst du mir das abnehmen, ich glaube, ich lasse es gleich fallen. Ich … ich kann nicht mehr.«

Ohne zu zögern, nimmt er mir die Glasviole aus der Hand. Mein Körper entspannt sich etwas.

»Geh an die Luft«, rät er mir.

Fluchtartig verlasse ich den Raum.

Draußen lehne ich mich gegen die Hauswand und atme die warme Frühlingsluft tief ein. Der Geruch ist immer noch da, wenn auch nicht mehr so unausweichlich. Nach ein paar Minuten erscheint Olaf.

»Mann, du siehst nicht gut aus. Alles klar?«

Ich nicke leicht. Es hat keinen Sinn, ihm etwas vorzumachen.

»Willst du? Das hilft gegen den Geruch.« Olaf hält mir seine Zigarettenschachtel hin. Dankbar nehme ich eine.

»Wie kann man hier arbeiten? Ich meine, wie kann man das jeden Tag aushalten?«

»Du meinst die Gerichtsmediziner?«

Ich nicke.

»Ich glaube, die betrachten die Körper nicht mehr als Menschen, sondern mehr so wie interessante Forschungsobjekte. Wenn du die Menschen in den Leichen siehst, dann hast du schon verloren.«

Die Sektion des Toten ergibt, dass der Schusskanal schräg verläuft. Von der rechten Schläfe nach links oben. Das erlaubt den Schluss, dass der Tote selbst abgedrückt hat.

Die Verletzung am Bauch hingegen ist dem Verstorbenen mit großer Wahrscheinlichkeit von jemand anderem zugefügt worden. Der Winkel, in dem das Messer oder ein ähnlicher Gegenstand den Bauch getroffen hat, ist so, dass der Verstorbene es dabei nicht selbst gehalten haben kann. Olaf vermutet, dass sich der Mann aus Angst das Leben genommen hat. Die Wunde am Bauch könnte eine Drohung gewesen sein. Aber abschließend kann der Fall nicht gelöst werden.

Das Mittagessen lasse ich an diesem Tag ausfallen. Ich bekomme keinen Bissen runter. Zu Hause dusche ich eine halbe Stunde lang, seife mich mehrmals ein, bis der Wasserdampf das ganze Bad ausfüllt. Meine Kleidung stecke ich in die Waschmaschine. Und trotzdem habe ich das Gefühl, von dem Gestank verfolgt zu werden. Ich hatte mir zum Abendessen Nackensteaks gekauft, aber als ich sie aus dem Kühlschrank nehme, sehe ich nur zwei Fleischscheiben und wieder dieser Geruch. Angeekelt werfe ich sie in den Müll.

Ich gehe ins Bett und will endlich schlafen, aber sobald ich die Augen schließe, sehe ich den geöffneten Körper wieder, das Blut, die blasse leblose Haut. In dieser Nacht muss das Licht an bleiben. Erst nach ein paar Tagen gelingt es mir, wieder im Dunkeln zu schlafen. Und drei Wochen dauert es, bis ich wieder Fleisch essen mag.

Nach dem Praktikum bei der Mordkommission fahre ich zur Wache, um Eddi zu besuchen. Ich war schon lange nicht mehr da, obwohl ich mich dort sehr wohl gefühlt habe.

Ich parke meinen Wagen wieder im Hof, so wie ich es ein halbes Jahr lang jeden Tag getan habe, und fast habe ich wieder das Gefühl, zur Schicht zu gehen. Ich habe Glück, Eddi, Walter und Torsten sind da. Sogar Hans kommt zu mir, als er mich sieht, und reibt mir begeistert den Arm. Torsten kocht extra frischen Kaffee. Wir sitzen im Pausenraum und rauchen. Ich erzähle, dass ich bei der Mordkommission Praktikum gemacht habe.

»Und«, fragt Eddi, »willst du jetzt zu den Mördern?«

»Nö«, sage ich aus tiefstem Herzen.

Am Ende der Ausbildung ist mir klar, dass ich meinen Traumberuf gefunden habe. Ich mag es, Polizistin zu sein, ich mag es, mit Menschen zu tun zu haben, und ich mag die Art, wie hier zusammengearbeitet wird. Und wenn mir etwas daran nicht gefällt, dann versuche ich, es zu ändern. Deshalb bin ich auch in die Gewerkschaft eingetreten. Gut, auf die Toten kann ich wirklich verzichten. Deshalb ist die Mordkommission auch nichts für mich. Ich würde zwar gerne in dem Bereich arbeiten, vor allem hätte ich gerne herausgefunden, ob sich der Obduzierte tatsächlich aus Angst das Leben genommen hat. Aber Leichen, oder besser der Leichengeruch, machen mich einfach fertig. Ich habe versucht, mich dem zu stellen, aber ich kann es nicht gut aushalten und ich will es auch nicht. Das ist eben meine persönliche Grenze, und es ist für eine Polizistin wichtig, die ernst zu nehmen. Und schließlich muss ich ja auch nicht zur Mordkommission gehen. Es gibt genug Bereiche bei der Polizei, und jeder ist so interessant, dass ich gerne darin arbeite. Das finde ich auch heute noch nach 30 Jahren im Polizeidienst.

Weibliche Polizei – Allein unter Männern

1987

»Bullen, verpisst euch, keiner vermisst euch!«, brüllen die Sprech-
chöre – schon gefühlte Stunden lang. Dazwischen ruft immer mal
wieder einer: »Scheißbullen!« oder »Bullenschweine!« Manchmal
frage ich mich, ob es nicht auch kreativere Beschimpfungen für
meinen Beruf gibt. Offenbar nicht.

Ein leichter Nieselregen hat eingesetzt. Es ist Ende September,
nicht warm, aber ich schwitze in meiner Ausrüstung: Arm- und
Beinschoner, darüber der Einsatzanzug aus einem besonders festen
Stoff, die P6 und die Handschellen am Gürtel, die schweren Schuhe
und zu allem Überfluss auch der Helm, der Schild mit Schlagstock,
außerdem baumelt um meinen Hals noch die Gasmaske. »Kleiner
Kampfanzug« nennen wir das. Der sieht schon nicht klein aus, aber
wenn man einige Zeit drinsteckt, kommt er einem nur noch groß und
schwer vor. Wenn ich das Ding nachher ausziehe, werde ich mich
federleicht fühlen. Ich kann es kaum erwarten, aber momentan sieht
es nicht so aus, als würde das hier bald zu Ende sein: Wir begleiten
eine Demonstration gegen Rechts. Direkt neben mir steht Manfred,
den Namen des Kollegen auf der anderen Seite habe ich vergessen.

Ich bin inzwischen als fertige Polizeimeisterin bei der Weiblichen
Schutzpolizei im Hamburger Westen gelandet. Wir kümmern uns
um die Angelegenheiten von Kindern und Jugendlichen, alten Menschen und vor allem von Frauen. Das bedeutet auch, dass wir angefordert werden, um die Kollegen vom Einsatzzug zu unterstützen,
wenn sie zum Beispiel Demos begleiten. Bei Durchsuchungen und
Festnahmen sind wir dann für die Frauen zuständig. Früher hätte das
kurzerhand ein Mann gemacht. Inzwischen gibt es so viele Frauen
bei der Polizei, dass Frauen meistens auch von Frauen festgenom-

men und durchsucht werden können. Renate und Petra, die mit mir in einem Jahrgang waren, stehen weiter hinten und unterstützen die Kollegen dort.

Ich persönlich finde es gut, dass gegen Rechts demonstriert wird, und ich würde auch mitmarschieren, aber heute gehört es nun mal zu meinem Job, für Sicherheit zu sorgen, und ich muss mit meinen Kolleginnen und Kollegen eben aufpassen, dass niemand vor lauter »Eifer« andere verletzt. Denn für heute ist auch ein Naziaufmarsch angekündigt. Wir sind hier, um die Menschen, die an der Demonstration gegen Rechts teilnehmen, zu schützen. Aber es ist auch unsere Aufgabe, dafür zu sorgen, dass keiner der Demonstranten jemanden angreift, der am Naziaufmarsch teilnimmt. Das heißt, wir schützen die Nazis ebenso wie deren Gegner, auch wenn mir das zu Anfang merkwürdig vorkam. Doch Gewalt sollte eben von keiner Seite ausgehen.

Der Demonstrationszug ist von uns begleitet durch die Straßen gezogen, dann hat er haltgemacht. Verschiedene Menschen sind auf eine extra für die Demo aufgebaute Bühne gestiegen und haben gegen rechtes Gedankengut gewettert und für mehr Toleranz geworben. Mit vielem von dem, was ich gehört habe, war ich einverstanden. Und es sah eine Weile so aus, als wäre das eine rundum friedliche Veranstaltung. Aber dann kamen von irgendwoher rechte Parolen, woher, ist mir ein Rätsel, weil der Naziaufmarsch extra in einen anderen Stadtteil verlegt worden war.

»Diese Idioten«, stöhnt Manfred. Und er hat recht. Das wird auf jeden Fall Ärger geben. Erste Beschimpfungen werden gerufen, in Richtung der Rechten, aber vor allem gegen uns, weil wir die ja auch schützen. Mir wird noch wärmer in meiner Kampfmontur. Ich habe das dumpfe Gefühl, dass heute noch etwas passiert. Ich hoffe, dass ich mich täusche! Leider täuscht mich mein Gefühl aber selten. Inzwischen beginnt es zu dämmern. Das Blaulicht der Einsatzwagen, die hinter uns stehen, sieht man jetzt deutlicher. Es flackert über unsere weißen Helme und über die dunkler werdende Masse der Demonstranten.

Ich würde gerne etwas trinken, vor allem aber müsste ich mal für kleine Polizistinnen. Daran ist in dieser Situation natürlich nicht zu denken. Die Kollegen sind da deutlich im Vorteil. Bisher ist niemand auf die Idee gekommen, während solcher Einsätze ein Dixiklo für uns hinzustellen.

»Deutsche Polizisten – Mörder und Faschisten!«

Die Stimmung scheint sich zuzuspitzen. Ich sehe mich um. Hinter uns sind ein paar Schwarzgekleidete mit Springerstiefeln und Glatzen, es sind höchstens fünfzehn, aber sie brüllen ihre Parolen so laut, dass man denken könnte, es wären mindestens doppelt so viele. Vor uns: ein Pulk von Demonstranten, die sich durch die Rechten provoziert fühlen. Ich schätze, es sind vielleicht fünfzig, aber von meiner Warte aus kann ich das schwer überblicken. Ich habe nur den Eindruck, dass es mehr werden. Sie verstehen ganz offensichtlich nicht, warum wir sie nicht zu ihren Gegnern lassen. Sie haben den Eindruck, dass wir die Nazis schützen und zulassen, dass sie von denen verspottet werden. Ihr ganzer Ärger richtet sich jetzt gegen uns. Wenn das hier eskaliert, gibt das einen richtigen Kampf. Für alle Fälle stehen die Wasserwerfer in Position. Ich hoffe, dass die heute nicht eingesetzt werden müssen.

Und dann kommt plötzlich Bewegung in unsere Reihe, irgendwo neben uns muss es angefangen haben. Geschubse und Gerangel. Es geht also doch los. Die Demonstranten, die uns eben noch aus sicherer Entfernung beschimpft haben, drängen jetzt in unsere Richtung. Ich spüre etwas Hartes gegen meine Schulter prallen und packe den Schlagstock fester.

Zwei Stunden später ist das Gerangel vorbei. Die meisten Demonstranten sind verschwunden, auch die friedlichen, leider. Wir stehen inzwischen wieder bei unseren Einsatzwagen und überprüfen die Papiere einzelner Personen, mit denen es Ärger gegeben hat.

»Birgit, kommst du mal?«

Manfred hält eine junge Frau fest am Arm. Sie scheint ungefähr so alt wie ich zu sein. Ihre Hände sind bereits mit Handschellen gefesselt. Ihr langes, braunes Haar ist feucht vom Regen und hängt ihr ins Gesicht.

»Verdammte Bullenschweine!«, zischt sie, als ich auf sie zugehe. »Scheiß Bulette!«

Die Frau sieht mich feindselig an, während ich sie abtaste. Ich mache einfach meine Arbeit und ignoriere ihre Beschimpfungen. Wenn ich jetzt jede Beamtenbeleidigung zur Anzeige bringe, komme ich erst morgen früh nach Hause und eigentlich habe ich heute Abend noch etwas vor. Ich glaube, die meisten haben gar keine Ahnung, warum sie uns beschimpfen. Sie lassen sich einfach von der Gruppendynamik mitreißen. Jedenfalls halten die wenigsten das Gebrüll durch, wenn ich normal mit ihnen rede. Das heißt aber nicht, dass ich dieses Verhalten richtig finde. In anderen Fällen würde ich auf eine Beleidigung durchaus mit einer Anzeige reagieren.

»Es ist nicht zu ändern, das gehört nun mal zu meinem Job«, würde ich der Frau am liebsten sagen. Aber das müsste sie im Grunde auch selbst wissen. Ich bin unendlich müde, meine Kleidung klebt an mir, meine Knochen schmerzen und ich würde wesentlich lieber Feierabend machen, als Demonstrantinnen zu durchsuchen. Als ich fertig bin, hält Manfred mir einen Kaffee hin. Ich nehme dankend an. Nach zwei Schlucken meldet sich meine Blase wieder.

Inzwischen ist es richtig dunkel. Das Blaulicht flackert noch immer. Die Bühne liegt jetzt im Dunkeln, auch davor hält sich kaum noch jemand auf. Die Demonstration scheint hier vorbei zu sein. Aber ganz sicher sind wir nicht, ob in dieser Nacht nicht doch noch etwas passiert.

Auf der Fahrt zurück zur Dienststelle spricht keiner im Mannschaftswagen ein Wort. Wir halten unsere Helme auf den Knien. Alles ist feucht und klamm. Wir sind hundemüde. Es riecht nach Schweiß und kaltem Kaffee.

Ich fühle mich leer und kaputt. Keine Ahnung, woher plötzlich die Nazis mit ihren rechten Parolen kamen. War doch eigentlich alles ganz friedlich? Am Anfang zumindest. Manchmal habe ich den Eindruck, dass manche Menschen zwanghaft provozieren müssen, sobald sie eine Uniform sehen. Ich frage mich, ob irgendjemand das gut fand, was da heute passiert ist. Ich kann es mir nicht vorstellen. Eher glaube ich, dass es für niemanden gut war. Aber warum ist es dann passiert? Und warum passiert es immer wieder? Ich verstehe sehr gut, dass Menschen für ihre Meinung demonstrieren wollen. Ich habe das auch getan. Und ich habe auch vor, es wieder zu tun. Aber das geht doch auch ohne Gewalt. Woher kommt diese Wut auf die Polizei? Sind wir nicht die Guten?

Ich dusche so lange, bis der Spiegel des kahlen Umkleideraums beschlagen ist. Dann ziehe ich mich um, mache einen Versuch, meine Haare etwas in Form zu bringen, was aber nicht ganz zu meiner Zufriedenheit gelingt, und verlasse das Gebäude, ohne Waffe und Uniform, steige in meinen Wagen und fahre dahin, wo eine andere Kundgebung gegen Rechts stattfindet, die noch nicht ganz zu Ende ist. Auch hier stehen die Kollegen, aber hier ist es offenbar nicht zu Ausschreitungen gekommen. Ich sehe ein wenig mitleidig zu ihnen herüber, bevor ich Ausschau nach den Freunden halte, mit denen ich hier verabredet bin.

Es ist nicht gerade angenehm, als Polizistin einen Naziaufmarsch zu schützen, wenn man lieber auf der Seite der Gegendemonstranten stehen würde. Das ist schon eine schizophrene Situation. Unschön ist es auch, als Büttel des Staates beschimpft zu werden, aber ich wusste ja, dass so etwas kommen kann, spätestens seit ich in der Ausbildung Staatsrecht hatte. Es ist eben mein Job, die Ziele des Staates zu verteidigen. Aber nach dem Dienst bin ich Bürgerin und darf meine Meinung sagen.

Frustrierend ist es allerdings, wenn sich auf Demonstrationen Menschen einfinden, die einfach nur auf Krawall aus sind, ohne dass es ihnen um die inhaltlichen Ziele der Demo geht. Zum Schanzenfest zum Beispiel kommen gerne erlebnisorientierte Jugendliche aus den Randbezirken von Hamburg, um mal eine der Banken in der Schanze zu entglasen. Die sollten lieber zu Hause den Garten umgraben oder boxen gehen.

Einige Tage später. Das gelbliche Licht der Straßenlaternen zieht flackernd an uns vorbei. Ich blicke konzentriert auf die nassglänzende Fahrbahn. Auf Blaulicht verzichte ich. Es ist keine Gefahr im Verzug, nur eine ältere, verwirrte Dame im Nachthemd irrt durch die Straßen. Trotzdem fahre ich zügig, denn es ist kalt, das Thermometer zeigt vier Grad Außentemperatur, und ich friere selbst in meiner dicken Jacke. Da sollte sich niemand lange draußen aufhalten, der nur mit einem Nachthemd bekleidet ist. Zum Glück hat der Regen aufgehört. Es ist 22 Uhr, ein Werktag. Die Straßen sind mäßig befahren. Ich komme gut durch und zum Glück ist es nicht weit.

Wieder ein Fall für die Weibliche Schutzpolizei. Die ist eigentlich ein Relikt aus der Zeit, in der noch gar keine Frauen bei der Polizei eingesetzt wurden. Lange war die WP die einzige Dienststelle innerhalb der uniformierten Polizei, in der Frauen als Polizistinnen arbeiten durften. Die Dienststelle befindet sich heute, Ende der achtziger Jahre, zwar schon in der Auflösung – ich bin mit meinen Kolleginnen eine der Letzten, die dort arbeiten –, doch noch nicht alle Bereiche und alle Schichten sind mit Frauen besetzt.

Diesen Monat habe ich Nachtdienst, das heißt, im Wechsel zwei Nächte hintereinander 12 Stunden Dienst und dann zwei Nächte frei und dann wieder zwei Nächte Dienst und immer so weiter, bis der Monat vorbei ist.

Ich biege ab und ich halte schon mal nach einem Nachthemd und weißem oder grauem, wirren Haar Ausschau. Und tatsächlich: Ich sehe die Frau nur wenige Meter weiter auf dem Bürgersteig. Bei ihr stehen zwei etwas größere Gestalten in Mänteln. Beim Näherkommen sehe ich, dass es sich um einen Mann und eine Frau handelt. Ich kurble das Fenster herunter und spreche die drei an: »Schönen guten Abend, mein Name ist Reimann, ich bin von der Polizei. Haben Sie uns gerufen?«

»Äh ja«, sagt der Mann und sein Zögern verrät mir, dass er einen richtigen Streifenwagen erwartet hat, in jedem Fall jemanden in Uniform. Ich bin jedoch wie bei fast allen Einsätzen bei der WP (außer bei Demonstrationen) in Zivil gekleidet und habe als Dienstwagen einen schwarzen Passat. Bei der WP verzichten wir auf die Uniform und den Streifenwagen, weil das so unauffälliger ist und vor allem auf Kinder weniger einschüchternd wirkt. Und wir wollen ihnen ja eigentlich Sicherheit vermitteln.

Ich stelle den Wagen ab und greife nach meiner Taschenlampe und einem Notizblock, bevor ich aussteige. Dann hole ich noch schnell die Decke aus dem Kofferraum, die zur Ausrüstung jedes Polizeiwagens gehört, und klemme sie mir unter den Arm.

»Ich war mit meiner Freundin hier in der Nähe essen, und dann auf dem Nachhauseweg haben wir sie gesehen«, sagt der Mann und blickt zu der Dame im Nachthemd. Die steht einfach nur da und starrt in die Luft, ich bin nicht sicher, ob sie mich überhaupt schon registriert hat.

»Ich glaube, sie weiß nicht, wer sie ist und wo sie wohnt«, sagt die Frau. Sie scheint etwas älter als ich zu sein und wirkt sehr aufgeregt.

Ich bitte die beiden, noch einen Moment zu warten, damit ich ihre Personalien aufnehmen kann, dann wende ich mich an die kleine Gestalt. Erleichtert stelle ich fest, dass sie wenigstens eine Strickjacke trägt, darunter das unvermeidliche weiße Nachthemd, an den Füßen nur Socken und Hausschuhe. Ich kriege schon beim Hinsehen eine Gänsehaut.

»Ich bin Birgit Reimann von der Polizei«, spreche ich sie an. »Können Sie mir Ihren Namen sagen?« Ich rede laut und deutlich, damit sie mich auch versteht, wenn sie schlecht hört.

Die Frau blickt mich nun doch an. Ihre dunklen Augen schimmern feucht, vielleicht ist es auch nur das Licht. Sie sieht aus, als wollte sie etwas sagen, aber dann hebt sie nur die Schultern. Ich berühre sie leicht am Arm und spüre, wie sie zittert. Kein Wunder bei den Temperaturen.

»Darf ich Ihnen das hier umlegen?«, frage ich und halte die Decke hoch.

Als sie nicht widerspricht, lege ich sie ihr vorsichtig um die Schultern. Sie lässt es geschehen. Dann sehe ich der Frau direkt in die Augen und wiederhole meine erste Frage: »Können Sie mir Ihren Namen sagen?« Sie wendet die Augen nicht ab, aber ich habe irgendwie den Eindruck, als würde sie meinen Blick nicht erwidern, und sie bleibt stumm. So komme ich nicht weiter. Fragend sehe ich die beiden Passanten an, die uns gerufen haben.

»Uns hat sie auch nichts gesagt«, erklärt der Mann. »Aber ich habe das Gefühl, dass sie froh ist, wenn sich jemand um sie kümmert.«

»Darf ich einmal hinten in Ihre Kleidung sehen?«, frage ich die Frau, die mit der Decke noch kleiner aussieht. Ich versuche so freundlich und verbindlich zu klingen, wie es nur geht. Sie hebt wieder leicht die Schultern, was ich als Zustimmung werte. Ich knipse die Taschenlampe an und greife vorsichtig am Nacken der Frau in den Kragen ihres hellen Nachthemds. Bewohnern von Alten- und Pflegeheimen wird häufig ein kleines Stück Stoff mit ihrem Namen darauf in ihre Kleidung eingenäht. Auf diese Weise haben wir in solchen Fällen schon öfter ermittelt, um wen es sich handelt. Und tatsächlich, im Schein meiner Taschenlampe lese ich dort: »Gräfe«.

»Frau Gräfe?«, spreche ich die Frau an. »Frau Gräfe, können Sie mir sagen, wo Sie wohnen?«

Meistens reagieren ältere, verwirrte Menschen, wenn man ihren Namen sagt, aber Frau Gräfes Gesicht bleibt verschlossen. Ich sehe, dass sie trotz der Decke zittert.

»Hören Sie?«, rede ich auf Frau Gräfe ein. »Ich nehme Sie jetzt mit auf die Wache. Wir finden Ihr Zuhause schon.« Ich sage das langsam, deutlich und laut, damit sie eine Chance hat, es zu verstehen.

Frau Gräfe sagt noch immer kein Wort. Sie scheint verstört, vielleicht ist sie auch zu verfroren oder sie hat einen kleinen Schock. Was auch immer, sie wehrt sich nicht, als ich sie am Arm nehme und zum Auto führe. Er fühlt sich bemitleidenswert dünn an. Vorsichtig lege ich meine Hand auf ihren Kopf, damit sie sich nicht stößt, und setze sie, so sanft es geht, in den Wagen. Sie lässt es geschehen, ohne eine Reaktion. Dann zupfe ich noch an der Decke herum, damit sie ganz darin eingehüllt ist.

Bevor ich zu ihr ins Auto steige, nehme ich noch die Personalien des Paares auf, das ein paar Meter vom Wagen entfernt immer noch wartet. »Was passiert denn jetzt mit ihr?«, will die Frau wissen.

»Wenn wir herausbekommen haben, wo sie wohnt, bringen wir sie nach Hause oder sie wird abgeholt.«

Ich lächle zuversichtlich und hoffe, dass es nicht allzu lange dauern wird, bis die Frau nach Hause kommt. Dann steige ich ins Auto.

»Ich fahre Sie jetzt zur nächsten Wache, Frau Gräfe. Keine Sorge, wir finden Ihr Zuhause schon«, sage ich noch einmal und streiche ihr kurz über die Schulter. Wieder keine Reaktion, trotzdem habe ich den Eindruck, dass sie damit einverstanden ist, was ich tue.

Ich hoffe, dass man Frau Gräfe auf der Wache schon kennt und weiß, wo sie hingehört. Viele der alten Menschen, die nachts verwirrt auf der Straße angetroffen werden, sind mir oder meinen Kollegen bekannt. Frau Gräfe kenne ich aber noch nicht.

Auf der Wache scheint sie leider auch niemand zu kennen. Hier wirkt sie fast noch verlorener als auf der Straße. Die neue Umgebung, das Licht, die Kollegen und die fremden Geräusche scheinen sie einzuschüchtern. Ihre Augen sind auf den Boden gerichtet, als würde sie dort etwas suchen. Widerstandslos lässt sie sich von mir auf einen Stuhl setzen. Die Decke liegt noch immer um ihre Schultern, ich ziehe sie noch ein bisschen nach unten, so dass sie auch ihre Knie und einen Teil ihrer Waden bedeckt.

Zusammengesunken bleibt sie sitzen, während ich die Notrufnummer des Einwohner-Zentralamts wähle, um herauszubekommen, wo sie wohnt. Als ich auflege, habe ich die Telefonnummer ihres Sohnes. Das ist schon mal gut, besser als ein Heim, dann kann die gute Frau gleich in ein vertrautes Gesicht sehen, denke ich und werfe Frau Gräfe einen aufmunternden Blick zu.

Inzwischen ist es 23 Uhr. Das Telefon klingelt lange, bevor sich am anderen Ende eine Männerstimme meldet.

»Herr Gräfe?«

»Ja.«

Die Stimme klingt belegt. Vielleicht hat er schon geschlafen.

»Hier spricht die Polizei, Birgit Reimann ist mein Name. Sind Sie der Sohn von Frau Gräfe?«

»Ja.«

Die Antwort kommt zögernd.

»Wir haben Ihre Mutter heute Nacht auf der Straße aufgegriffen. Sie ist verwirrt und weiß nicht, wo sie herkommt.«

Das Schweigen am anderen Ende der Leitung dauert mir etwas zu lange. »Herr Gräfe?«

»Ja, ich bin noch dran. Wie kommen Sie darauf, dass das meine Mutter ist?«

»Ihr Name ist in die Kleidung eingenäht.«

»Oh!« Herr Gräfe räuspert sich. »Das muss eine Verwechslung sein. Die Dame, die Sie aufgegriffen haben, kann nicht meine Mutter sein, die ist letzte Woche beerdigt worden.« Seine Stimme klingt jetzt sehr müde.

»Entschuldigen Sie, das tut mir leid«, stammle ich. Mir ist das schrecklich peinlich, am liebsten würde ich sofort auflegen, aber vielleicht weiß er ja, wer die Frau ist und warum sie das Nachthemd seiner verstorbenen Mutter anhat?

»Meine Mutter war im St. Elisabeth Pflegeheim. Vielleicht rufen Sie da mal an. Kann ich jetzt endlich schlafen?«

»Natürlich. Entschuldigen Sie noch mal!«

Ich lege auf und schüttle mich. Dieses Gespräch hätte ich Herrn Gräfe gerne erspart und mir auch. Haben die Pflegekräfte im Altersheim unserer Dame etwa die Kleidung der verstorbenen Frau Gräfe angezogen? Wie kann denn so etwas sein? Ich blicke zu der Frau, die klein und etwas schief auf dem Stuhl sitzt, der Kopf hängt auf ihrer Brust, als würde sie schlafen. Immerhin weiß ich jetzt, aus welchem Altersheim unsere Dame kommt. Rasch greife ich zum Hörer.

»Äh, ich glaube, das ist Frau Schulz. Wir vermissen sie schon«, sagt eine junge Stimme am anderen Ende der Leitung.

»Gut, dann bringe ich sie jetzt vorbei.«

Die Frau, die nicht Frau Gräfe ist, ist inzwischen tatsächlich auf dem Stuhl, auf den ich sie gesetzt habe, eingeschlafen. Sie schnarcht leise.

»Frau Schulz?«, frage ich leise und fasse ihr vorsichtig an den Arm. Wieder blicke ich in dunkle, etwas wirre Augen. Sie hat keine Ahnung, wo sie ist, entnehme ich ihrem Blick. Aber als ich wieder ihren Namen sage, werden ihre Augen klarer.

Ich erkläre ihr, dass sie bei der Polizei ist und dass ich sie jetzt nach Hause bringe. Sie guckt mir ernst in die Augen, als ob sie herausfinden will, ob ich die Wahrheit sage, dann deutet sie ein Nicken an. Wir fahren schweigend durch die Nacht.

Als wir schließlich beide vor der Eingangspforte des Heims stehen, greift Frau Schulz kurz nach meiner Hand. Sie fühlt sich trocken an und sehr kalt, obwohl ich darauf geachtet habe, dass ihr die Decke auch auf dem Weg vom Auto hierher nicht von den Schultern rutscht. Ich lege kurz meine andere Hand über ihre, um sie wenigstens ein bisschen zu wärmen, da wird die Tür schon geöffnet.

»Hallo, Frau Schulz, haben Sie wieder einen Spaziergang gemacht? Wir haben uns schon ganz schön um Sie gesorgt«, tadelt die Frau, die uns öffnet, freundlich. Sie ist nur ein wenig älter als ich. Ihr müdes Gesicht erinnert mich daran, dass ich auch schon seit drei Wochen Nachtdienst habe.

Wir treten ein, und Frau Schulz wird sogleich von einer Pflegerin übernommen. Da bricht es aus mir heraus: »Warum hat die Frau

Kleidung einer Verstorbenen an? Ich habe den Sohn von Frau Gräfe angerufen. Das war wirklich unangenehm, als er mir sagte, dass seine Mutter tot ist. Wie kann denn so etwas passieren?« Ich bin schon noch etwas sauer darüber, dass der falsche Name in der Kleidung steht.

»Wissen Sie«, sagt die Frau. »Manche Angehörige geben nicht genügend Kleidung mit. Dann müssen wir improvisieren. Verstehen Sie? Wenn eine Bewohnerin stirbt, wird deren Kleidung ja nicht mehr benötigt, die Angehörigen wollen sie auch nicht wiederhaben. Dann verwenden wir sie für die Bewohner, die zu wenig haben. In der Regel entfernen wir vorher das Namensschild. Dieses Mal haben wir das wohl wegen Überlastung nicht geschafft. Es tut mir leid.« Die Frau klingt angestrengt. Sie hat mir mit dieser Rede ein wenig den Wind aus den Segeln genommen. Natürlich hat sie recht, es spricht nichts dagegen, die Kleidung einer Verstorbenen weiterzugeben, wenn sie dringend benötigt wird. Zu blöd, dass sie vergessen haben, das Namensschild abzuschneiden.

Frau Schulz begegnete mir in meiner Zeit bei der WP nur ein einziges Mal, andere ältere Herrschaften muss ich dagegen regelmäßig von der Straße auflesen. »Rentnerrenner« nennen wir diese verwirrten, alten Menschen, die nicht mehr wissen, wo sie hingehören. Mir tun sie immer sehr leid und ich bin jedes Mal froh, wenn ich einen von ihnen heil nach Hause bringen kann. Die meisten muss ich in ein Heim bringen, aber einige werden auch von ihren Familien abgeholt. Ich bin mir nicht sicher, wie man diese Menschen daran hindern kann wegzulaufen. Einsperren ist sicher auch kein guter Weg. Besser wäre sicher intensivere Betreuung, aber wer hat dazu schon Zeit?

Es ist inzwischen 24 Uhr. Ich gehe in den Gemeinschaftsraum, den wir von der WP uns mit den Hundeführern und den Kollegen von der Verkehrsdirektion teilen. Bernd raucht hier gerade eine Zigarette. Nox, sein Hund, kommt gleich auf mich zu und reibt seinen Kopf an meinem Bein. Ich setze mich hin und streichle sein braunes, weiches Fell. Hier ist es angenehm warm, aber in der Kaffeekanne befindet sich nur noch eine kalte Pfütze.

»Auch einen?«, frage ich Bernd, während ich das Kaffeepulver in den Filter häufe.

Er nickt abwesend. Mir fällt auf, dass seine Haut fahl ist und seine Augen glasig sind. Er starrt vor sich auf den Tisch, als wolle er die Krümel und Kaffeeränder zählen. Ich kenne diesen Zustand. Wenn die Müdigkeit einen so übermannt, dass man sich fragt, wie man den Rest der Nacht durchhalten soll.

»Müde?«, frage ich mitfühlend.

»Mhm.«

Ich zünde mir eine Zigarette an und sehe zu, wie der Kaffee glucksend durchläuft.

»Diese verdammten Nachtschichten«, sagt Bernd schließlich. »Wenn man so jung ist wie du, dann steckt man das noch gut weg, aber ich … Ich merke das so richtig gesundheitlich, dass ich nachts meinen Schlaf brauche.«

Ich nicke.

»Außerdem kriegt man an manchen Tagen gar kein Tageslicht ab. Und dann das Essen, das setzt ja auch nachts viel mehr an als tagsüber. Ich habe richtig Speck angesetzt.« Er tätschelt seinen Bauch, der sich tatsächlich etwas unter dem Hemd wölbt, aber längst nicht so wie bei manch anderem Kollegen.

»O Mann, Bernd!« Ich verdrehe die Augen. Manchmal nervt mich Bernd mit seiner ewigen Meckerei, auch wenn er recht hat. Aber Jammern allein bringt nichts. Wenn mich etwas ärgert, versuche ich es zu ändern. Manchmal denke ich, Bernd will gar nichts ändern, sondern nur meckern. Nachtschichten sind nicht gesund, das merke ich auch. Der ganze Rhythmus kommt durcheinander. Tagsüber, wenn die normalen Menschen zur Arbeit gehen und ihr Leben leben, schlafe ich; und kaum bin ich wach, muss ich noch schnell duschen, einkaufen, was essen und all den anderen Kram erledigen, für den normale Menschen den ganzen Tag über Zeit haben. Und wenn die anderen sich schon darauf freuen, dass sie bald in ihr warmes Bettchen steigen können, mache ich mich für den Dienst bereit. Außerdem leidet das soziale Leben. Meine Freundin Sabine ruft grundsätzlich vormittags an, nachdem ich Nachtschicht hatte. Ich bin dann häufig so müde, dass ich kaum in der Lage bin, ein vernünftiges Gespräch zu führen. Und wenn sie vorschlägt, dass wir ja mal wieder um die Häuser ziehen könnten, muss ich meist auch noch absagen, weil ich schon wieder Nachtdienst habe.

Aber irgendwie mag ich die Nachtdienste auch. Manchmal ist es ruhig und gemütlich, fast langweilig, aber meistens passieren die Dinge, bei denen wir wirklich gebraucht werden, nachts. Und um ehrlich zu sein, die Nächte, in denen richtig viel los ist, mag ich sogar lieber als die ruhigen.

»Birgit, kommst du mal«, Wolfgang steckt den Kopf zur Tür rein. »Auf der Wache Lerchenstraße wird eine Frau gebraucht. Ich glaube, es geht um eine Vergewaltigung.«

Ich bin sofort hellwach und ein bisschen froh, dass es gleich weitergeht. Hier herumsitzen und mir Bernds Meckerei anhören ist jetzt nicht das, was ich brauchen kann. Ich werde davon müde und schlecht gelaunt.

Schnell überprüfe ich noch einmal, ob mein Einsatzköfferchen vollständig ist: Taschenlampe, Handschellen, Schreibzeug, Handschuhe und Plastiktüten. Ich werfe noch meine Zigaretten und eine Ration Schokoriegel für den Notfall dazu. Monika, Renate und Petra haben richtige Einsatztaschen. Ich benutze meinen alten privaten Aktenkoffer. Der hat mir schon während der Schulzeit gute Dienste geleistet. Es hat vielleicht etwas mit Aberglaube zu tun, dass ich meinem Schulkoffer so treu bin. Aber die Tatsache, dass mir noch nie etwas Ernsthaftes im Dienst passiert ist, spricht zumindest nicht gegen mein Köfferchen.

Als ich die Tür aufdrücke und ins Freie trete, überprüfe ich reflexartig noch den Sitz meiner P6, die ich bei der WP im Schulterholster unter der Jacke trage. Ich muss über diese Bewegung nicht nachdenken, sie ist einprogrammiert. Die Waffe muss immer dabei sein, wenn ich außerhalb des Dienstgebäudes unterwegs bin. Deshalb fühle ich automatisch danach, sobald ich das Gebäude verlasse, so wie andere beim Verlassen der Wohnung nach ihrem Schlüssel tasten.

»Na, Schultäschchen gepackt?«, witzelt Manfred, der auch bei der Hundestaffel ist. Er schlendert gerade über den Parkplatz zum Gebäude. Ich grinse verlegen. Ich gebe ja zu, dass ich, was meine Tasche angeht, etwas eigen bin, aber ich stehe dazu.

»Hallo, Birgit, du wirst schon erwartet«, begrüßt mich Joachim. Wir kennen uns schon von anderen Einsätzen. Ich war bereits ein paar Mal auf dieser Wache, wenn nachts keine Frau dort Dienst hatte.

»Sarah Meier heißt die Kleine. Sie ist sechzehn, so viel haben wir herausgekriegt. Aber das war nicht einfach. Pass ein bisschen auf«, rät er mir noch. »Die hat ganz schön randaliert. Wir sind gerufen worden, weil sie mitten auf der Straße auf dem Boden lag und rumgeschrien hat. Als wir gekommen sind, hat sie gebrüllt und um sich getreten. Sie ist ganz schön betrunken, glaube ich. Einen Alkoholtest haben wir erst mal nicht gemacht. Sie wollte das absolut nicht, und der ist ja schließlich freiwillig. Ob noch andere Drogen im Spiel sind, weiß ich nicht. Wir haben sie erst mal mitgenommen, und als sie hier saß, ist sie plötzlich zusammengebrochen und hat behauptet, sie wäre vergewaltigt worden.«

»Ich spreche mal mit ihr«, sage ich und weiß nicht, woher ich die Sicherheit nehme, dass ich schon mit ihr klarkommen werde. Die meisten Menschen werden etwas ruhiger, sobald sie auf der Polizeiwache sind, aber das ist längst keine verlässliche Regel.

Ich rieche die Alkoholfahne schon, als ich die Tür zu dem kleinen Besprechungsraum öffne, in dem das Mädchen wartet. Sarah sitzt zusammengesunken auf einem Stuhl, blondes, gelocktes Haar hängt ihr ins Gesicht. Sie trägt eines dieser weiten Blousons mit schwarz-weißem Muster, die gerade in Mode sind, und einen kurzen Jeansrock. Die schwarze Strumpfhose ist zerrissen. Überhaupt sieht ihre Kleidung ziemlich ramponiert und schmutzig aus.

»Hallo, ich bin Birgit Reimann.« Ich versuche freundlich und zugleich bestimmt zu klingen.

Das Mädchen hebt den Kopf und sieht mich an. Ihre Augen waren wahrscheinlich einmal sorgfältig schwarzumrandet, aber das Make-up ist jetzt völlig verschmiert. Über ihre Wangen ziehen sich dunkle Schlieren zum Kinn. Ich finde, sie sieht jünger aus als 16. Dass sie gewalttätig wird, kann ich mir gar nicht vorstellen, aber ich bin auf der Hut. Erst einmal muss ich sie zum Reden bringen und ihr Vertrauen gewinnen.

»Du heißt Sarah, oder?«

Sie starrt mich an, als käme sie von einem fremden Planeten und sei eben hier gelandet. Ihre Augen sind hell und wässrig. Ich wiederhole meine Frage und warte. Es dauert eine Weile, bis ich den Eindruck habe, dass sie mich verstanden hat. Schließlich nickt sie.

»Kannst du mir erzählen, was passiert ist, Sarah?« Ich setze mich auf einen leeren Stuhl neben sie.

Ihr Kopf sackt wieder nach vorne, so dass ihr Gesicht hinter ihrer Mähne verschwindet. Ich habe schon die Befürchtung, dass sie eingeschlafen ist, aber da beginnt sie zu reden. Ihre Aussprache ist allerdings so schlecht, dass ich nur einzelne Wörter verstehe: »Blödes Schwein! … Ausgenutzt! … Gelogen! … Wollte nur das eine!«

Sie scheint ganz schön zugedröhnt zu sein.

»Jetzt mal ganz von vorne. Wer ist ein blödes Schwein und warum?« Ich versuche, etwas mehr Informationen aus ihr herauszubekommen. Die Chance ist nicht besonders groß, wenn so viel Alkohol im Spiel ist, aber wenn das Mädchen wirklich vergewaltigt wurde, bekommen wir den Täter nur mit ihrer Hilfe.

»Der hat mich einfach aus dem Auto geschubst«, heult Sarah. Sie hat den Kopf wieder gehoben und weint hemmungslos wie ein kleines Kind.

»Wer hat das getan?«

»Der Typ, der …« Der Satz geht wieder in Geheul unter. Ihr ganzes Gesicht schwimmt, und als sie redet, bilden sich Spuckeblasen an ihrem Mund. Ich sehe sie abwartend an. Ihre Augen flattern, als ob sie gleich einschläft.

»Was für ein Typ?«, frage ich deshalb etwas lauter als vorher.

Sarah zuckt zusammen und sieht mich verstört an. Ihre Gesichtszüge wirken jetzt ganz und gar kindlich, und ich hoffe, dass sie sich das mit der Vergewaltigung ausgedacht hat.

Dann beginnt sie zu reden. Wenn ich alles, was sie gesagt hat, zu einer Geschichte zusammenfüge, dann ergibt sich folgendes Bild: Sarah war bei einer Party, dort hat sie sehr viel getrunken und ist dann noch mit ein paar Typen, deren Namen sie nicht mehr weiß, in eine Bar gegangen. Da hat sie einen Mann kennengelernt, der ihr angeboten hat, sie nach Hause zu fahren. Im Wagen ist er dann zudringlich geworden, und als Sarah gesagt hat, dass sie das nicht will, hat er sie einfach vergewaltigt. Danach hat sie geheult, und er hat sie aus dem Wagen geworfen. An den Namen des Mannes kann sie sich nicht mehr erinnern. Und die Personenbeschreibung ist auch eher dürftig.

»Er war blond, aber eher so dunkelblond und hatte die Haare so nach hinten. Und so groß«, sagt Sarah und zeigt mit der Hand ein bisschen über sich.

»Kannst du dich an irgendetwas an ihm noch erinnern? An seine Kleidung oder etwas Besonderes im Gesicht?«

Sarah denkt nach.

»Er roch ziemlich stark nach Rasierwasser oder so was«, sagt sie schließlich.

Ich stöhne innerlich auf. Na, so finden wir den nie.

»Kann ich mal kurz zur Toilette?« Sarah sieht mit einem Mal noch blasser aus, und ich ahne, dass es jetzt schnell gehen muss. Ich bringe sie zum WC, und kaum ist die Tür hinter ihr zugefallen, da höre ich sie schon würgen. Ich beglückwünsche mich stumm dazu, dass ich schnell genug war. Oft genug übergeben sich unsere »Kunden« einfach auf den Boden, und wenn das passiert, könnte ich sofort danebenkotzen.

»Alles okay?« Vorsichtig drücke ich die Toilettentür auf, als Sarah nicht antwortet. Sie sitzt auf dem Boden gegen das Klo gelehnt. Als sie mich hört, dreht sie leicht den Kopf. Ich atme flach durch den Mund, um nichts von dem Geruch mitzubekommen, und helfe ihr, sich aufzurappeln.

Sarah tut mir leid. Aber ich bin auch vorsichtig geworden. Denn es kommt immer wieder vor, dass Frauen behaupten, vergewaltigt worden zu sein, weil sie Aufmerksamkeit erregen oder jemandem schaden wollen. Ich neige dazu, Sarah zu glauben, aber ich habe auch schon erlebt, dass mir Frauen die schlimmsten Geschichten erzählt haben, ich schon vor Mitleid zerflossen bin, und dann hat sich die Geschichte als Lüge entpuppt. Deshalb zügle ich mein Mitgefühl etwas. Sarahs Geschichte hört sich für mich zumindest wahrscheinlich an. Ich glaube nicht, dass sie sich das ausdenkt. Aber darüber habe ich auch nicht zu entscheiden.

Jetzt, nachdem sie sich übergeben hat, sieht Sarah richtig krank aus. Es geht ihr ganz offensichtlich schlecht, erst der ganze Alkohol und dann hat sie, wenn sie die Wahrheit sagt, heute Nacht noch eine echt schlimme Erfahrung gemacht. Ich würde mich freuen, wenn wir den Typen erwischen könnten, der ihr das angetan hat. Doch ich frage mich auch: Wieso war Sarah nachts auf dem Kiez unterwegs, ohne jemanden, der auf sie achtet? Wieso hat sie so viel getrunken, dass sie nicht mehr in der Lage war, richtig auf sich aufzupassen? In nüchternem Zustand wäre sie jedenfalls nie einfach mit einem Wildfremden mitgefahren. Wieso ist sie überhaupt an so viel Alkohol gekommen? Hat sie denn niemand nach ihrem Alter gefragt? Nicht einmal in der Bar? Hat denn niemand bemerkt, dass sie so betrunken ist?

Ich stelle Sarah ein Glas Wasser hin. Sie greift dankbar danach. Sie wirkt etwas klarer.

»Wir können jetzt ins Krankenhaus fahren, dann würde dich ein Arzt untersuchen und mögliche Spuren einer Vergewaltigung sicherstellen. In Ordnung?«

Sarah sieht mich entsetzt an.

»Nein, das will ich nicht.« Sarah springt auf. »Ich will nicht ins Krankenhaus, ich will nach Hause.« Sie verschanzt sich hinter ihrem Stuhl und ihre Augen irren umher, als würde sie einen Ausweg suchen.

»Gut«, sage ich so ruhig ich kann. Ich verstehe ja, dass sie nach Hause will, sie muss sich ganz furchtbar fühlen, aber wenn sie jetzt wirklich geht, dann verpassen wir die Chance, ein paar wichtige Hinweise zum Täter zu bekommen. Ich sehe Sarah eindringlich an. »Du musst da auch nicht hin, wenn du das nicht möchtest, aber die Spuren können uns Hinweise auf den Tathergang und möglicherweise auch auf den Täter geben. Später sind die Spuren vielleicht schon weg oder nicht mehr so deutlich.«

Sarah rührt sich nicht vom Fleck.

»Es ist deine Entscheidung«, sage ich und versuche, sachlich zu klingen. Ich möchte sie nicht zu sehr drängen, obwohl ich davon überzeugt bin, dass es das Beste für Sarah wäre, wenn sie sich jetzt untersuchen ließe. Sicher hätte sie nachher ein besseres Gefühl, wenn sie das hier jetzt durchzieht, anstatt einfach nach Hause zu fahren und zu versuchen, die Vergewaltigung zu vergessen. Sie würde sich vielleicht weniger als Opfer fühlen. Andererseits kann ihre

Abwehr gegen eine Untersuchung auch ein Zeichen sein, dass sie sich das alles nur ausgedacht hat.

Ich sehe sie abwartend an und kann förmlich sehen, wie sie sich einen Ruck gibt. Sie schiebt sich an dem Stuhl vorbei und kommt in meine Richtung. Ihre Schritte wirken jetzt etwas sicherer als zuvor.

Im grellen Krankenhauslicht wirkt Sarah noch zerbrechlicher. Mir fällt auf, dass sie sehr schmal ist; durch ein Loch in ihrer Strumpfhose sehe ich ihr Knie spitz herausragen, die Haut schimmert bläulich und ist von einer Gänsehaut überzogen.

Die Gynäkologin Frau Dr. Frege kenne ich schon von anderen Besuchen. Sie ist Ende dreißig und hat eine angenehm sachliche Art. Ich erkläre ihr kurz, wie Sarah mir den Tathergang beschrieben hat, dann verschwinden die beiden im Behandlungszimmer. Ich bin froh, dass Sarah mich nicht gebeten hat, mit hineinzukommen. Zweimal ist es vorgekommen, dass eine Frau mich während der Untersuchung dabeihaben wollte. Ich mache das dann natürlich, und einmal habe ich einer Frau auch die Hand gehalten. In dem Moment war das auch in Ordnung, aber wenn ich die Wahl habe, bleibe ich gerne vor dem Behandlungszimmer und warte dort.

»Es sieht so aus, als hätte Sarah Geschlechtsverkehr gehabt. Und ich habe rote Druckstellen an den Armen und Beinen gefunden, die Anzeichen für Gewalteinwirkung sein können. Morgen oder übermorgen werden daraus ein paar schöne blaue Flecken.«

Frau Dr. Frege sieht mich aus ihren klaren, blauen Augen über ihre Brille hinweg an. Als ich einen Blick auf Sarah werfe, sehe ich, dass sie still weint. Aus ihren Augen laufen ganze Sturzbäche. Als würde die Ärztin mit ihren Worten das, was ihr passiert ist, erst real machen. Ich streiche ihr mitfühlend über den Rücken. Frau Dr. Frege händigt mir eine kleine Papiertüte mit den Abstrichen aus und einen Zettel, auf dem sie ihre Untersuchung dokumentiert hat, dann verabschieden wir uns.

Ich erkläre Sarah, dass wir zum LKA fahren. Dort werde ich die Abstriche und den Zettel von Frau Dr. Frege den Kollegen von der Sitte übergeben. Die Abstriche werden ins Labor der Kriminaltechnik gebracht. Dort wird dann zum Beispiel nach Sperma gesucht oder anderen Spuren, die auf eine Vergewaltigung schließen lassen, zum Beispiel Speichel oder auch Kot. Den Täter werden wir damit aber eher nicht überführen, weil es noch keine DNA-Datenbank gibt. Die Kollegen von der Sitte werden sich natürlich auch um Sarah kümmern. Ihre Eltern sind inzwischen verständigt und werden auch dorthin kommen.

Es ist drei Uhr, als wir vor dem Hochhaus halten, in dem zu der Zeit das Präsidium untergebracht ist. Ich habe Sarah eine Decke umgelegt, weil sie am ganzen Körper zittert. Anke von der Sitte nimmt sie in Empfang.

Ich reiche Sarah zum Abschied die Hand. Sie fällt mir um den Hals. Sie riecht nach Alkohol, Schweiß und noch ein wenig nach Erbrochenem, aber das ist mir egal. Ich wünsche ihr alles Gute.

Auf dem Weg zurück zur Dienstelle geht mir Sarahs Geschichte nicht aus dem Kopf. Was sind das für Männer, die sich an offensichtlich minderjährige, betrunkene Mädchen heranmachen und ein Nein nicht akzeptieren? Unwillkürlich denke ich daran, wie ich in Sarahs Alter Partys gefeiert habe. Natürlich habe ich mit sechzehn versucht, länger als bis 24 Uhr in der Disco zu bleiben, aber damals waren die Kontrollen noch schärfer, wir mussten unsere Ausweise am Eingang abgeben, und meine Mutter hat mich um Punkt 24 Uhr abgeholt. Meine Eltern waren streng, aber im Großen und Ganzen haben sie mir auch vertraut. Ich hatte gar keinen Drang, meine Grenzen derart auszutesten. Sarah ist nicht das erste zugedröhnte Vergewaltigungsopfer, das ich erlebt habe. Und ich habe den Eindruck, es werden immer mehr. Jugendliche wie Sarah, die am Wochenende volltrunken über den Kiez torkeln, sind inzwischen so häufig, dass ihre Erwähnung kaum noch der Rede wert ist. Ich finde es trotzdem alarmierend. Ich habe nichts dagegen einzuwenden, dass Jugendliche Alkohol trinken, aber muss es wirklich bis zum absoluten Kontrollverlust gehen? Ich bin mir nicht sicher, woran es liegt, dass viele inzwischen den Exzess suchen und nicht mehr mit einem leichten Rausch zufrieden sind. Aber ich bin mir sicher, dass Eltern dafür sorgen können, dass Kinder nicht volltrunken nachts durch die Stadt laufen. Und muss denn wirklich noch Alkohol an Jugendliche verkauft werden, die ganz offensichtlich genug haben?

Als ich wieder zurückkomme, sitzen Wolfgang und Bernd im Aufenthaltsraum und rauchen. Nox liegt auf dem Boden und döst. Wolfgang hält mir seine Schachtel hin. Ich nehme dankbar eine Zigarette und erzähle kurz, was ich gerade erlebt habe.

»Die Kleine wird morgen den Kater ihres Lebens haben, und der Typ setzt sich morgen Abend wieder in die Bar und sucht sich ein anderes betrunkenes Mädchen«, schließe ich. Es ist sehr unwahrscheinlich, dass wir den Mann finden, der Sarah vergewaltigt hat.

»Das wirst du nicht ändern«, sagt Wolfgang müde.

»Sollte man dann nicht wenigstens darauf achten, dass Minderjährige nicht betrunken in Bars herumhängen?«

»Wenn das so einfach wäre …« Wolfgang lässt den Satz unvollendet in der Luft schweben. »Ich hoffe, dass meine Tochter mal nicht so einen Scheiß baut, wenn sie in das Alter kommt«, schaltet sich Bernd ein. Er sieht noch müder aus als vor meinem Einsatz.

Ich merke schon, dass sich meine Kollegen um diese Uhrzeit nicht mehr lösungsorientiert mit meinem Fall auseinandersetzen können. Also lehne ich mich zurück und ziehe an meiner Zigarette. Mein Körper fühlt sich schwer an und meine Augen brennen. Es ist inzwischen vier Uhr. Um sieben ist Schichtwechsel. Noch drei lange Stunden.

Als Manfred den Kopf durch die Tür steckt, weiß ich sofort, dass er mich sucht. Eine Wache in der Nähe braucht wieder weibliche Verstärkung. Also mache ich mich auf den Weg. Dort angekommen, berichtet mir der Kollege: »Also, die Person will unbedingt eine Frau sprechen.« Irre ich mich oder zuckt sein Mundwinkel, als er das sagt?

»Was hat sie denn gemacht?«

»Hat die Rechnung in der Kneipe nicht bezahlt. Als wir gekommen sind, hat … also die Person … sich geradezu aufgedrängt. Ich hatte den Eindruck, sie will unbedingt mit auf die Wache und hier hat sie gleich nach ner Frau gefragt.« Der Kollege grinst jetzt breit.

»Um wie viel geht es denn?«, will ich wissen.

»60 Mark.«

Ich zucke die Achseln, weil ich mich wundere, dass ich deshalb kommen musste, aber wenn die Frau das wünscht und wir es irgendwie organisieren können, komme ich natürlich.

Der Beamte deutet in den Wachraum, wo »die Person« aufrecht auf einem Plastikstuhl sitzt. Die Dame trägt ein kurzes, elegantes Kleid mit hochhackigen Schuhen. Als sie aufsteht, um mir die Hand zu geben, bin ich für einen Moment angenehm überrascht, einmal einer Frau in meiner Größe zu begegnen. Erst dann bemerke ich den dunklen Schatten um ihren Mund und auf den Wangen: Bartstoppeln; und das Kinn ist auch viel zu kräftig für eine Frau. Irritiert sehe ich mich um und bemerke, wie die Kollegen grinsend die Köpfe recken, um uns zu beobachten. Ihr Witzbolde, denke ich. Hättet ihr mir nicht sagen können, dass ich es hier mit einer Transe zu tun habe? Genervt drehe ich mich wieder zu »der Person« und frage sie nach ihrem Namen.

»Ich bin die Michéle Becker!« Obwohl ich ja inzwischen gemerkt habe, dass es sich um einen Mann oder zumindest um einen ehemaligen Mann handelt, irritiert mich die dunkle Stimme. Hinter mir kichert es unterdrückt.

»Können wir uns irgendwo ungestört unterhalten?«, fragt er. Oder sie?

»Natürlich, kommen Sie«, entgegne ich.

In einem Raum, der als Besprechungszimmer, aber irgendwie auch als Abstellraum benutzt wird, sitzen wir schließlich auf etwas wackeligen Holzstühlen.

»Also, was ist passiert?«, frage ich endlich. Ich finde es jetzt auch gut, ungestört von den feixenden Kollegen mit »der Person« zu sprechen.

»Ich war im Anker einen trinken, und dann hat der Gerd, also der Wirt, sich geweigert, mich wie immer anschreiben zu lassen. Und als ich kein Geld dabeihatte, hat er die Polizei gerufen.«

»Können Sie nicht einfach zu Hause Geld holen und Ihre Rechnung bezahlen?«, frage ich. Das wäre schließlich der einfachste Weg.

»Würde ich ja gerne, aber ich hab ja nichts. Ist alles für die Operation.«

»Operation?«, frage ich irritiert.

»Sehen Sie, ich bin leider im Körper eines Mannes auf die Welt gekommen, obwohl ich mich als Frau fühle. Und weil ich gerne auch körperlich eine Frau sein möchte, brauche ich die Operation.«

»Wie viel haben Sie denn schon gespart?«, frage ich vorsichtig.

»170 Mark.« Er klingt stolz. Jetzt, da ich weiß, dass es sich zu-mindest körperlich um einen Mann handelt, werde ich ihn auch erst einmal als solchen ansprechen.

»Und wie viel kostet die Operation?«

Er sieht mich an und zuckt die Schultern.

»Viel mehr, als ich habe, jedenfalls.«

»Und könnten Sie Ihre Rechnung nicht erst einmal mit dem Geld bezahlen?«

»Wissen Sie, wie es ist, jeden Tag im falschen Körper aufzuwa-chen?«, seine Stimme klingt dramatisch. Natürlich weiß ich das nicht.

»Das ist die Hölle«, antwortet er leise, als würde er es zu sich selbst sagen.

Ich sehe schon, dass dieses Gespräch in eine Richtung abdriftet, die eigentlich eher etwas für eine Psychologin wäre. Ich kann ihm sicher nicht helfen. Aber der Mann, der gerne eine Frau wäre, ist jetzt nicht mehr zu stoppen. Er erzählt von seiner Kindheit, in der ihn niemand richtig verstanden hat, die Eltern natürlich erst recht nicht. Ich unterdrücke ein Gähnen und schiele vorsichtig zur Uhr. Es ist fünf Uhr dreißig.

»Herr Becker«, unterbreche ich ihn und komme mir schon ko-misch dabei vor, jemanden in einem kurzen Rock und hohen Schu-hen als Mann anzusprechen. Dann fahre ich fort: »Es tut mir leid, dass Sie kein einfaches Leben haben, aber wenn Sie Ihre Rechnung nicht bezahlen wollen, dann kann Anklage gegen Sie erhoben wer-den. Deshalb möchte ich Ihnen raten zu zahlen. Mehr kann ich Ihnen als Polizistin nicht sagen.«

Er sieht mich verletzt an. Ich habe den Kern seines Problems nicht verstanden. Aber das übersteigt hier einfach meine Kompetenzen.

Die Kollegen grinsen mich an, als ich mit Michéle Becker aus dem Zimmer komme. Ich möchte wissen, was an Männern, die Frauen-kleider tragen, so witzig ist. Aber ich bin zu müde, um mich darüber zu ärgern. Deshalb verabschiede ich mich schnell. Im Auto gähne ich herzhaft und starte den Wagen.

Nach der Schicht fahre ich nach Hause. An meiner Wohnungstür empfängt mich mein Hund Toni schwanzwedelnd mit freudigem

Gebell. Er springt an mir hoch und lässt sich den Hals kraulen. Ich schütte Trockenfutter in seinen Napf, dann wanke ich ins Bad. Während ich mir die Zähne putze, versuche ich den Blick in den Spiegel zu vermeiden. Meine Haut ist grau, meine Augen glasig. Meine Haare sind stumpf und weit von einer Frisur entfernt, und außerdem habe ich seit neuestem Pickel. Das hatte ich noch nie, auch in der Pubertät nicht. Das kommt von den Nachtschichten, denke ich. Bernd hat schon recht. Nachtschichten tun der Gesundheit nicht gut. Kein Wunder, dass meine Haut schlecht wird, wenn sie so gut wie nie mit Tageslicht in Kontakt kommt. Ich verschiebe den Gedanken auf später und lasse die Jalousien herunter, damit mich das Tageslicht später nicht vom Schlafen abhält.

Ich denke, der Mensch ist einfach nicht für die Nachtschichten gemacht. Entwicklungsbiologisch hätten wir dann wohl bessere Augen in der Dunkelheit und nicht die elendigen Hautprobleme. Da aber auch nachts eine Großstadt nie wirklich schläft, wird auch die Polizei immer ihren Dienst machen müssen.

Einige Wochen später. Es ist mal wieder dunkel, als ich meinen Wagen neben dem Dienstgebäude abstelle. Ich blicke auf die Uhr: kurz vor sieben. Ich habe zur Abwechslung Tagesdienst. Das heißt, heute besteht immerhin eine Chance, dass ich die Sonne zu sehen bekomme.

Monika sitzt schon am Schreibtisch, den Kopf über einen Aktenordner gebeugt. Ihr kinnlanges graues Haar ist wie immer ordentlich frisiert. Als ich das Büro betrete, schaut sie kurz auf und lächelt. Ich setze mich ihr gegenüber an meinen Platz und vergewissere mich, dass ich pünktlich bin. Es ist genau sieben, Dienstbeginn. Aber ich könnte auch zehn Minuten früher hier sein und wäre trotzdem später als Monika. Ich habe keine Ahnung, wann sie kommt, aber auf jeden Fall ist sie immer schon vor mir da. Ein Bericht und eine Anzeige müssen noch geschrieben werden. Ich habe im Schreiben inzwischen ein bisschen mehr Routine, und Monika hat dafür gesorgt, dass der WP anständige Schreibmaschinen zur Verfügung stehen.

Im Tagesdienst vollstrecken wir in der Regel Haftbefehle gegen Frauen. Wenn ein Bußgeld nicht bezahlt wurde, dann wird irgendwann eine Ersatzfreiheitsstrafe erlassen. Bei kleineren Summen fahren wir zu den Frauen, um sie entweder festzunehmen oder das Bußgeld zu kassieren. Größere Summen übernimmt eine andere Abteilung. Wenn die Frauen das Bußgeld bezahlen, wird der Haftbefehl natürlich außer Kraft gesetzt und die Frauen dürfen zu Hause bleiben.

Nachdem wir eine Stunde schweigend gearbeitet haben, betätigt Monika geräuschvoll den Locher, wie um zu zeigen, dass sie mit etwas fertig ist, und blickt dann zu mir herüber. Monika ist schon seit einer Ewigkeit bei der WP. Sie ist eine der ersten Frauen bei der Polizei gewesen. Sie ist zwei Köpfe kleiner als ich und strahlt eine unglaubliche Autorität aus. Im Umgang mit unserem sogenannten »polizeilichen Gegenüber« ist sie verständnisvoll, aber gleichzeitig so rigoros, dass die wenigsten sich trauen, ihr zu widersprechen. Ich fühle mich absolut sicher, wenn ich mit ihr unterwegs bin. Und obwohl ich mindestens 30 Jahre jünger bin als sie und im Vergleich zu ihr gerade erst von der Polizeischule komme, fragt sie mich nach meiner Meinung, wenn sie etwas beurteilt. Sie ist in meinen Augen ein absoluter Profi.

»Wir müssen heute noch zu Familie Zimmermann. Das dauert erfahrungsgemäß etwas länger. Wollen wir gleich los?«

Ich sehe auf meinen Schreibtisch. Die Anzeige ist fertig und der Bericht auch fast.

»Alles klar!«

Familie Zimmermann ist uns bekannt. Wir waren öfter bei ihnen wegen Frau Zimmermann und inzwischen auch schon einmal wegen Serena, ihrer achtjährigen Tochter. Frau Zimmermann ist auf Ladendiebstähle spezialisiert und Serena ist inzwischen auch schon dabei erwischt worden.

»Wenn wir es schaffen, können wir später noch zu Frau Retslaff, nimm doch mal für alle Fälle die Unterlagen mit.«

Ich packe die rosafarbenen Haftbefehle gegen Frau Zimmermann und Frau Retslaff in meine Aktentasche und gehe mit Monika zu unserem Dienstwagen. Wir rechnen eigentlich nicht damit, dass wir eine der Frauen in Haft nehmen müssen. Frau Zimmermann muss 75 DM bezahlen, um nicht in Haft zu kommen, und Frau Retslaff 50 DM. In den meisten Fällen treiben die Frauen und deren Familien solche Summen letztendlich doch irgendwie auf.

Wir schweigen, während ich den Wagen stadtauswärts lenke. Inzwischen ist es hell geworden. Die Sonne steht schräg am Himmel, der ausnahmsweise mal wolkenlos ist. Ich kneife die Augen zusammen. So viel Licht auf einmal bin ich nach den ganzen Nachtschichten gar nicht mehr gewohnt.

Wir biegen in die Straße ab, in der die Zimmermanns wohnen, und wie immer muss ich mich hier erst einmal orientieren. Die Hochhäuser, die hier stehen, könnten einmal weiß gewesen sein, jetzt sind sie nikotingelb. Die Blöcke ähneln einander, die Hausnummern sind schlecht zu sehen. Die Gegend wird häufig von mir und meinen Kollegen besucht. Familie Zimmermann ist nicht die einzige, mit der wir hier regelmäßig zu tun haben. Ich bin froh, dass wir mit unserem Passat hier sind und nicht mit einem Streifenwagen. Die Polizei ist hier sehr unbeliebt. Um diese Uhrzeit sind wenige Menschen auf der Straße unterwegs, aber die wenigen, die da sind, sehen uns misstrauisch nach. Ein halbwegs neuer Wagen fällt hier auf.

»Hier ist es«, sagt Monika.

Vor dem Haus auf einer Wiese zwischen zwei Blocks ist eine Art Spielplatz, bestehend aus einer Schaukel und einem Sandkasten. Ein Mädchen, das eigentlich schon ein bisschen zu alt dafür wirkt, schaukelt im Stehen. »Müsste die nicht in der Schule sein?«, frage ich mich. Bevor wir klingeln, blicke ich noch einmal an dem Gebäude hoch, in dem Frau Zimmermann wohnt. Ich zähle zehn Stockwerke. Beim Anblick der eng aneinanderliegenden Balkone fällt mir unwillkürlich das Wort Kaninchenstall ein. Für einen Moment versuche ich mir vorzustellen, ich wäre hier aufgewachsen und nicht in einem geräumigen Einfamilienhaus mit Garten. Es gelingt mir nicht.

Wie immer dauert es eine Weile, bis jemand öffnet. Wir lehnen uns probehalber gegen die Eingangstür, sie schwingt ohne Widerstand auf. Das Schloss ist offenbar kaputt. Vielleicht war es das bei unserem letzten Besuch auch schon. Auf dem Boden liegt Abfall herum. Ein Fahrradrahmen ist mit einem Schloss am Treppengeländer befestigt. Die Räder, der Sattel, sogar die Pedale sind abmontiert. Es riecht muffig nach Keller, Abfall und irgendwie auch nach Urin. Unangenehm, aber längst nicht so schlimm, wie in dem Haus, in dem ich während meines Praktikums die verweste Leiche gefunden habe. Bei dem Gedanken daran schüttelt es mich wieder.

Wir müssen in den sechsten Stock und nehmen den Fahrstuhl, der zum Glück funktioniert. Die Wände der engen Zelle sind mit Graffiti beschmiert, »Fuck« und »Scheiße« sind die meisten Wörter, die hier stehen, außerdem ein paar kindliche Zeichnungen von nackten Frauen und Penissen.

Oben reagiert zunächst auch niemand auf unser Klingeln. Dann endlich öffnet ein Mädchen, mit wirrem dunklem Haar, ihre Nase ist rotzverschmiert. Sie trägt ein etwas schmutziges rosa Kleidchen. Ich schätze sie auf etwa fünf Jahre, vielleicht auch sechs. Sie starrt uns an, ohne ein Wort zu sagen. Als wir ihr erklären, dass wir von der Polizei sind, und sie nach ihrer Mutter fragen, läuft sie einfach weg und verschwindet in einem der Zimmer. Dabei sehe ich, dass sie barfuß ist. Mich fröstelt schon beim Hinsehen.

Monika und ich blicken uns an und rümpfen die Nase. Aus der Wohnung riecht es nach Zigarettenrauch, gebratenem Fett und ungewaschener Kleidung, als wäre hier jahrelang nicht gelüftet worden. Wir hören ein leises Gemurmel, ein Ächzen, dann schiebt Herr Zimmermann seinen massigen Leib auf uns zu. Er steckt in einem ausgeleierten Jogginganzug. In seinem Gesicht wuchern überall schwarze Haare.

»Was wollen Sie?«, knurrt er, nachdem er uns ausgiebig gemustert hat. Eigentlich müsste er wissen, wer wir sind, aber falls er uns erkennt, lässt er es sich nicht anmerken.

»Herr Zimmermann, wir wollen Ihre Frau sprechen. Wir sind von der Polizei und haben einen Haftbefehl gegen sie«, sagt Monika. Ich halte ihm den rosa Zettel entgegen.

»Ist nicht da«, brummt Herr Zimmermann.

»Wo ist denn Ihre Frau?« Monikas Stimme ist ruhig und sachlich, obwohl wir fest davon ausgehen, dass sie da ist. Sie war bisher immer da.

»Weiß nicht. Weg«, sagt Herr Zimmermann bockig.

»Dann warten wir eben hier«, sage ich so munter wie möglich.

Herr Zimmermann verdreht die Augen. »Was wollen Sie? Anita hat nichts gemacht.«

»Doch, sie hat verschiedene Dinge im Supermarkt geklaut. Hier ist die Liste: ein Brot, einen Lippenstift, abgepackten Käse, eine Wurst, Zahnpasta …«

Die Frau ist ein Profi, sie schafft es, einen ganzen Einkaufswagen mitgehen zu lassen. Aber manchmal wird sie eben erwischt.

»Was soll das, das war sie nicht«, sagt Herr Zimmermann jetzt aufgebracht.

»Herr Zimmermann, beruhigen Sie sich. Ihre Frau ist dabei erwischt worden, und zwar nicht zum ersten Mal. Sie ist zu Bußgeld verurteilt worden. Aber sie hat nicht gezahlt, und jetzt haben wir einen Bußgeldhaftbefehl gegen sie. Das heißt, entweder sie zahlt jetzt das Bußgeld oder sie tritt eine Ersatzfreiheitsstrafe an.«

Ich kann das inzwischen wie im Schlaf runterbeten. Es ist jedes Mal dasselbe.

Während ich geredet habe, ist hinter ihm wieder das kleine Mädchen aufgetaucht, das uns geöffnet hat, dann noch eins, das fast genauso aussieht, nur etwas älter ist, und schließlich noch ein kleiner Junge, der sich an den Schwestern festhält. In der Großen erkenne ich Serena, wegen der wir auch schon mal hier waren. Die drei sehen uns aneinandergeschmiegt so freundlich und zutraulich an, als würden sie erwarten, dass wir ihnen Schokolade schenken. Ich lächle ihnen zu. Als der Vater sie bemerkt, jagt er sie mit einer energischen Handbewegung zurück in das Zimmer, aus dem sie gekommen sind. Die Mädchen verschwinden und zerren ihren Bruder mit, der aber nicht recht will. Er sträubt sich und fängt laut an zu brüllen, als die Kinder ihn mitschleifen.

»Moment«, sagt Herr Zimmermann in unsere Richtung und folgt den Kindern. Monika und ich lauschen in die Wohnung hinein. Zwischen dem Geschrei des Jungen hören wir wieder leises Gemurmel, doch dieses Mal steigert sich die Lautstärke. Schließlich hören wir, wie Herr Zimmermann und eine Frau, von der wir vermuten, dass es sich um Anita Zimmermann handelt, sich laut anschreien, sie übertönen damit sogar das Kindergebrüll. Einzelne Worte können wir nicht verstehen, aber das müssen wir auch nicht.

»Frau Zimmermann?«, ruft Monika in die Wohnung. »Sind Sie das?«

Stille.

»Frau Zimmermann, wir haben gehört, dass Sie da sind. Kommen Sie, wir wollen mit Ihnen sprechen!«

Eine kleine Frau im Bademantel huscht nun aus dem Zimmer in

den Flur. Nachdem ich mich vergewissert habe, dass sie tatsächlich Anita Zimmermann ist, erkläre ich ihr, warum wir hier sind, und wedle dabei mit dem rosa Haftbefehl.

Die Frau sieht sich den Schein mit unbewegtem Gesicht an. Als sie fertig ist, blickt sie uns anklagend an.

»Aber was soll aus den Kindern werden? Sie haben doch gesehen, die sind noch so klein«, jammert sie.

»Frau Zimmermann«, sagt Monika kühl. »Sie haben den Bußgeldbescheid ignoriert. Wenn Sie jetzt nicht zahlen, müssen wir Sie mitnehmen.«

Wie auf Kommando erscheinen die Kinder wieder im Flur hinter ihrer Mutter und sehen uns mit großen Augen an. Der Kleine hat inzwischen aufgehört zu brüllen und hängt jetzt auf dem Arm seiner großen Schwester. Und wieder überlege ich, ob zumindest Serena nicht eigentlich in der Schule sein müsste. Ich denke an das schaukelnde Mädchen auf dem Spielplatz. Vielleicht ist ja heute auch schulfrei. Aber darum geht es jetzt ja auch gar nicht.

»Bezahlen Sie doch einfach das Bußgeld. Das sind 75 DM. Dann können Sie hierbleiben«, rede ich auf Frau Zimmermann ein. Ich bin mit Monika schon ein eingespieltes Team. Sie ist der böse Bulle und ich der gute.

Herr Zimmermann schiebt sich zwischen uns und seine Frau.

»Aber wir haben nichts. Was sollen wir machen?« Er wendet sich an mich, weil er glaubt, dass er bei mir eher etwas erreichen kann als bei Monika.

»Dann muss Ihre Frau leider mitkommen. Das hätte sie sich vorher überlegen müssen«, schaltet sich Monika wieder ein.

Frau Zimmermann sieht mich ratlos an. Dann verschwindet sie in der Wohnung und kommt mit 30 DM wieder, die sie mir entgegenstreckt. Ich schüttle bedauernd den Kopf.

»Das reicht nicht, Frau Zimmermann. Sie müssen uns den ganzen Betrag geben.«

»Bitte«, versucht sie es wieder, »Das ist alles, was wir haben.«

Sie blickt mich mit ihren dunklen Augen an. Passend dazu fängt der kleine Junge im Hintergrund an zu quengeln: »Mama!«

Wenn ich diese Situationen nicht schon ein paar Mal erlebt hätte, hätte ich jetzt tatsächlich Skrupel.

»Es tut mir leid«, sage ich mit fester Stimme. Und Monika ergänzt: »Wir müssen Sie jetzt mitnehmen, Frau Zimmermann.«

Da verschwindet Herr Zimmermann in der Wohnung und kommt mit weiteren 20 DM.

»Bitte«, sagt er und klingt jetzt beinahe unterwürfig. »Wir haben nicht mehr. Bitte!«

Ich habe ein bisschen Angst, dass er gleich auf die Knie fällt oder so etwas. Jetzt werfe ich doch einen verstohlenen Blick zu Monika.

»Bitte!«, bettelt nun auch Frau Zimmermann.

»Tut mir leid«, sagt Monika. »Entweder Sie zahlen jetzt die volle Summe, oder wir müssen Sie mitnehmen.« Und als die beiden nicht reagieren, schiebt sie noch mal nach: »Kommen Sie bitte mit, Frau Zimmermann!«

»Moment! Ich kann meinen Bruder anrufen«, ruft Herr Zimmermann ganz aufgeregt. »Der schuldet mir noch etwas.«

Monika und ich sehen uns an. »In Ordnung«, sage ich. »Wir warten hier.«

Es dauert letztendlich drei Stunden, bis der Bruder von Herrn Zimmermann kommt, oder zumindest jemand, der vorgibt, Herrn Zimmermanns Bruder zu sein. Und er bringt tatsächlich das Geld mit. In dieser Zeit verlieren Monika und ich abwechselnd die Geduld und wollen Frau Zimmermann einfach mitnehmen. Aber immer dann beschwört uns Herr Zimmermann, noch ein bisschen zu warten, oder der Kleine fängt herzzerreißend an zu schreien.

Als wir das Geld endlich haben, stelle ich ziemlich genervt von der Warterei eine Quittung aus, dann machen wir, dass wir wegkommen.

So ist es eigentlich immer, im Ernstfall können die Menschen dann doch ihr Bußgeld bezahlen. Und wenn wir mal jemanden mitnehmen müssen, taucht in der Regel am nächsten Tag jemand mit dem Geld auf. Wie viele andere auch, scheint die Familie Zimmermann in einem Kreislauf gefangen zu sein: Sie haben wenig Geld, dann klauen sie, werden erwischt und müssen Bußgeld zahlen, was ihr Budget natürlich noch verkleinert, und dann klauen sie wieder und werden wieder beim Klauen erwischt und so weiter. Vielleicht würde es etwas ändern, wenn sie mehr Geld zur Verfügung hätten, ganz sicher bin ich da allerdings nicht. Aber sie wissen zumindest, wie sie Mitleid erregen können. Und sie versuchen mit allen Tricks, um die Zahlung der Bußgeldsumme herumzukommen. Trotzdem tun sie mir leid. Das Leben, das sie führen, ist sicher nicht immer leicht.

Es ist inzwischen Mittag, im Treppenhaus riecht es durchdringend nach Gekochtem. Auf dem kleinen Spielplatz sind jetzt ein paar Kinder zu sehen, die interessiert zu uns herüberblicken. Bis zum nächsten Mal, denke ich, als wir die Siedlung verlassen.

Weil die Dienststelle auf dem Weg liegt, fahren wir dort noch mal vorbei. Wir setzen uns in den Aufenthaltsraum und bekommen sogar noch etwas Kartoffelsalat und Frikadellen, die Manfred mitgebracht hat. Danach schmeißt Bernd die Kaffeemaschine an. Zigaretten werden angezündet. Das ist der Moment, an dem ich mich gerne zurücklehnen möchte und ein bisschen träge werde. Aber ich weiß, dass Monika diese Phase nicht so lange ausdehnt. Sie sitzt schon im Büro, als ich nach der Zigarette dazukomme. Sie hat das Geld von Familie Zimmermann bereits in einen Umschlag gesteckt, damit wir es bei der Gerichtskasse einzahlen können. Ich nehme die Fahndung nach Frau Zimmermann aus dem System und mache den Haftbefehl fertig, um ihn an die Staatsanwaltschaft zurückzuschicken.

Erst danach machen wir uns auf den Weg zu Frau Retslaff. Bei ihr waren wir noch nie. Aber wir wissen, dass sie mit ihren drei Kindern und ihrem Lebensgefährten zusammenwohnt. Sie ist wegen Drogen schon mal auffällig geworden. Aber das Bußgeld, das sie nicht bezahlt hat, wurde wegen Diebstahls gegen sie verhängt.

Monika und ich betreten ein fünfstöckiges Backsteingebäude, auch hier ist die Haustür nicht abgeschlossen. Die Gegend ist nicht so berüchtigt wie die, in der die Zimmermanns wohnen, aber sie ist auch nicht gerade unbekannt.

Das Treppenhaus ist eng und wahrscheinlich vor dem Krieg das letzte Mal renoviert worden. Der Putz blättert in großen Stücken von den Wänden, das Linoleum auf den Stufen ist an manchen Stellen schon ganz durchgetreten. Zur Abwechslung ist die Wohnung, die wir suchen, gleich im ersten Stock. Auf unser Klingeln öffnet niemand. Auch als wir laut klopfen und rufen, dass hier die Polizei ist, rührt sich nichts. Ich gehe noch mal aus dem Haus, um nachzusehen, ob man von außen etwas sieht. Die zwei Fenster, die zur Wohnung gehören, sind verhängt, aber das heißt ja nichts.

Ich lege mein Ohr an die Tür. Nichts. Oder doch, dumpfes Gemurmel, das von einem Fernseher oder Radio kommen könnte.

Monika versucht es auch noch mal.

»Da ist auf jeden Fall jemand drin«, sagt sie. Ich bin mir auch sicher.

Wir klingeln, klopfen und rufen immer wieder. Aber drinnen rührt sich nichts. Dafür ist auf dem oberen Treppenabsatz jemand erschienen und guckt uns neugierig zu.

Monika spricht den Mann mit dem grauen Haar gleich an.

»Kennen Sie Frau Retslaff? Wissen Sie, ob jemand in der Wohnung ist?«

»Kennen? Na ja, wie man sich hier so kennt. Aber ich glaube, sie ist da. Ich wohne direkt darüber und höre ihren Fernseher. Der läuft meistens ziemlich laut.« Der Mann ist zu uns heruntergekommen und sieht neugierig auf Frau Retslaffs Wohnungstür. Sensationslust glitzert in seinen Augen: »Und Sie sind von der Polizei? Was hat sie denn gemacht?«

»Lassen Sie das mal unsere Sorge sein. Danke für Ihre Hilfe«, versuche ich ihn loszuwerden.

»Nimmt die Drogen?«, bohrt er unbeirrt nach.

»Das wissen wir nicht und wir dürften es Ihnen auch nicht sagen, wenn wir es wüssten«, gebe ich etwas genervt zurück. Diese Neugier mag ich überhaupt nicht. Es ist ja schön, wenn Menschen bereitwillig Auskunft über andere geben, aber nicht, wenn sie zu bereitwillig über andere Leute »erzählen«. Vor allem Nachbarn sind ganz groß darin. Es ist gut, wenn sich Nachbarn füreinander interessieren. Dann ist die Chance, dass wir erst gerufen werden, wenn Leichengestank das Atmen im Treppenhaus unmöglich macht, jedenfalls relativ klein. Aber diese Nachbarneugier führt auf der anderen Seite auch dazu, dass uns immer wieder ungefragt Mutmaßungen über mögliche kriminelle Machenschaften unterbreitet werden. Ich muss dann immer wieder sagen: »Bitte halten Sie sich an die Fakten. Ich habe Sie gefragt, was Sie gesehen und was Sie gehört haben und nicht, was Sie glauben, was man daraus schließen kann. Der Rest ist unser Job.«

Schließlich zieht sich der Nachbar enttäuscht zurück. »Ich wollte ja nur helfen«, sagt er noch beleidigt.

Noch einmal klopfen wir und brüllen, dass wir von der Polizei sind und dass uns jemand öffnen soll – ohne Erfolg. Ich sehe Monika fragend an. Sie nickt.

»Frau Retslaff? Wir wissen, dass Sie da drin sind. Wenn Sie jetzt nicht öffnen, müssen wir die Tür öffnen lassen. Also bitte, machen Sie auf!«, rufe ich.

Häufig wird uns bei dieser Drohung doch noch geöffnet. Aber in diesem Fall kommt niemand. Mir wird langsam mulmig. Wir holen den Schlüsseldienst.

Der Schließtechniker kommt heute bemerkenswert schnell. Er taucht schon auf, als ich gerade erst die zweite Zigarette geraucht habe. Nur der Form halber klopfe ich noch einmal lautstark an und wiederhole, dass wir jetzt die Tür öffnen werden, wenn wir nicht hereingelassen werden. Ich habe die Hoffnung schon aufgegeben, dass noch jemand öffnet.

Als sich der Mann über das Türschloss beugt, straffe ich mich automatisch und lege die Hand an die Waffe. Monika macht es genauso. Wir müssen uns nicht absprechen. Wenn eine Tür aufgemacht werden muss, bedeutet das meistens nichts Gutes, und wir müssen auf alles vorbereitet sein.

Ich bin immer wieder überrascht, wie schnell so ein Türschloss auf ist. Der Mann braucht höchstens eine Minute. Als die Tür mit einem Knacken aufspringt, tritt er zur Seite. Ich atme tief durch und drücke die Tür vorsichtig auf. Monika ist dicht hinter mir.

»Hallo! Ist jemand da? Wir kommen jetzt in die Wohnung!«, rufe ich. Ich fühle den Puls in meinem Hals pochen.

Keine Antwort. Aber wir hören Stimmen: Einer schreit, dann Lachen, Musik.

Im Flur ist es dunkel, aus einem Zimmer flackert es bläulich. Es stinkt erbärmlich, nach Abfall und nach kaltem Zigarettenrauch. Als

Raucherin bin ich da eigentlich abgehärtet, aber das hier riecht, als würde man die Nase direkt über einen Aschenbecher halten. Dazu Alkohol, wie nach einer wilden Party, und noch etwas anderes, was ich nicht identifizieren kann. Kot? Ich schüttle den Gedanken an einen Leichenfund ab. Das wird es wohl nicht sein, das riecht eindeutig anders. Oder rede ich mir das nur ein? Vorsichtig gehe ich einen Schritt in Richtung Geräusche und stolpere prompt über etwas, was am Boden liegt. Es klirrt.

»Scheiße, was war das?« Meine Hand umklammert die P6, die noch im Holster sitzt.

»Das war eine Flasche«, flüstert Monika.

Puh. Wir bahnen uns weiter den Weg durch den Flur. Irgendwo hier in der Wohnung muss jemand sein, aber wir haben keine Ahnung, wo diese Person ist und in welchem Zustand sie sich befindet. Ich versuche mich ganz auf den Moment zu konzentrieren, damit sich meine Phantasie nicht selbständig macht.

»Hallo? Ist da jemand?«

Vorsichtig nähern wir uns dem Zimmer, aus dem wieder leise Musik zu hören ist. Langsam spähe ich um die Ecke, um einen Blick ins Innere des Raums zu erwischen. Ich pralle fast zurück. Die Luft ist noch stickiger als hier im Flur. Heizungsluft und Hitze verstärken den Gestank. Die Vorhänge sind vorgezogen, das Flackern des Fernsehers ist die einzige Lichtquelle. Auf dem Sofa regt sich etwas. Meine Hand umfasst die Waffe. Zwischen den Decken kann ich jetzt jemanden erkennen. Ich ziehe den Kopf zurück und bedeute Monika mit den Fingern, dass sich vermutlich eine Person in dem Zimmer aufhält. Mein Herz klopft rasend. Dann trete ich in das Zimmer. Meine Hand liegt noch immer auf der P6 im Holster.

»Hallo? Frau Retslaff?«

Ich schreie fast, um den Fernseher zu übertönen.

Auf dem Sofa regt sich etwas. Ich suche mit der linken Hand den Lichtschalter neben der Tür und drücke ihn.

Der Raum sieht aus, als ob eine Bombe eingeschlagen hätte. Der Boden ist übersät mit Flaschen, Müll, Klamotten. Der Fernseher steht auf einem Stuhl, sonst ist noch das Sofa in dem Zimmer und so etwas wie ein Couchtisch, der aber auch über und über voll mit Flaschen, Getränkedosen und sonstigem Müll beladen ist. Auf der

Couch hat sich eine schmale, blasse Person aufgerichtet, die uns aus großen Augen verständnislos anblickt.

»Frau Retslaff?«, frage ich wieder, diesmal etwas lauter.

»Was wollen Sie?« Die Stimme der Frau ist leise, es klingt, als müsste sie sich sehr anstrengen, um zu sprechen.

»Wir sind von der Polizei«, sage ich. »Ich bin Birgit Reimann und das ist meine Kollegin Monika Beck. Warum haben Sie uns nicht geöffnet?«

»Hab Sie nicht gehört.« Frau Retslaff sinkt wieder auf das Sofa zurück. Als wolle sie jetzt, wo das geklärt ist, einfach weiterglotzen.

Die Frau ist offensichtlich nicht ganz nüchtern. Vielleicht ist sie betrunken, aber ich habe das Gefühl, dass sie auch härtere Drogen genommen hat. Wie kann es sonst sein, dass sie unser Klingeln, Klopfen und Rufen nicht gehört hat? Monika zieht den Stecker des Fernsehers. Mit einem Flackern verschwindet das Bild und es ist endlich ruhig. Frau Retslaff starrt uns irritiert an. Monika erklärt ihr, warum wir hier sind, aber sie reagiert kaum. Ich blicke mich in der Zeit beunruhigt um. Irgendetwas stimmt nicht. Und da fällt es mir ein. Die Kinder! In unseren Papieren stand, dass hier noch drei Kinder leben sollen. Aber hier sieht es überhaupt nicht nach Kindern aus. Keine Spielsachen, keine Kinderklamotten, nichts. Ich will mir nicht vorstellen, was mit ihnen sein könnte. Das bringt mich jetzt nicht weiter. Ich mache Monika, die immer noch auf Frau Retslaff einredet, ein Zeichen, dass ich mich mal in der Wohnung umsehe.

Der Lichtschalter im Flur funktioniert nicht. Aber das Licht aus dem Wohnzimmer reicht aus, um zu sehen, dass der Boden auch hier mit Flaschen übersät ist. Nur ein schmaler Gang in der Mitte ist einigermaßen frei. Ich sehe direkt in den Raum, der wohl die Küche sein soll, fensterlos und so vollgemüllt, dass ich nur mit Mühe erahnen kann, wo die Spüle ist. Und dann ist da noch eine Tür, die in ein anderes Zimmer führen muss. Ich ziehe die Luft tief durch den Mund ein und drücke die Klinke.

Drinnen ist es vollkommen dunkel.

»Hallo?«, frage ich.

Etwas bewegt sich, aber ich bekomme keine Antwort. Hektisch

taste ich nach dem Lichtschalter, aber auch dieser funktioniert nicht. Ich drücke die Tür weiter auf, um etwas erkennen zu können. Im Halbdunkel sehe ich ein Gitterbett. Die Luft ist zum Schneiden, es stinkt nach Kot. Etwas raschelt leise. Warum kann ich hier nichts sehen?, denke ich nervös. Ein dünner Lichtstreifen verrät mir, wo die Fenster sein müssten. Mit zwei Schritten bin ich dort und zerre an den Decken, die davor hängen. Aber die Dinger sind irgendwie fest. Ich ziehe daran, bis etwas zerreißt, und da erst begreife ich, dass die Decken in den Fensterrahmen geklemmt sind. Aber als ich die Fenster aufreißen möchte, um mehr Licht und frische Luft hereinzulassen, greife ich ins Leere. Es dauert eine Weile, bis ich erkenne, dass die Griffe abmontiert sind. Mein Gott, denke ich, wer macht denn so was? Soll man hier drin ersticken? Ich schlucke den Gedanken runter, schiebe irgendwie die Decken vom Fenster zusammen, so dass Licht hereinkommt, und blicke mich im Zimmer um. Im Gitterbett steht ein Kleinkind und kneift die Augen gegen das Licht zusammen. Es trägt nur ein Hemdchen und eine Windel, die sich schon in ihre Bestandteile aufzulösen scheint. Daneben auf dem Boden ist eine Art Lager aus einer Matratze und einer Wolldecke, darauf hocken zwei Mädchen, vielleicht zwei und vier Jahre alt. Die beiden blicken mich aus blassen Gesichtern stumm an. Auch sie kneifen die Augen zusammen. So viel Licht auf einmal scheinen sie nicht gewöhnt zu sein.

»Monika, kommst du mal?«, rufe ich ins Nebenzimmer. Meine Stimme hört sich fremd an.

»Ach du Scheiße«, entfährt es Monika.

Wir stehen für einen Moment ratlos vor den Kindern und sehen uns im Zimmer um. Hier liegen zum Glück keine Flaschen auf dem Boden. Dafür Klamotten und Staubflusen, und wo ein Stück Boden zu sehen ist, ist er dreckverkrustet. Kein einziges Spielzeug. Die Matratzen sind nicht bezogen und das Gitterbettchen ist total beschmiert. Kot, denke ich. Daher kommt der Gestank hier. Das Kleine hat sich offensichtlich die Windel aufgepult und den Kot in seinem Bettchen verteilt. Die Kinder sagen noch immer kein Wort, nicht einmal das Kleine lässt einen Laut hören. Sie sehen uns an und warten ab.

»Mit Frau Retslaff ist nichts anzufangen«, raunt mir Monika zu. »Die steht vermutlich unter Drogen. Wir müssen sie mitnehmen. Der Lebensgefährte ist unterwegs, sagt sie. Mehr konnte ich nicht herausbekommen. Kümmerst du dich um die Kinder?«

Ich schlucke. So ganz sicher bin ich nicht, ob ich das hier meistern kann, aber ich nicke.

»Danke«, sagt sie mit dem Anflug eines Lächelns. »Du kannst doch mit Kindern.«

Ja klar, vielleicht kann ich das. Aber es bricht mir immer fast das Herz, wenn ich sehe, dass Kinder in irgendeinen Schlamassel involviert sind, für den sie nichts können. Die Vorstellung, mich jetzt alleine um diese drei verwahrlosten, stummen Kinder kümmern zu müssen, hinterlässt ein mulmiges Gefühl.

Monika kehrt zu Frau Retslaff zurück, um sie zum Wagen zu bringen. Ich nehme an, dass sie es einfach über sich ergehen lassen wird, so zugedröhnt, wie sie ist. Als ich mich gerade wieder zu den Kindern wenden möchte, höre ich sie schreien.

»Nein! Ich will zu meinen Kindern.« Frau Retslaff hat sich von Monika losgerissen und ist ins Kinderzimmer gestürmt. Das heißt, sie ist eher getaumelt, dann stolpert sie über die Türschwelle und fällt der Länge nach hin. Mit rudernden Bewegungen robbt sie auf das Kleine zu. Das wiederum streckt die Ärmchen nach ihr aus. Ich habe keine Ahnung, was jetzt zu tun ist, ich weiß nur, dass wir jetzt schnell sein müssen, sonst wird es für die Kinder immer schlimmer.

»Frau Retslaff?«, Monikas Stimme ist laut und bestimmt. »Wir müssen Sie jetzt mitnehmen. Sie können sich von Ihren Kindern verabschieden, und dann kommen Sie bitte mit mir.«

Monika schafft es mal wieder, so eine Autorität in ihre Stimme zu legen, dass Frau Retslaff keinen Widerstand leistet, als Monika sie am Arm packt und mit nach draußen nimmt.

»Mama kommt bald wieder!«, ruft Frau Retslaff noch verzweifelt ihren Kindern zu. Die Mädchen klammern sich aneinander, und das Kleine weint.

Als Monika mit Frau Retslaff weg ist, beuge ich mich über das Gitterbettchen. Ich sehe das kleine, weinende, dreckverschmierte

Wesen darin und überlege eine Sekunde, wie ich es schaffen kann, es so auf den Arm zu nehmen, dass ich nicht schmutzig dabei werde. Heute habe ich eine nagelneue Hose an. Endlich habe ich mal eine gefunden, die lang genug ist und gut sitzt. Aber dann sehe ich ein, dass es sich wohl nicht vermeiden lässt, dreckig zu werden, und hebe das Kleine hoch. Auf meinem Arm ist es auf der Stelle ruhig und blickt mich abwartend an. Es riecht nach Urin und Kot, aber ich ignoriere das tapfer.

Dann wende ich mich an die beiden anderen Kinder.

»Hallo, ich bin die Birgit«, sage ich zu den beiden größeren Mädchen. Die beiden sehen mich stumm aus großen Augen an. Ich gehe vor ihnen in die Hocke, bevor ich weiterrede. »Wir nehmen eure Mama jetzt mal mit und ihr schlaft heute Nacht woanders. In Ordnung?« Ich komme mir etwas schäbig vor. Aber wie soll ich den Kindern begreifbar machen, dass ihre Mutter ein Verbrechen begangen hat, für das sie eine Strafe absitzen muss, wenn sie das Bußgeld nicht bezahlt. Und selbst, wenn ihre Mutter das Bußgeld zahlen würde, bin ich nicht sicher, ob man die Kinder bei ihr lassen kann. Wer weiß, wie lange die Kinder schon ohne Tageslicht in diesem Loch sitzen? Wer weiß, wann sie das letzte Mal etwas zu essen bekommen haben? Ob sie überhaupt mit den Kindern mal rausgeht? Einen Kinderwagen habe ich jedenfalls nicht gesehen.

»Wie heißt du denn?«, frage ich das größere Mädchen. Deren dunkle Augen werden etwas größer und sie rutscht, ohne ihren Blick von mir zu lassen, ein bisschen näher zu ihrer Schwester. Aber dann öffnet sie den Mund.

»Yasmin«, sagt sie mit dünner Stimme.

»Und du?«, wende ich mich an die kleinere. Aber die vergräbt ihren Kopf im Schoß der Großen.

»Sonja«, antwortet die für sie.

»Und das Baby?«, frage ich Yasmin und zeige auf das Kleine in meinem Arm. Ich bin froh darüber, dass wenigstens eines der Kinder mir hier ein paar Anhaltspunkte geben kann.

»Dana.«

»Pass auf, Yasmin, ich muss jetzt mal telefonieren, dann suchen wir ein paar Sachen zusammen, und dann fahren wir dahin, wo ihr heute Nacht schlaft. Okay?«

Yasmin nickt leicht. Sie ist sicher verwirrt. Ihre großen Augen blicken jetzt suchend zur Tür. Sie versteht wahrscheinlich nicht, was hier passiert und warum wir ihre Mama mitnehmen. Ich würde es ihr gerne besser erklären, aber ich weiß nicht, wie. Erst Jahre später, als ich mich ehrenamtlich beim Kriseninterventionsteam vom Deutschen Roten Kreuz engagiere, werde ich von erfahrenen Psychologen im Umgang mit Kindern in Krisensituationen geschult, aber das hilft mir hier jetzt noch wenig.

Als ich die Nummer des zuständigen Amtes wähle, muss ich eine Weile warten, bis sich eine gehetzt wirkende Frauenstimme meldet.
»Reimann hier, von der WP Hamburg. Wir haben hier drei Kinder, für die wir für heute Nacht eine Bleibe suchen. Wahrscheinlich auch für länger.«
»Äh Moment. Wie heißen denn die Kinder?«
Ich buchstabiere den Nachnamen ungeduldig. Dana wird mir langsam schwer auf dem Arm und ich will die Kinder hier nicht länger warten lassen.
»Also, ich hab da jetzt nicht so den Überblick, das bearbeitet eigentlich meine Kollegin. Die ist aber im Urlaub.«
»Dann kümmern Sie sich doch bitte darum. Die Kinder müssen jetzt schnell untergebracht werden.«
»Ich kann da jetzt gar nicht so einfach … Das sind ja nicht meine Akten … Warum können die Kinder denn nicht da bleiben, wo sie jetzt sind?«
»Wenn die da bleiben könnten, dann hätte ich Sie nicht angerufen!« Ich begreife nicht, warum diese Frau alles so kompliziert macht. Und dann versuche ich einigermaßen nüchtern die Situation zu beschreiben. Mir geht das hier zu langsam. Ich möchte gerne, dass schnell etwas passiert.
»Ja, verstehe«, sagt die Frau am anderen Ende der Leitung. »Aber heute wird das schwierig. Jetzt ist 16 Uhr. Am Freitagnachmittag sind alle schon im Wochenende, da erreicht man keinen mehr. Ich hätte jetzt eigentlich auch schon Feierabend.«
Feierabend? Ich fasse es nicht, wie kann diese Frau jetzt an ihren Feierabend denken?
»Hören Sie, hier sind drei kleine Kinder, die dringend betreut wer-

den müssen. Die sind total verwahrlost, brauchen etwas zu essen und ein warmes Bett, und Sie wollen einfach Feierabend machen?« Ich bin jetzt richtig sauer.

»Jetzt regen Sie sich mal nicht so auf. Ich werde sehen, was ich tun kann. Haben Sie bitte Geduld.«

»Und wie lange? Und was soll ich hier mit den Kindern machen? Die Wohnung ist total verdreckt. Ich weiß nicht mal, ob es hier etwas zu essen gibt, von sauberer Kleidung mal ganz abgesehen.«

»Wissen Sie, was ich an Ihrer Stelle machen würde?«, sagt die Dame. »Ich würde jetzt da einfach mal ein bisschen Ordnung schaffen und die Kinder versorgen. Irgendetwas zu essen finden Sie schon. Wechseln Sie die Windeln der Kinder, wenn es sein muss. Sie wissen doch sicher, wie das geht.«

Die Frau spricht jetzt zu mir, als wäre ich selber ein Kind. Ich schnappe nach Luft. Diese Frau sagt mir, ich solle hier mal aufräumen und sie wolle jetzt Feierabend machen. Und dann der Ton! Ich spüre, wie ich koche vor Wut.

»Ich versorge gerne die Kinder, aber ich werde hier garantiert nicht aufräumen. Das gehört definitiv nicht zu meinen Aufgaben«, sage ich pampig. Ich würde ihr gerne vorschlagen, dass sie ja herkommen und selbst aufräumen könne, aber das kann ich mir zum Glück noch verkneifen. Dana wird unruhig auf meinem Arm und bestärkt mich darin, dass wir jetzt schnell eine Lösung finden müssen.

Immerhin gibt mir die Dame vom Amt noch eine Telefonnummer, und die Frau, mit der ich dann spreche, sagt mir die Adresse von einem Heim und verspricht mir, dort anzurufen und jemanden herzuschicken, der die Kinder abholt. Als ich auflege, bin ich nassgeschwitzt.

Die beiden großen Mädchen haben sich in der Zeit nicht von der Stelle gerührt. Sie sitzen noch genauso aneinandergeschmiegt auf ihrer Matratze wie vorher. Ich muss die Kinder jetzt anziehen und sehen, ob es hier etwas zu essen für sie gibt.

»Wo sind denn eure Anziehsachen?«, frage ich Yasmin. Die zuckt nur mit den Schultern. Sie trägt ein T-Shirt und eine Unterhose, ihre Schwester hat immerhin eine Strumpfhose an, aber bei näherem

Hinsehen fällt mir auf, dass die viel zu klein ist, außerdem ist sie vollkommen durchnässt. Dort, wo sie auf der Matratze sitzt, hat sich ein großer nasser Fleck gebildet. Sonja hat offensichtlich Pipi gemacht. Ich will gar nicht wissen, wie lange sie schon auf dieser Matratze liegt oder sitzt. Während ich noch überlege, was zu tun ist, bewegt sich Dana auf meinem Arm. Ich sehe die aufgepuhlte Windel, an Danas Oberschenkel hängen kleine braune trockene Krümel, die sich auch schon auf meinem Pullover und meiner neuen Hose verteilt haben. Ich stöhne und beschließe, dass das Kleinste als Erstes andere Klamotten braucht.

Einen Strampelanzug finde ich zum Glück auf dem Boden, unter dem Bettchen sind sogar drei Windeln. »Wann hatte Frau Retslaff vor, neue zu besorgen?«, frage ich mich. Ich habe noch nie ein Kind gewickelt, aber irgendwie werde ich das schon hinbekommen. Im Bad stinkt es erbärmlich, muffig, nach Kot, Urin und Erbrochenem. Die Toilette ist vollkommen verdreckt, es gibt keinen Duschvorhang. Auf dem Boden liegen schmutzige Klamotten herum, im Waschbecken sehe ich eine abgeschrubbte Zahnbürste. Immerhin finde ich ein Handtuch und eine halbe Rolle Klopapier. Dana habe ich die ganze Zeit auf dem Arm. Immer wieder blickt sie mich aus ihren hellen Augen aufmerksam an, aber sie weint nicht. Auch das Wickeln lässt sie ohne zu weinen über sich ergehen. Es stinkt bestialisch, als ich die Windel öffne. Ich schlucke meinen Ekel hinunter und mache die Kleine so gut es geht mit dem Klopapier und dem Handtuch sauber. Ihr Po ist feuerrot und wund mit offenen, blutigen Stellen. Ich habe so etwas noch nie gesehen. Später werde ich das Jugendamt auf die wunden Stellen im Windelbereich aufmerksam machen müssen. Es sieht für mich zwar mehr nach Verwahrlosung als nach sexuellem Missbrauch aus, aber das sollte sich in jedem Fall mal ein Arzt ansehen und beurteilen.

Als ich Dana fertig angezogen habe, suche ich Sachen für die größeren Mädchen. Die beiden sehen mich unverwandt an, während ich hin und her laufe und auf dem Boden herumkrieche. Dana habe ich in der Zeit auf die Matratze neben ihre Schwestern gesetzt. Schließlich finde ich eine Hose, die Yasmin passen könnte, und einen Rock, den Sonja anziehen kann. Außerdem einen Pullover und eine Jacke für Sonja. Yasmin stecke ich einfach in einen Pullover, der wohl eher ihrer Mutter gehört, aber irgendetwas muss sie ja anziehen. Noch immer verfolgen Yasmin und Sonja jede meiner Bewegungen mit ihren großen dunklen Augen. Sie wirken ängstlich und verunsichert. Dana habe ich meinen Schlüsselbund zum Spielen gegeben. Sie klappert damit herum und steckt ihn immer wieder in den Mund. Ich bin froh, dass sie beschäftigt ist, und lasse sie gewähren.

»Wo sind denn eure Schuhe?«, frage ich Yasmin schließlich. Aber sie sieht mich nur an, als würde ich plötzlich eine Sprache sprechen, die sie nicht versteht. Ich gebe es auf, danach zu suchen, hier drin ist es ja warm. Vielleicht finde ich später noch welche.

»Habt ihr Hunger?«, frage ich Yasmin und Sonja, nachdem ich mir in dem ekelhaften Bad die Hände gewaschen habe. Natürlich gibt es keine Seife und schon gar kein sauberes Handtuch.

Yasmin nickt und sogar in Sonja kommt Bewegung. Die beiden sehen blass aus und sehr dünn. Die Haut unter ihren Augen schimmert bläulich. Auch Dana wirkt für ein Kleinkind sehr schmal und blass. Vorsichtig steige ich in der Küche über ein paar Flaschen und öffne den Kühlschrank. Ein Stückchen Käse liegt da, ohne Verpackung, gelblich und rissig. Es ist offensichtlich schon uralt. Ein paar Scheiben abgepacktes Brot und eine Tüte H-Milch. Als ich das Brot nehme, sehe ich, dass es verschimmelt ist. Angewidert lege ich es zurück. Was sollte ich auch sonst damit tun? Hier ist alles voller Müll.

Die Milchtüte ist halbvoll und scheint in Ordnung zu sein, immerhin etwas. Babynahrung oder etwas in der Art scheint es nicht zu geben. Wie Frau Retslaff ihren Säugling ernährt, ist mir nicht ganz klar. Immerhin finde ich eine Trinkflasche. Und in einem Küchenschrank liegt eine noch völlig unangerührte Packung Butterkekse. Ich erwärme die Milch in der Flasche unter laufendem, heißen Wasser. Dann setze ich mich mit den Kindern auf den Boden im Kinderzimmer, weil das der einzige Ort in dieser Wohnung ist, in dem es keine leeren Flaschen und Zigarettenasche gibt.

Ich gebe Dana die Trinkflasche mit der gewärmten Milch und sehe Yasmin und Sonja beim Essen der Kekse zu. Sie stopfen sie schnell und gierig in sich hinein, so als hätten sie lange nichts mehr bekommen. Dabei sehen sie mich immer wieder mit ihren großen Augen an. Diese Kinder müssen sehr tapfer sein, denke ich und lächle ihnen zu. Als sie verlegen zurücklächeln, fällt mir auf, wie hübsch sie sind.

So sitzen wir, bis es an der Tür klopft. Eine kräftige Frau mit kurzem, braunen Haar steht davor.

»Hallo, ich bin Barbara Sittkowski. Ich soll hier die Yasmin, die Sonja und die Dana abholen«, sagt sie an die Kinder gewandt.

Sonja und Yasmin rücken wieder ein bisschen mehr zusammen. Dana trinkt unbeirrt weiter. Frau Sittkowski gibt mir die Hand. Sie fühlt sich warm und trocken an.

Ich bringe die Kinder mit ihr zum Wagen. Frau Sittkowski trägt Sonja, die barfuß ist, denn wir haben letztlich doch keine Schuhe mehr für die Kinder gefunden. Ich trage Dana, und Yasmin muss in Socken gehen. Als ich Yasmin auf ihrem Sitz festschnalle, fragt sie ganz leise: »Wo ist Mama?« Es bricht mir fast das Herz.

»Wir mussten deine Mama mitnehmen, außerdem geht es ihr nicht so gut. Ihr seid jetzt erst mal bei Frau Sittkowski. Die kümmert sich um euch.«

»Kommst du mit?«, fragt sie dann noch. Ich sehe ihre dunklen Augen glänzen und fühle mich plötzlich wie der letzte Unmensch.

»Nein, das geht nicht. Ich muss weiterarbeiten. Frau Sittkowski ist jetzt bei euch.« Ich winke den Kindern zum Abschied und habe ein schnürendes Gefühl in der Kehle.

Wolfgang kommt, um mich abzuholen. Monika ist mit unserem Dienstwagen unterwegs, und in solchen Fällen unterstützen uns die Kollegen, die ihre Dienststelle im gleichen Gebäude haben. Ich lehne mich auf dem Sitz im Auto zurück und atme tief durch. Jetzt erst merke ich, wie erschöpft ich bin.

»Ich will dir ja nicht zu nahetreten«, sagt Wolfgang. »Aber du stinkst ganz schön nach Pisse.«

Ich halte meinen Arm an die Nase. O ja. Jetzt fällt es mir auch auf. Ich hatte ja die ganze Zeit Dana mit der zerfledderten vollen Windel auf dem Arm. Meine Hose sehe ich mir lieber gar nicht an.

Minutenlang reibe ich mir im Umkleideraum der Dienstelle die Hände mit Desinfektionsmittel ein, während ich mir mein müdes Gesicht mit der schlechten Haut im Spiegel ansehe.

Zu Hause stopfe ich dann meine Kleidung in die Waschmaschine und dusche erst einmal ausgiebig. Alles stinkt nach Urin. Der beißende Geruch verfliegt nur langsam und erinnert mich noch eine Weile an Dana, Yasmin und Sonja.

Es dauert nur zwei Tage, dann ist Frau Retslaff wieder frei und die Kinder leben wieder bei ihr. Zwei Wochen später kommt das Jugendamt, an das ich meinen Bericht weitergeleitet habe, unangemeldet vorbei. Die Kinder werden in genau demselben verwahrlosten Zustand vorgefunden, in dem sie sich befanden, als wir dort waren. Sie kommen erst einmal in ein Heim. In dem Gerichtsprozess, in dem es um das Sorgerecht geht, sage ich aus, was ich gesehen habe. Es wird entschieden, dass die Kinder nicht bei der Mutter bleiben.

Nach dem Termin sehe ich Frau Retslaffs schmale Gestalt auf den Treppenstufen vor dem Gerichtsgebäude sitzen. Sie hat den Kopf in die Hände genommen und weint hemmungslos. Ich widerstehe dem Impuls, zu ihr zu gehen und sie zu trösten. Ich bin mir sicher, dass sie für die Kinder nicht sorgen kann, aber ich glaube auch, dass sie ihre Kinder liebt. Und ihre Kinder lieben sie auch und sie vermissen sie. Yasmins feuchte Augen gehen mir nicht mehr aus dem Kopf. Die Art, wie sie nach ihrer Mutter gefragt hat, klang so sehnsüchtig. Ich hoffe, ich habe das Richtige getan. Sicher habe ich Anteil daran, dass die Kinder nicht mehr bei ihr leben. Ich wünschte, es gäbe eine andere Lösung.

Die Mutter von Yasmin, Sonja und Dana ist mit ihren Kindern überfordert. Sie ist wegen einer Suchterkrankung nicht in der Lage, sie angemessen zu versorgen. Sicher werden die Mädchen in einem Heim oder bei Pflegeeltern besser mit Essen und Kleidung versorgt als bei ihrer leiblichen Mutter; ihre Mutter wird ihnen aber trotzdem fehlen. Im Grunde glaube ich daran, dass Kinder ihre Eltern brauchen. Ich finde es gut, wenn Möglichkeiten gefunden werden, eine Familie zusammenzuhalten. Natürlich ist das nicht immer realisierbar. Aber es gibt Möglichkeiten, Mütter wie Frau Retslaff und / oder

Väter zu entlasten. Zum Beispiel durch Einrichtungen, in denen die Kinder ganztägig versorgt werden und dann immerhin die Abende und Nächte mit ihren Eltern verbringen können. So ist gesichert, dass die Kinder zum Beispiel regelmäßige Mahlzeiten bekommen und trotzdem mit ihren Eltern zusammen sein können. Im besten Fall würde das den Eltern auch Halt geben. In der Realität sind solche Lösungen allerdings eher selten.

Kinder und Eltern zu trennen halte ich immer noch für problematisch. Wenn die psychische oder physische Gesundheit des Kindes bedroht ist, muss es aber trotzdem gemacht werden.

Schutzpolizistin in Wilhelmsburg –
Auf Streife im sozialen Brennpunkt

1988

Ich stelle den Motor ab und zögere. Dieter macht ebenfalls keine
Anstalten auszusteigen und seufzt tief. Er ist ein paar Jahre länger im
Dienst als ich, aber jetzt wirkt er ebenso ratlos, wie ich mich fühle.
»Hast du das schon mal gemacht?«
Ich schüttle den Kopf.
»Du?«
»Ja, aber das war echt Scheiße. Kannst du nicht ...?«, er bricht ab.
Sein Blick ruht auf seinen Knien.
»Klar«, sage ich automatisch, obwohl ich überhaupt nicht scharf
auf diese Aufgabe bin. Bisher bin ich davon verschont geblieben,
Todesnachrichten überbringen zu müssen. Aber seit ich von der WP
zur Streife gewechselt bin, muss ich immer ran, wenn es um un-
angenehme zwischenmenschliche Dinge geht. Die Kollegen meinen
offenbar, dass eine Frau darin besser ist als sie. Ich bin da nicht so
sicher, ich mache es einfach, weil es getan werden muss.

Seit ein paar Monaten bin ich nun als Polizeiobermeisterin auf der
Wache in Wilhelmsburg tätig. Auf meiner Schulterklappe befinden
sich inzwischen zwei grüne Sterne. Die Weibliche Polizei wurde
aufgelöst und die Kolleginnen auf andere Dienststellen verteilt. Hier
auf der Wache gibt es viel zu tun. Der ganze Stadtteil ist ein sozialer
Brennpunkt. Oft ist so viel los wie bei der WP nur in der Nacht von
Samstag auf Sonntag. Aber mein Weg zur Arbeit ist zumindest deutlich kürzer und eigentlich mag ich es ja, wenn viel los ist. Zudem
gibt es hier auch etwas ruhigere Gebiete, in denen wir allerdings
seltener im Einsatz sind. Wie zum Beispiel die beschauliche Reihen-
haussiedlung, in der ich gerade unseren Wagen geparkt habe. Die

Aufgabe, vor der ich stehe, würde ich allerdings nirgendwo gerne ausführen. Ich bleibe noch zögernd im Auto sitzen und wünsche mich weit weg.

Dieter rutscht unruhig auf seinem Sitz herum. Manchmal gibt er ein bisschen damit an, dass er schon mehr Erfahrung hat als ich, aber heute tut er so, als wäre ich die Erfahrenere, als hätte ich die spezielle Ausbildung im Todesnachrichten-Überbringen.

Ich werfe ihm einen kurzen prüfenden Blick zu und bete, dass er sich jetzt als sensibler Partner erweisen wird.

»Los?«

Dieter schiebt sich die Mütze auf dem hellen Haar zurecht und nickt.

Ausgerechnet heute scheint nach langer Zeit mal wieder die Sonne. Die Vorgärten der Reihenhäuschen, vor denen wir halten, sind grün und voller Blumen. Der Frühling lässt sich nicht übersehen. Es ist für Hamburger Verhältnisse richtig warm, trotzdem trage ich die Lederjacke. Ich fröstle. Der Tag ist viel zu schön für so eine Nachricht.

»36f«, sagt Dieter und deutet auf eines der Häuser, die sich nur durch die Farbe der Haustür und die Bepflanzung der Vorgärten unterscheiden. Ich spüre, wie sich meine Schultern verspannen und meine Hände feucht werden. Wir treten vom Bürgersteig auf den schmalen, mit roten Backsteinen gepflasterten Weg, der zur Haustür der Ohlsens führt.

Ich versuche mir vorzustellen, wer uns aufmacht. Irgendwie will ich mich auf diese Situation vorbereiten. Meine ganze Konzentration richtet sich auf die blaugestrichene Tür vor uns. Daneben steht in einem ebenfalls blauen Topf eine rosa Hortensie, die so üppig blüht, dass man die grünen Blätter kaum sieht. Neben der Tür über der Klingel hängt ein Schild, das selbstgetöpfert aussieht, darin ist eingeritzt: »Familie Ohlsen«.

Mein Hals fühlt sich trocken an, ich würde gerne schnell noch etwas trinken, aber jetzt gibt es kein Zurück mehr. Ich atme tief durch, auch Dieter seufzt noch einmal lautstark. Er steht einen halben Schritt hinter mir, wie um deutlich zu machen, dass er das Sprechen mir überlassen wird. Als ich endlich die Hand ausstrecke, um zu klingeln, spüre ich, wie er für eine Sekunde meine Schulter berührt.

Innen bellt ein Hund. Hoffentlich sind keine Kinder da, bete ich still. Dann höre ich Schritte zur Tür kommen. Mir wird immer mulmiger, und das Hundegebell wird lauter. Als sich die Tür öffnet, drängt ein Labrador mit hellem, fast gelbem Fell heraus und beschnüffelt mich mit erhobenem Schwanz.

»Bleib hier, Mevi! Nicht!«

Die Frau klingt nicht streng, aber bestimmt. Sie greift Mevis Halsband und zieht das Tier mit sanftem Druck zu sich. Dann blickt sie uns an. Sie ist deutlich kleiner als ich, ihr langes Haar ist zu einem Zopf gebunden. Mir fällt ihr offenes, freundliches Gesicht auf. Doch ihr Lächeln wird unsicher, als sie unsere Uniformen sieht.

»Ist schon gut«, sage ich und tätschle Mevi den Rücken. Der Hund lenkt mich ein bisschen ab und beruhigt mich.

Die Frau blickt uns fragend an.

»Guten Tag, ich bin Birgit Reimann und das ist mein Kollege Dieter Wendel. Sind Sie Frau Ohlsen?«

»Ja«, sagt die Frau zögernd. Sie ahnt nichts Gutes, das merke ich genau. Wann hat die Polizei auch schon mal gute Nachrichten zu überbringen?

»Frau Ohlsen, dürfen wir hereinkommen? Wir müssen mit Ihnen reden.«

»Klar!« Ihre Antwort kommt reflexartig. Sie geht vor durch einen engen Flur ins Wohnzimmer. Die Sonne scheint schräg durch die Terrassentür, auf dem Boden liegen eine Kinderjacke, ein paar Socken und eine Puppe, die Frau Ohlsen eilig wegräumt.

»Die Kinder lassen hier immer ihre Sachen herumliegen«, murmelt sie entschuldigend.

»Kein Problem.« Ich muss mich räuspern, bevor ich das sagen kann.

»Wollen Sie etwas trinken?«, fragt Frau Ohlsen jetzt auch noch.

Dieter und ich lehnen rasch ab. Ich muss jetzt schnell sagen, weswegen wir hier sind, sonst wird die Situation noch unerträglicher.

»Sind Ihre Kinder im Haus?«, will ich vorher wissen.

»Nein, die sind in der Schule. Was gibt es denn?« Frau Ohlsens Stimme klingt instabil. Sicher spürt sie meine Nervosität.

»Bitte setzen Sie sich. Wir müssen Ihnen etwas sagen.«

Wie ferngesteuert setzt sich Frau Ohlsen auf einen der hellen Le-

94

dersessel. Ihre Augen sind jetzt schon geweitet, als wolle sie einem Schock vorgreifen. Ich setze mich auf das Sofa ihr gegenüber, um mit ihr auf einer Höhe zu sein. Dann mobilisiere ich meine Kräfte und schieße los: »Ich muss Ihnen leider mitteilen, dass Ihr Mann heute Morgen mit dem Motorrad tödlich verunglückt ist.«

Frau Ohlsen sieht mich an, als hätte sie mich nicht verstanden. »Was?«

»Ihr Mann hatte einen Unfall mit dem Motorrad. Er ist noch am Unfallort gestorben. Es tut mir leid.«

Sie blickt mich an, verwirrt und entsetzt zugleich.

»Aber, das kann doch nicht sein …«

Sie hält inne und blickt von mir zu Dieter und dann wieder zu mir. Dann scheint sie zu registrieren, dass es stimmt. Ich sehe förmlich, wie jegliche Spannung aus ihrem Körper weicht.

»Nein!«, flüstert sie. Sie schlägt die Hände vor den Mund und starrt mich an. Ihre Augen sind groß und feucht. Ich fühle mich entsetzlich.

»Es tut mir leid, Frau Ohlsen«, wiederhole ich leise.

Frau Ohlsen schüttelt nur den Kopf. »Nein«, sagt sie wieder. Dann vergräbt sie ihr Gesicht in den Händen.

»Nein!«, wiederholt sie wimmernd.

Jetzt müsste jemand da sein für Frau Ohlsen, der sie in ihrem Schmerz auffängt. Jemand sollte sie jetzt wenigstens in den Arm nehmen, denke ich, bleibe aber wie angewurzelt auf dem Sofa sitzen. Ich blicke rüber zu Dieter, der steif neben der Tür steht und verlegen auf den Boden blickt. Er sieht nicht so aus, als wüsste er, wie wir Frau Ohlsen jetzt helfen können.

»Sollen wir jemanden für Sie anrufen? Wollen Sie, dass jemand zu Ihnen kommt?«, frage ich schließlich.

Frau Ohlsen reagiert nicht. Sie hat ihren Kopf in ihre Hände gelegt und weint leise vor sich hin. Mevi ist inzwischen zu ihr getrottet und steht mit aufgestellten Ohren neben ihr. Ich wiederhole meine Frage etwas lauter.

Ihr Rücken zuckt, dann nimmt sie die Hände von ihrem Gesicht und hebt die Schultern. Ich glaube zu verstehen, was sie fühlt: Sie weiß niemanden. Sie will jemanden bei sich haben, aber sie weiß niemanden. Sie will das jetzt alles nicht selbst entscheiden.

Ich werfe einen ratlosen Blick zu Dieter, der noch immer neben der Tür steht und aussieht, als würde er sich brennend für die Struktur der Wohnzimmerfliesen interessieren. Er erwidert meinen Blick und zuckt die Schultern. Wir können Frau Ohlsen jetzt aber nicht alleine lassen. Irgendjemand muss sich um sie kümmern.

»Wie … Was ist denn passiert?«

Dieter und ich blicken zu Frau Ohlsen, die uns aus wässrigen Augen ansieht.

»Es war ein Unfall auf einer Landstraße. Er ist mit einem PKW zusammengestoßen.«

Frau Ohlsen sieht nicht so aus, als würde sie diese Antwort befriedigen. Sie sieht mich noch immer mit demselben fragenden Gesicht an. Hätte ich mir doch vorher ein paar Worte zurechtgelegt, schießt es mir durch den Kopf. Vielleicht würde es das jetzt einfacher machen. In der Ausbildung haben wir in Rollenspielen versucht, uns auf solche Situationen vorzubereiten, aber mit der Wirklichkeit hat das nichts zu tun. Nach dem Spiel war es für uns alle vorbei. Hier ist das anders.

»Aber wie …«, will Frau Ohlsen noch mal wissen.

»Mehr kann ich Ihnen auch nicht sagen. Der Unfall wird noch untersucht.« Die triste Amtssprache kommt mir in diesem Moment völlig unangemessen vor. Aber mir fällt nichts anderes ein, helfen können diese Worte sicherlich nicht.

Prompt füllen sich Frau Ohlsens Augen wieder mit Tränen. Ihr Kopf sackt erneut nach vorne, ihre Hände bedecken das Gesicht. Ich sitze ihr gegenüber und komme mir blöd und nutzlos vor. Am liebsten wäre ich jetzt weit weg und gleichzeitig schäme ich mich für diesen Wunsch. Frau Ohlsen braucht doch jetzt jemanden, der bei ihr ist. Für einen kurzen Moment spiele ich mit dem Gedanken, sie einfach in den Arm zu nehmen, aber etwas hält mich davon ab. Ich komme mir steif vor und wie festgewachsen auf dem Sofa, auf dem ich sitze. Wäre es vielleicht besser, sie einfach alleine zu lassen?

Aus dem leisen Weinen ist jetzt hemmungsloses Schluchzen geworden. Dieter und ich schweigen und versuchen, uns möglichst wenig zu bewegen. Die Sekunden kriechen dahin. Ich widerstehe dem Impuls, auf die Uhr zu sehen. Irgendwann höre ich ein leises Geräusch, das mich an etwas erinnert, aber ich komme nicht gleich darauf, an was. Erst als Dieter umständlich das Funkgerät hervorzieht, begreife ich, was es ist. Dieter geht damit in den Flur. Ich höre ihn kurz dort sprechen. Frau Ohlsen hat von alldem nichts mitbekommen. Sie hat immer noch den Kopf in den Armen vergraben und weint.

Dieter kommt zurück und räuspert sich leise. Wir müssen los, will er mir damit sagen. Wir werden noch woanders gebraucht. Ich signalisiere ihm mit einem Blick, dass ich verstanden habe. Vorsichtig stehe ich auf und berühre Frau Ohlsen leicht an der Schulter.

»Frau Ohlsen?«

Sie hebt den Kopf und sieht mich ausdruckslos an.

»Können wir noch irgendetwas für Sie tun?«

»Nein ... Nein. Schon gut. Gehen Sie ruhig.«

»Sind Sie sicher?«

Ich fühle mich nicht wohl dabei, sie jetzt alleine zu lassen, aber wir müssen jetzt weiter. Wenn wir jetzt nicht losfahren, müssen andere Menschen in Not warten, und das ist auch nicht gut.

Frau Ohlsen zieht die Nase hoch.

»Ja, klar. Gehen Sie. Es geht schon ... Ich brauche nur ...« Sie wird wieder von einem Schluchzer unterbrochen. Sie schafft es nicht, mit dem Weinen aufzuhören.

Dieter und ich stehen unschlüssig in der Wohnzimmertür.

Das Offene, Freundliche ist aus Frau Ohlsens Zügen verschwunden. Sie wirkt völlig aufgelöst.

»Sie können gehen. Ist schon gut«, presst sie hervor. Sie muss sich offenbar sehr zusammenreißen, um diese Worte zu sagen, ohne dabei zu weinen. Aber dann bricht es wieder aus ihr heraus. Frau Ohlsen schlingt ihre Arme um den Hund, der es duldsam geschehen lässt. Sie weint geräuschvoll, verzweifelt.

»Also gut. Sind Sie sicher?« Diese Worte kommen aus meinem Mund, aber ich weiß selbst, dass sie absoluter Blödsinn sind. Wie kann eine Frau, die gerade ihren Mann verloren hat, sich über irgendetwas sicher sein?

Frau Ohlsen nickt nur, gegen das Schluchzen kommt sie nicht mehr an. Es schüttelt sie. Vielleicht ist es wirklich besser, wenn wir jetzt gehen, damit sie ungehemmt weinen kann. Vielleicht mache ich mir da auch was vor. Es hilft nichts, wir müssen los.

Wir gehen mit einem unguten Gefühl. Ich weiß nicht, wie lange Frau Ohlsen noch weinen wird. Ich habe keine Ahnung, wie sie ihren Kindern die Nachricht erklären wird und wie sie die Nacht überstehen wird. Im Wagen kurble ich das Fenster runter und stecke mir eine Zigarette an. Normalerweise rauchen wir nicht im Auto, aber jetzt ist mir danach. Es ist Mittagszeit. Dieter schlägt vor, dass wir noch die Fischliesel anfahren, aber ich winke ab. Ich mag nicht mal an Essen denken.

Ich fahre durch die Stadt und kann mir irgendwie nicht vorstellen, dass das Leben hier so ganz normal weitergeht. Die Sonne scheint, die Bäume und Büsche blühen, auf den Bürgersteigen sehe ich Menschen, die gutgelaunt aussehen und miteinander lachen. Ein paar tragen sogar schon T-Shirts. Ich fahre langsamer als sonst. Mir ist kalt und ich würde mich am liebsten irgendwo verkriechen.

Nachdem ich Frau Ohlsen über den Tod ihres Mannes hatte informieren müssen, musste ich noch einige Male Todesnachrichten überbringen, und jedes Mal war es schrecklich für mich. Jedes Mal denke ich, es wird irgendwann einfacher, weil ich lerne, mit solchen Situationen umzugehen. Aber das stimmt nicht: Es ist immer gleich schlimm, jemandem zu sagen, dass ein nahestehender Mensch gestorben ist. Jedes Mal fühle ich förmlich, wie für die Hinterbliebenen eine Welt zusammenbricht. Und jedes Mal möchte ich den Hinterbliebenen etwas von ihrer Trauer abnehmen und merke dann, dass ich das gar nicht kann. In der Ausbildung sind diese Gefühle kein Thema, und einen psychologischen Dienst oder etwas in der Art gibt es für solche Fälle auch nicht. Erst als ich mich später ehrenamtlich zum Kriseninterventionsteam beim DRK melde, erhalte ich eine Schulung, nach der es mir etwas besser gelingt, mich abzugrenzen und trotzdem Mitgefühl zu zeigen.

1989

Dieter schaltet das Licht an. Es beginnt zu dämmern. Die Autos schieben sich im Feierabendverkehr durch die Hauptstraße von Wilhelmsburg, es ist 17 Uhr. Der Wagen vor uns trägt auch nicht gerade dazu bei, dass es schneller geht. Der weiße Golf kriecht nur so dahin. »Meine Güte!«, stöhnt Dieter. »Das darf doch nicht wahr sein. Die Ampel war doch noch nicht mal gelb und der bremst hier ab.«

»Sollen wir ihn anhalten?«, frage ich. »Bei dem finden wir garantiert was.«

»Meinst du?« Dieter reckt den Kopf, um etwas zu erkennen. »Ich glaube, der ist nur unsicher, weil wir schon so lange hinter ihm herfahren. Der ist höchstens nicht angeschnallt.«

Ich strecke ebenfalls den Kopf, um den Fahrer zu sehen, aber ich sehe nur die spiegelnden Lichter in der Rückscheibe des Wagens.

»Vielleicht ist der Wagen ja auch geklaut?«, überlege ich. »Sieht doch irgendwie aus, als wollte der, dass wir ihn in Ruhe lassen. Hier, er biegt ab, bleib mal dran.«

Dieter folgt dem Wagen, der etwas stotternd in eine Seitenstraße einbiegt.

»Okay, ich wette, der ist nicht angeschnallt. Wenn ich recht habe, musst du den Bericht schreiben, okay?«

Dieter streckt mir die Hand hin. Ich grinse und schlage ein.

»Schönen guten Abend. Sie sind uns aufgefallen, weil Sie so langsam gefahren sind. Wo kommen Sie denn her?«

Ich habe die Taschenlampe angeknipst und leuchte in den Wagen. Die Person am Steuer dreht den Kopf weg. Blitzschnell ist meine Hand an der P6. Ich muss wissen, was der da im Auto mit seinen Händen macht, aber ich kann nur einen Rücken und einen Schopf langer Haare erkennen. Ich bete, dass der Fahrer jetzt keine Waffe zieht. Da wendet er den Kopf wieder zu mir und blinzelt mich an. Jetzt erst sehe ich, dass es sich um eine Fahrerin handelt. Ich schätze sie auf höchstens 20 Jahre, eher jünger. Der Anschnallgurt hängt unbenutzt neben ihr.

»Ich komme von der Arbeit, habe ich etwas falsch gemacht?« Sie fährt sich mit den Händen durch das lange Haar und bündelt es im Nacken. Sie wirkt nervös, aber das ist nicht ungewöhnlich. Viele Menschen, die wir anhalten, machen im ersten Augenblick den Eindruck, als hätten wir sie bei etwas ertappt. Ich glaube, die meisten fürchten, dass sie etwas verbrochen haben, ohne es zu merken. Wenn wir auftauchen, dann sind sie sich zwar keiner konkreten Schuld bewusst, aber trotzdem nicht sicher, ob sie alles richtig gemacht haben.

Jetzt als ich sehe, dass es sich beim Fahrer des Wagens um eine Frau handelt, bin ich nicht mehr so sicher, dass das Auto geklaut ist. Wir hatten es noch nie mit einer Autoknackerin zu tun.

»Sie sind sehr langsam gefahren. Haben Sie Alkohol getrunken?«

»Nein.«

»Darf ich mal Ihren Führerschein sehen?«

Umständlich kramt sie in ihrer Tasche herum, bevor sie ihn mir hinhält. Er ist zwei Jahre alt, aber er sieht irgendwie noch sehr neu aus.

»Sie fahren wohl nicht oft, oder?«

Die Frau schüttelt verlegen den Kopf.

»Ist das Ihr Wagen?«

»Ne, der gehört meinem Vater.«

»Kann ich mal die Fahrzeugpapiere sehen?«

Mit einem Handgriff hat sie das Dokument gefunden und hält es mir hin. Der Wagen ist zumindest auf einen Mann mit ihrem Nachnamen zugelassen.

»Sie sind nicht angeschnallt«, bemerke ich dann.

Instinktiv greift die Frau zum Gurt. »Scheiße!«, flucht sie.

Es wirkt, als hätte sie tatsächlich einfach nicht daran gedacht.

»Wir sind ja nicht dahinter her, weil es uns Spaß macht, sondern weil es einfach viel sicherer für Sie ist. Schon bei geringem Tempo trägt ein Gurt ganz entscheidend zu Ihrer Sicherheit bei.«

Ich rattere das herunter wie im Schlaf. In meiner Kindheit gab es noch keine Anschnallpflicht. Ich weiß noch, dass ich den Gurt selbst als störend empfunden habe. Aber nachdem ich durch meine Arbeit immer wieder mit schweren Unfällen konfrontiert wurde, überzeugt mich die Gurtpflicht inzwischen völlig. Mehr als einmal habe ich mitbekommen müssen, wie übel zugerichtet die Opfer eines Unfalls sein können, die nicht angeschnallt waren. Die Frau wirkt zerknirscht. Ich bin mir nicht sicher, ob sie sich einfach ärgert, dass sie erwischt worden ist, oder ob sie ihren Fehler einsieht.

»Muss ich jetzt auch was bezahlen?«, fragt sie mit leiser Stimme. Sie tut mir fast leid.

»Ja, leider. 20 Mark. Ich notiere mir jetzt Ihre Adresse und Sie erhalten dann von uns einen Verwarnbescheid mit dem Hinweis, wohin Sie das Geld überweisen müssen.«

Die Frau schluckt.

Während ich die Adresse auf meinen Block kritzle, werfe ich einen Blick hinüber zu unserem Streifenwagen. Die Laternen und die Lichter der Autos spiegeln sich in der Frontscheibe, deshalb sehe ich Dieter schlecht. Er steigt kurz aus und macht mir ein Zeichen, damit ich weiß, dass der Wagen nicht geklaut ist. Er hat das in der Zwischenzeit überprüft.

»Dann weißt du ja, wer den Bericht schreibt«, grinst er mich an, als ich wieder einsteige.

»Anfängerglück«, brumme ich.

»Halt den mal an, ich wette, der ist auch nicht angeschnallt.« Ich habe es zwar nicht genau sehen können, aber ich bin mir sicher, dass mit dem etwas nicht stimmt. Wir fahren wieder auf der befahrenen vierspurigen Hauptstraße und haben eben einen weißen Mazda überholt.

»Ne, der Wagen ist geklaut«, sagt Dieter überzeugt. Keine Ahnung, woher er das wissen will.

»Schreibst du den Bericht, wenn ich recht habe?« Ich grinse Dieter an und halte ihm herausfordernd die Hand hin. Er grinst zurück und schlägt ein.

Wir fahren vor den Wagen und ich mache ihm aus dem Fenster mit der Kelle ein Zeichen, dass er anhalten soll. Dieter wird langsamer und setzt den Blinker. Auch der Mazda wird langsamer.

»Das Auto gehört einem Freund von mir. Ich weiß nicht, wo der die Fahrzeugpapiere aufbewahrt. Hat er vergessen mir zu sagen.«

Ich glaube dem Jungen kein Wort. Er versucht die ganze Zeit, sein Gesicht aus dem Lichtkegel meiner Taschenlampe zu halten. Außerdem vermeidet er es, mich anzusehen, und schiebt ständig sein Baseballcape auf seinem Kopf hin und her. Angeschnallt war er dann doch. Kann natürlich sein, dass er das noch schnell gemacht hat, als er uns kommen sah, aber das kann ich jetzt nicht mehr nachvollziehen.

Dieter taucht hinter mir auf. Er hat das Kennzeichen über Funk überprüfen lassen. Mit einer raschen Drehung der Hand signalisiert er mir, dass der Wagen geklaut ist.

Obwohl mein Blutdruck nun ziemlich ansteigt, versuche ich, ganz ruhig zu bleiben. Der Typ soll nicht sofort merken, dass wir ihn ertappt haben. Langsam bewegt sich meine Hand zur Waffe, die ich inzwischen wieder am Gürtel trage.

»Würden Sie bitte mal den Motor abstellen und aussteigen?«

»Ey, warum denn, was hab ich denn gemacht?«, fragt der Fahrer bockig.

»Einfach den Motor abstellen und aussteigen!«

Ich höre mich an, als würde ich mit einem Kind reden. Aber irgendwie beruhigt mich dieser Tonfall selber. Ich muss auf alles vorbereitet sein. Im schlimmsten Fall ist er bewaffnet und hat schlechte Nerven.

Der Mann bleibt sitzen, und ich bete, dass er jetzt einfach tut, was ich gesagt habe. Dann, nach ein paar endlosen Sekunden, setzt er sich in Bewegung und öffnet die Tür. Ich spüre Erleichterung und trete einen Schritt zurück, damit er aussteigen kann. In dem Moment tritt er das Gaspedal durch. Reifen quietschen, der Wagen rast los, die Tür streift noch meine Jacke. Unwillkürlich springe ich ein Stück zurück, meine Hand umfasst die P6.

»Los, hinterher!«, brüllt Dieter in dem Moment. Kaum sitze ich auf dem Beifahrersitz, rast Dieter los. Wie konnte das nur passieren? Habe ich den Mann aus den Augen gelassen? Ich kann nicht fassen, dass der Typ vor meiner Nase weggefahren ist. Aber ich habe keine Zeit, um lange darüber nachzudenken, jetzt muss ich funktionieren. Über Funk fordere ich Verstärkung an und gebe das Fabrikat, die Farbe und das Kennzeichen des flüchtenden Fahrzeugs durch. Dann schalte ich die »Senatsreklame« ein, Blaulicht und Martinshorn. Trotz des Martinshorns höre ich ein Kreischen und dann Geschrei von der Straße. Der Mazda ist in die nächste Seitenstraße abgebogen und hat dabei beinahe Fußgänger mitgenommen. Während Dieter das Gas durchdrückt, kurble ich das Fenster runter und versuche zu erkennen, ob jemand verletzt ist. Eine Frau mit Kinderwagen hat sich offenbar noch in letzter Minute auf den Bürgersteig retten können. Eine andere Frau ist schon bei ihr. Sie macht uns ein Zeichen, dass wir weiterfahren können. Ich bin kurz erleichtert, dass nicht auch noch jemand verletzt wurde, dann konzentriere ich mich wieder voll auf die Straße, um Dieter bei der Verfolgung zu unterstützen. Die Reifen quietschen, als wir in die Straße einbiegen, in die das flüchtende Auto verschwunden ist. Wir sehen gerade noch die Rücklichter des Mazda, der in dem Moment einen blauen Golf schneidet und links in einer Straße verschwindet. Der Golf kommt schräg auf der Fahrbahn zum Stehen, die nachfolgenden Autos können zum Glück ausweichen.

»Mist!«, flucht Dieter und umfährt den Golf, um dem Mazda weiter zu folgen.

Bei Verfolgungen wie dieser besteht immer die Gefahr, dass das flüchtende Fahrzeug andere Verkehrsteilnehmer verletzt. Wieder greife ich zum Funkhörer und fordere weitere Kollegen an, die nachsehen sollen, ob mit dem Golffahrer alles in Ordnung ist, während Dieter unbeirrt am Lenkrad klebt und konzentriert auf die Fahrbahn schaut. Der Abstand zu dem flüchtenden Fahrzeug hat sich weiter vergrößert. Es biegt noch mal nach links ab. Wieder hupt es, Reifen quietschen, aber es scheint nichts passiert zu sein. Die meisten Verkehrsteilnehmer sind durch das Martinshorn gewarnt. Das ist gut, weil sie dann nicht so sehr von diesem Irren überrascht werden.

Jetzt kann ich die Kollegen auch hören. Hinter uns taucht ein weiterer Peterwagen mit den Kollegen zur Verstärkung auf. Im Rückspiegel sehe ich das bläuliche Flackern des Blaulichts. Dieter hängt mit hochkonzentriertem Gesicht vor dem Steuer. Er ist ein guter Fahrer, aber der Flüchtende ist rücksichtslos und scheint sich sehr gut auszukennen. Wieder biegt der Mazda ab. Als wir ihm folgen, ist der Wagen plötzlich nicht mehr zu sehen.

»Na super!«, schimpft Dieter. Er wird langsamer. Ich schalte das Martinshorn und das Blaulicht aus und blicke mich um. Wir befinden uns mitten in einem Wohngebiet, die Fahrbahn ist eng. Zu beiden Seiten stehen parkende Autos. Kein einziger Parkplatz ist noch frei.

Hinter uns biegen gerade die Kollegen ein. Wir verständigen uns mit ihnen, dass wir weiterfahren und suchen, während sich die anderen hier in der Straße nach dem Wagen umsehen. Dieter gibt wieder Gas, wenn auch deutlich weniger als zuvor. Wir wissen, dass uns der Kerl entkommen ist. Wir werden ihn sehr wahrscheinlich heute Abend nicht mehr finden. Eine Weile irren wir noch durch die Straßen in der Nähe, aber der Wagen bleibt verschwunden.

»Scheiße!« Dieter schlägt wütend auf das Lenkrad. Es rührt an seiner Ehre, dass er den Flüchtenden nicht mehr eingeholt hat. Wir sind zurück in die Straße gefahren, in der er uns entwischt ist, aber auch die Kollegen hier haben nichts gefunden.

Dieter flucht noch eine Weile, dann hält er inne und grinst mich an.

»Na immerhin musst du jetzt den Bericht schreiben.«

Dieter fährt uns zurück zur Wache. Es ist 19 Uhr, Zeit für eine kleine Pause. Außerdem müssen die Berichte ja noch geschrieben werden, und ich muss veranlassen, dass die nichtangeschnallte Dame einen Verwarnbescheid bekommt. Lustlos und müde sitze ich am Schreibtisch und kann mich nicht so richtig konzentrieren. Aus dem Aufenthaltsraum höre ich Dieter lachen. Der Schuft sitzt da jetzt mit den Kollegen und erzählt, während ich die Berichte schreibe. Als ich endlich den letzten Punkt getippt habe, schnappe ich mir meine Zigaretten und schlendere rüber zu den anderen. Dieter sitzt mit Uwe und Martin am Tisch und trinkt Kaffee. Ich schwenke hoffnungsvoll die Kanne, aber da ist nur noch ein winziger Schluck drin, der vermutlich auch noch kalt ist.

»Na toll, ihr hättet ruhig mal neuen machen können«, maule ich die drei an.

»Ach, Birgit, du machst doch viel besseren Kaffee als wir«, grinst Dieter.

»Genau, wir wollten dir unser Gebräu einfach nicht antun«, zieht Uwe mit. Er ist erst seit einem Jahr mit der Ausbildung fertig, aber er ist mit Abstand der frechste. Bei jeder Frotzelei mit den Kollegen setzt er noch einen drauf. Ich bin mal wieder die einzige Frau in der Schicht. Die Kollegen fassen mich hier nicht gerade mit Samthandschuhen an, aber das erwarte ich auch nicht. Trotz alledem habe ich den Eindruck, dass sie ganz unabhängig von meinem Geschlecht Respekt vor mir haben.

Ich will gerade etwas erwidern, da höre ich die Stimme des Wachhabenden Gerald: »Kann mal einer von euch rausfahren, wir haben da ne Ruhestörung.«

»Wir fahren!«, ruft Dieter wie aus der Pistole geschossen.

Gerald nickt und verlässt den Raum.

»Na toll, der Kaffee ist nicht mal durchgelaufen.« Ich blitze Dieter wütend an.

»Den trinke ich für dich«, grinst Uwe.

Ich verdrehe die Augen und gehe wortlos. Natürlich bin ich nicht richtig wütend, nur etwas genervt, denn ich hätte wirklich gerne einen Kaffee getrunken.

Auf dem Weg zum Wagen läuft Dieter, um mich einzuholen.

»Komm, Birgit, du darfst auch fahren«, sagt er und hält mir die Autoschlüssel hin. Er weiß, dass ich gerne am Steuer sitze. Aber meistens schnappt er sich den Schlüssel.

Ich lenke den Wagen in Richtung der Wohnung, aus der jemand Schreie gehört haben will. Die Straße ist uns bekannt, genau wie beinahe der ganze Stadtteil, der Weg führt uns nach Süden. In der Ferne kann man in der Dunkelheit die Wohntürme der hiesigen Hochhaussiedlung erahnen. Insgeheim freue ich mich, dass wir dieses Mal nicht dorthin müssen. Diese Siedlung liegt direkt an der Autobahn und ist so menschenfeindlich, dass ich mich immer ganz lahm und schwer fühle, wenn wir dort hinfahren müssen.

Ich biege ab und werde langsamer. Hier muss es irgendwo sein. Rote Backsteinbauten stehen nebeneinander, die meisten Gebäude sind in einem schlechten Zustand. Einige habe ich schon von innen gesehen.

»Da!«

Dieter zeigt auf zwei Gestalten, die in einem Hauseingang sitzen. Ich hätte sie bei diesen Lichtverhältnissen fast übersehen. Als sie den Streifenwagen bemerken, steht eine Person auf und winkt.

Die junge Frau steht noch vor dem Hauseingang, als wir bei den beiden sind. Trotz Dunkelheit sieht man hier einigermaßen gut, weil direkt vor dem Haus eine Laterne steht und im Eingang Licht brennt.

»Das Schwein hat sie verprügelt. Schon öfter«, erklärt uns die Frau. Sie ist etwas kleiner als ich und macht einen lebhaften Eindruck. Ihr Haar ist mit einem bunten Tuch zurückgebunden.

»Haben Sie uns angerufen?«, möchte ich erst mal wissen.

»Ja, klar«, sagt die Frau, als müssten wir das doch wissen.

Eine andere Frau kauert auf der niedrigen Treppenstufe vor der Haustür. Sie sieht uns nicht an, ihr langes, braunes Haar hängt so, dass man von ihrem Gesicht nichts sehen kann.

»Und wer hat jetzt wen verprügelt?«, frage ich.

»Na der Sascha, ihr Typ«, ergreift die stehende Frau das Wort.

»Und wer sind Sie?«, will ich wissen und wünschte, die auf dem Boden sitzende Frau würde so viel mit uns reden wie die stehende.

»Ach so ja, ich bin die Heike Wirt. Ich bin die Freundin von der Sylvi, also hier, Frau Schulz.«

Frau Wirt ist aufgebracht und es ist schwer, sie zur Ruhe zu bringen, um herauszufinden, was passiert ist. Dieter geht mit ihr zum Wagen, um ihre Personalien aufzunehmen, vor allem aber, damit ich mich mit der anderen Frau, die angeblich geschlagen wurde, allein unterhalten kann.

»Frau Schulz, stimmt das, was Ihre Freundin gesagt hat?«

Keine Reaktion.

»Hat Sie jemand geschlagen?«

Die Frau sitzt immer noch zusammengesunken auf dem Treppenabsatz. Dann hebt sie ganz langsam die linke Hand und streicht sich die Haare aus dem Gesicht. Die ganze linke Seite ist geschwollen und rot. Blut läuft ihr aus der Nase. Ich spüre, wie sich meine Nackenhaare aufstellen. Wir sollten einen Krankenwagen für die Frau rufen, denke ich. Es kann sein, dass sie eine schwere Kopfverletzung hat. Ich beuge mich etwas zu ihr, um im Licht des Hauseingangs nach weiteren Verletzungen an ihr zu suchen. Auf der Stirn erkenne ich einen großen blauen Fleck, der von einer älteren Verletzung kommen muss. Aber bevor ich ihre andere Gesichtshälfte ansehen kann, lässt Frau Schulz ihr Haar wieder runterfallen wie einen Vorhang.

»Was ist passiert?«, frage ich leise und beuge mich zu ihr hinunter.

Sie hebt nur die Schultern.

»Hat Sie jemand geschlagen?« Ich lege alle Einfühlsamkeit, zu der ich fähig bin, in meine Stimme, damit sie sich mir öffnet. Wenn sie wirklich von ihrem Typen geschlagen wurde, können wir nichts tun, wenn sie uns nichts sagt.

Frau Schulz bleibt stumm. Ich werfe einen Blick zu Dieter, der mit Frau Wirt wenige Meter weiter am Streifenwagen steht.

»Wir brauchen einen RTW«, rufe ich ihm zu, gleichzeitig bedeute ich ihm, dass er Frau Wirt weiter dort festhalten soll. Ich brauche noch ein bisschen Zeit mit Frau Schulz. Vielleicht verrät sie mir, was passiert ist, wenn sie Vertrauen zu mir gefasst hat.

Ich gehe neben Frau Schulz in die Hocke, um mit ihr auf einer Höhe zu sein. Als ich sie gerade wieder befragen möchte, höre ich ein Geräusch neben mir. Instinktiv springe ich auf. Die Hand zuckt in Richtung Waffe. In der Haustür steht ein Mann. Ich nehme als Erstes wahr, dass er etwa so groß ist wie ich, eher kleiner, dafür kräftig, mit breiten Schultern. Sein dunkles Haar ist kurz rasiert, er trägt eine Jeans, darüber ein Hemd, das nicht zugeknöpft ist.

Er starrt erst mich an, dann sieht er Dieter und Frau Wirt am Streifenwagen stehen und seine Augen verengen sich zu dunklen Schlitzen.

»Komm, Sylvi!«, sagt er knapp, so als wären wir nicht da.

Frau Schulz zuckt zusammen, bleibt aber sitzen.

»Komm jetzt!« Der Mann sieht Frau Schulz nicht einmal an, während er das sagt. Sein Tonfall erinnert mich an jemanden, der seinen Hund ruft. Knapp, aber mit unbedingter Autorität. Er hält dabei die Haustür für sie auf.

Frau Schulz seufzt schwer, dann rappelt sie sich doch auf.

»Sylvi!« Ihre Freundin ist mit ein paar Schritten bei uns und hält sie am Arm fest. »Das ist doch wohl nicht dein Ernst. Der verprügelt dich doch gleich wieder!«

»Halt's Maul, du Schlampe! Misch dich nicht ein!«, schreit der Mann sie an.

»Stopp!« Mit einem Schritt bin ich zwischen den beiden und verhindere, dass der Mann Frau Wirt anfasst. Der starrt sie für einige Sekunden hasserfüllt an, dann wendet er sich mit einem Ruck wieder Frau Schulz zu: »Komm jetzt!«

»Moment!«, schalte ich mich wieder ein. »Ich war gerade dabei, mich mit Frau Schulz zu unterhalten. Würden Sie mir vielleicht erst mal sagen, wer Sie sind?«

Widerwillig sieht der Mann mich an.

»Das ist Sascha Baumann und der vermöbelt seine Frau!«, mischt sich Frau Wirt wieder ein.

»Halt's Maul, hab ich gesagt!« Wieder macht Herr Baumann den Eindruck, als wolle er sich auf Frau Wirt stürzen. Ich stelle mich rasch vor sie.

»Lassen Sie doch bitte mich mit Herrn Baumann sprechen!«, sage ich bestimmt, dann wende ich mich an Herrn Baumann. »Und Sie gehen bitte in Ihre Wohnung. Wir kommen zu Ihnen, wenn wir uns mit Ihrer Partnerin unterhalten haben.«

»Hey, was soll das? Dürfen Sie das überhaupt?« Herr Baumann stellt sich direkt vor mich, und jetzt sehe ich, dass er tatsächlich ein wenig kleiner ist als ich. Er steht so nah, dass mir sein Atem ins Gesicht schlägt. Er riecht viel weniger nach Alkohol, als ich erwartet hatte. Ich strecke mich, um noch größer zu sein als er, und sage so ruhig wie möglich: »Herr Baumann, gehen Sie bitte rein.«

»Herr Baumann, ich kann Sie auch in Ihre Wohnung begleiten«, schaltet sich nun Dieter ein. Er stellt sich neben mich und baut sich ebenfalls zu seiner vollen Größe auf. Er ist 1 Meter 95.

Ich sehe, wie es in Herrn Baumann rumort. Er erkennt, dass er hier nichts ausrichten kann. Wütend dreht er sich um und verschwindet im Haus. Dabei knallt er die Tür so heftig zu, dass der Rahmen bedenklich knackst.

Das ging noch mal gut, denke ich. Aber aus irgendeinem Grund bin ich unruhig, während ich mich wieder an Frau Schulz wende. Ich bin mir nicht sicher, ob die Auseinandersetzung mit Herrn Baumann wirklich beendet ist. Ich sollte versuchen, Frau Schulz hier wegzubekommen. Je weiter die Frau von ihrem Partner entfernt ist, desto einfacher wird es ihr fallen, zu sagen, was hier los war. Als ich ihr gerade vorschlagen will, mit zum Streifenwagen zu kommen, schaltet sich Frau Wirt wieder ein.

»Willst du wirklich wieder zu dem Arsch zurück?«

»Frau Wirt. Jetzt lassen Sie uns doch mal in Ruhe mit Ihrer Freundin reden. Wir möchten gerne von ihr wissen, was passiert ist.«

Dieter hat das Machtwort gerade ausgesprochen und Frau Wirt einige Schritte in Richtung Streifenwagen gedrängt, da hören wir die Haustür wieder. Herr Baumann steht dort.

Ich war gerade wieder vor Frau Schulz in die Hocke gegangen, aber als ich ihn sehe, springe ich instinktiv auf und meine Hand fährt an die P6.

»Achtung, Birgit, er hat ein Messer!« Dieters Stimme hat einen merkwürdigen Klang, den ich bisher noch nicht kennengelernt habe.

Ich bin augenblicklich hellwach. Tatsächlich sehe ich in der rechten Hand von Herrn Baumann etwas blitzen. Ein Küchenmesser schätze ich, so eins, mit dem man Fleisch schneidet, relativ groß. Er hält es in der geballten Faust. Seine ganze Haltung drückt Entschlossenheit aus. Mein Herz hämmert.

»Legen Sie das Messer weg, Herr Baumann!«, höre ich Dieter rufen.

Frau Schulz muss hier weg, schießt es mir durch den Kopf. Herr Baumann steht fast direkt hinter ihr. Sie sitzt noch immer wie willenlos auf dem Treppenabsatz, als warte sie nur darauf, dass Herr Baumann sie wieder zu sich holt. Prompt bewegt er sich auf sie zu und legt seine Hand auf ihre Schulter. Ich habe Angst, dass er die Waffe gegen sie richtet. Wenn alles schiefgeht, haben wir hier nachher eine Geiselnahme und müssen womöglich das MEK, das Mobile Einsatzkommando, dazuholen.

Ich spüre meinen Herzschlag bis zum Hals und überlege fieberhaft, was ich tun kann. Währenddessen versuche ich, jede Kleinigkeit, jede Veränderung der Situation zu erfassen, um schnell reagieren zu können. Meine Hand liegt auf der Waffe, aber ich ziehe sie nicht. Herr Baumann scheint mir nicht der Typ zu sein, den eine Waffe einschüchtert, sie würde ihn möglicherweise eher provozieren.

»Herr Baumann, bitte legen Sie das Messer weg. Das hat doch keinen Sinn.« Reden, denke ich. Jetzt muss ich Zeit gewinnen und reden. »Wir wollen uns doch einfach nur mit Ihnen unterhalten. Niemand möchte Ihnen etwas Böses …«

»Sei still!«, herrscht er mich an. Er löst seine Hand von Frau Schulz und macht einen Schritt auf mich zu. Ich weiche gezwungenermaßen etwas zurück. Jetzt steht er direkt neben seiner Partnerin.

»Machen Sie doch keinen Quatsch. Wenn Sie jetzt jemanden verletzen, machen Sie alles noch schlimmer. Bisher ist doch gar nichts passiert. Lassen Sie uns wie normale Menschen miteinander reden. Geben Sie mir das Messer, dann können wir alles in Ruhe besprechen.«

Herr Baumann blickt mich düster an, ohne eine Miene zu verziehen. Das Messer in seiner Faust zeigt in meine Richtung.

»Ich will doch einfach nur wissen, was hier passiert ist, deswegen sind wir hier. Wir wollen nichts von Ihnen. Wovor haben Sie denn Angst?«

Ich muss ihm zeigen, dass ich keine Gegnerin bin und ich muss versuchen, ihn in ein Gespräch zu verwickeln. Um jeden Preis. Wenn er auf mich eingeht, dann wird alles gut. Frau Schulz sitzt immer noch bewegungslos auf ihrem Platz und starrt zu Boden, als hätte sie nichts mit alledem zu tun. Herr Baumann scheint sich jetzt immerhin auf mich zu konzentrieren. Ich will gerade weiter auf ihn einreden, da höre ich Frau Wirt.

»Du Scheißkerl! Wichser! Lass Sylvi endlich in Ruhe!«, brüllt sie. Sie steht noch immer mit Dieter einige Meter hinter mir am Streifenwagen.

»Du hältst dein blödes Maul. Das geht dich gar nichts an. Wenn du dich noch einmal bei uns blicken lässt, bist du dran!« Herr Baumann macht zwei Schritte in Richtung Frau Wirt und scheint dabei gar nicht zu merken, dass er jetzt direkt neben mir steht. Immerhin ist er jetzt nicht mehr im Hauseingang, und der Abstand zwischen ihm und Frau Schulz hat sich etwas vergrößert. Das Messer richtet sich jetzt auf Frau Wirt.

Meine Güte. Ich werfe Dieter einen Blick zu, er muss Frau Wirt zum Schweigen bringen. Wenn sie so weitermacht, eskaliert die Situation. Von ganz weit weg höre ich Dieter beschwichtigend auf Frau Wirt einreden. Ich konzentriere mich ganz auf Herrn Baumann und versuche, seine Aufmerksamkeit wieder auf mich zu lenken. Meine Hand ist noch immer an der Waffe, bereit, sie zu ziehen. Aber etwas sagt mir, dass ich in diesem Fall besser ohne die Waffe auskommen sollte. Das Wort ist die schärfste Waffe des Polizisten, schießt es mir durch den Kopf. Das war so ein Merksatz, den wir in der Ausbildung immer zu hören bekommen haben. Bisher hat es auch immer ohne den Einsatz der Waffe geklappt. Ich bete, dass es heute auch so sein wird.

»Herr Baumann, lassen Sie uns normal reden. Das führt doch zu nichts.« Ich rede einfach, was mir in den Sinn kommt. Er darf jetzt keine Zeit haben, zu überlegen. »Es gibt doch für alles eine friedliche Lösung.«

Herr Baumann steht nun so dicht bei mir, dass ich seinen Schweiß riechen kann. Die Spitze seines Messers deutet wieder auf mich.

»Kein Mensch kann immer alles alleine machen, wir sind da, um zu helfen, auch Ihnen, wenn Sie das wollen. Geben Sie mir doch einfach das Messer, und dann erzählen Sie mir, was da vorhin passiert ist.«

»Haut einfach ab!«, schreit er und stößt das Messer in meine Richtung, so dass zwischen mir und der Klinge nur noch wenige Zentimeter sind. Ich weiche etwas zurück, mir ist heiß und kalt. Ich konzentriere mich vollkommen auf Herrn Baumann und seine Waffe. Er muss mir das Ding einfach geben.

»Herr Baumann, Sie sind doch ein vernünftiger Mann. Geben Sie mir das Messer, und alles ist gut.« Ich habe keine Zeit, mir eine Strategie zu überlegen, ich sage einfach, was irgendwie passen könnte. Herr Baumann bewegt sich nicht.

»Sie wollen doch auch nicht, dass hier jemand verletzt wird. Das hilft doch niemandem. Ich weiß, dass Sie ein Mann sind, mit dem man reden kann. Ich will Sie zu nichts drängen. Sie haben das hier unter Kontrolle und Sie entscheiden selbst, was hier passiert.« Was rede ich da eigentlich? Eigentlich müsste er selbst darauf kommen, dass ich das nicht ganz richtig darstelle, aber irgendwie scheinen meine Worte doch Eindruck auf ihn zu machen. Er sieht für eine Sekunde unsicher aus. Als wäre ihm etwas von seiner Entschlossenheit verlorengegangen.

»Kommen Sie. Geben Sie mir das Messer. Es ist ja noch nichts passiert.«

Wenn alles gutgeht, habe ich ihn gleich so weit. Ich verlasse mich darauf, dass Dieter die Szene beobachtet und mir Rückendeckung gibt, falls es nötig sein sollte. Sicher hat er auch schon Verstärkung angefordert.

»Geben Sie mir das Messer, und alles wird gut«, wiederhole ich und blicke auf das Messer, das immer noch auf mich zielt, aber die Hand, die es hält, ist nicht mehr zur Faust geballt. Langsam löse ich meine rechte Hand von der P6 und strecke sie vorsichtig in Herrn Baumanns Richtung.

»Geben Sie es her«, sage ich noch einmal eindringlich und strecke meine Hand weiter in Richtung Messer.

»Alles wird gut«, sage ich noch einmal und wundere mich, wie sanft meine Stimme klingt. Ich umfasse langsam den Griff des Messers – und Herr Baumann lässt los. Eine Sekunde später kniet Dieter auf seinem Rücken und legt ihm mit geübtem Griff die Handschellen um.

Ich habe gar nicht bemerkt, dass inzwischen ein anderer Streifenwagen zur Verstärkung gekommen ist. Uwe und Martin kümmern sich gerade um Frau Schulz und Frau Wirt. Ich stehe mit dem Messer in der Hand und weiß plötzlich nicht mehr, was ich als Nächstes tun soll. So stehe ich, bis ich eine Hand auf meiner Schulter spüre.

»Alles klar?«, fragt Dieter. Er hört sich besorgt an.

Ich nicke. Mein Mund fühlt sich trocken an, meine Beine sind wie Gummi. Ich muss geschwitzt haben, unter meinen Achseln ist es feucht und kalt.

»Du Schwein, das hast du verdient. Hoffentlich buchten sie dich ein!«, brüllt Frau Wirt Herrn Baumann hinterher, als Martin ihn gerade in den Streifenwagen verfrachten will. Diese Idiotin, denke ich noch, da befreit sich Herr Baumann auch schon mit einer kraftvollen Bewegung aus Martins Griff und geht auf Frau Wirt los.

»Du Schlampe! Du machst alles kaputt. Verpiss dich oder ich mach dich kalt!«

Seine Stimme klingt unnatürlich hoch. Er spuckt seine Wut förmlich aus.

Martin und Uwe können Herrn Baumann gerade noch aufhalten, bevor er Frau Wirt erreicht hat.

»Scheißbullen. Ihr verdammten Schweine! Wichser!« Herrn Baumanns Stimme überschlägt sich. Ich bin heilfroh, dass der Mann das Messer nicht mehr hat. Dieter hilft Martin und Uwe, den tobenden Herrn Baumann in den Wagen zu setzen. Dann kommt er zu mir zurück. Ich stehe immer noch an der gleichen Stelle, an der ich das Messer Herrn Baumann aus der Hand genommen habe. Und ich bin

112

erstaunt, dass ich es immer noch festhalte, als Dieter es mir vorsichtig aus der Hand nimmt und in eine durchsichtige Plastiktüte steckt.

»Komm, Birgit. Ich fahr dich zur Wache«, sagt er. In seiner Stimme ist etwas Fürsorgliches, Liebes, das ich noch nie bei ihm bemerkt habe.

»Was ist denn jetzt mit Frau Schulz?«, will ich noch wissen.

»Die Sanis kümmern sich um sie«, sagt er. Und da bemerke ich erst, dass ein Rettungswagen ein paar Meter hinter unserem Streifenwagen steht. Irgendwie habe ich auch gar nicht mitbekommen, wie der gekommen ist.

»Komm, Birgit, die Freundin von Frau Schulz ist jetzt noch bei ihr. Die sollen sich jetzt erst mal um ihre Verletzungen kümmern.«

Dieter bugsiert mich auf den Beifahrersitz. Jetzt bin ich völlig einverstanden damit, nicht selbst fahren zu müssen.

Ich gehe wie auf Eiern durch die Wache. Die meisten Kollegen haben von der Aktion gerade gehört und lassen mich in Ruhe. Gerald hört sich Dieters Bericht an, dann tätschelt er mir kurz die Schulter und sagt: »Ruh dich ein bisschen aus. Ist ja eh gleich Feierabend.«

Ich nicke abwesend.

Im Aufenthaltsraum stelle ich mich ans Fenster, mit dem Rücken zu den anderen, und zünde mir eine Zigarette an. Meine Hand zittert. Draußen ist es stockdunkel, mein Gesicht spiegelt sich im Fensterglas. Ich fühle mich schwach und leer. Hinter mir höre ich, wie Dieter von unserem Einsatz erzählt. Es hört sich so an, als hätte ich eine tolle Heldentat vollbracht.

»Der hätte ganz einfach zustechen können. Ich hätte ihn wahrscheinlich zu spät erwischt«, berichtet Dieter. Hier im Aufenthaltsraum vor dem Fenster begreife ich, was für ein Glück ich hatte. Aber während ich vor Herrn Baumann stand, hatte ich das Gefühl, genau zu wissen, was ich tue. Alles war reduziert auf das Ziel, ihm das Messer abzunehmen. Ich war mir der Gefahr gar nicht so bewusst.

Als ich in den Umkleideraum gehe und Licht anschalte, brauche ich eine Weile, bis ich begreife, was anders ist. Die Vorhänge sind weg, abgenommen. Was soll das denn jetzt? Ist das so ein blöder Scherz von den Kollegen? Die Umkleideräume liegen im ersten

Obergeschoss. Jeder, der vorbeigeht, kann jetzt ungehindert reingucken. Und ich habe keine Lust, mich hier vor halb Wilhelmsburg umzuziehen. Der Raum ist ohnehin nicht gerade einladend. Er ist bis an die Decke mit rötlichen Fliesen ausgelegt. Es gibt fünf Spinde, von denen eigentlich nur drei genutzt werden, nämlich von den drei Frauen, die hier auf der Wache Dienst haben. Die anderen beiden belegen manchmal Praktikantinnen. Aus dem Wasserhahn des Waschbeckens kommt nur kaltes Wasser. Und es riecht stark nach Reinigungsmitteln, denn in einer Ecke steht der Wagen mit dem Putzzeug für die ganze Wache. Es ist mir ein Rätsel, warum das Zeug ausgerechnet hier steht. Als ich Gerald mal gefragt habe, meinte der nur: »Da ist doch Platz. Außerdem kann die Putzfrau das Zeug ja schlecht immer aus der Männerumkleide holen.« Damit war das Thema erledigt. Ich habe mich inzwischen schon beinahe daran gewöhnt, aber daran, dass hier keine Vorhänge mehr sind, gewöhne ich mich nicht. Entschlossen gehe ich zurück in den Wachraum, wo die anderen Kollegen aus der Schicht gerade ihren Kram zusammenpacken, um auch Feierabend zu machen. »Was ist denn los?«, höre ich Dieter fragen, aber ich ignoriere ihn und gehe zielstrebig zu Gerald ins Büro.

»Wo sind die Vorhänge für unseren Umkleideraum?«

»Äh, weiß ich nicht. Wieso, was ist denn? Sind die weg?«

»Ja!«

Gerald räuspert sich unbehaglich. Er merkt, dass ich vor Wut koche. Und er weiß genau, dass ich bei diesem Thema keinen Spaß verstehe. Wenn das ein Scherz der Kollegen war, gibt es hier gleich richtig Ärger.

»Ach so, ja. Also bei uns sind die auch weg. Ich glaube, die werden gerade gewaschen.«

»Ach ja? Und in der Zeit, in der die gewaschen werden, gibt es dann keine Vorhänge?«

»Äh, weiß nicht. Ich glaube nicht.«

Als er meinen Gesichtsausdruck sieht, schiebt er schnell nach: »Aber das ist doch nur für ein paar Tage.«

Das beruhigt mich aber kein bisschen.

»Ihr habt ja wohl nen Schuss! Ich will mich an keinem Tag hier vor den Bürgern von Wilhelmsburg umziehen. Wenn ihr vor den

Wilhelmsburgern in Unterhose rumhüpfen wollt, dann ist das eure Sache. Aber ich will das nicht!«

»Aber Birgit, was soll ich denn jetzt machen? Es ist 22 Uhr.«

Ich schnaube einmal wütend und stürme aus seinem Büro. Dann muss ich mir eben selbst helfen. Ich nehme mir Tesafilm von einem Schreibtisch und die inzwischen zerlesenen Zeitungen aus dem Aufenthaltsraum – die Kollegen sehen mir stumm dabei zu. Selbst Uwe, der sonst um keinen Spruch verlegen ist, hält den Mund. Er spürt wohl, dass jetzt nicht der richtige Zeitpunkt dafür ist. Dann tapeziere ich die Fenster unseres Umkleideraumes mit Zeitung. Inzwischen ist auch Ute von der Nachtschicht gekommen und hilft mir. Sie fragt gar nicht erst, wo die Vorhänge geblieben sind. Vielleicht hat Gerald sie ja vorgewarnt, um einem weiteren Wutausbruch vorzubeugen. Ute ist ungefähr in meinem Alter, und ich habe es schon oft bedauert, dass wir nie gleichzeitig Schicht haben.

»Alles klar?«, fragt sie, nachdem wir eine Weile stumm geklebt haben. Sie sagt das so einfühlsam, dass ich mit einem Mal einen Kloß im Hals habe. Ich bin selbst erstaunt darüber. Mir war gar nicht klar, dass mir das Erlebnis mit dem Messer so nahgeht. Ich versuche, nur das Nötigste zu erzählen, ich möchte vermeiden, hier in Tränen auszubrechen. Ich mag das nun mal absolut nicht vor Kollegen. Normalerweise habe ich nicht so nah am Wasser gebaut, aber jetzt könnte es mir glatt passieren. Aber dann erzähle ich es Ute doch etwas ausführlicher. Und sie ist so nett, mir interessiert zuzuhören und das Wasser in meinen Augen zu übersehen.

Nachdem Ute gegangen ist, atme ich einmal tief durch. Ich fühle mich zerschlagen und müde, meine Wut ist wie weggeblasen. Mein Gesicht im Spiegel sieht fleckig aus, unter meinen Augen sind tiefe Ringe. Ich muss jetzt schnell nach Hause und runterkommen.

Auf die Dusche verzichte ich heute, obwohl ich sie dringend nötig hätte. Aber mit der Dusche ist es wie mit dem Umkleideraum, sie ist sehr, sehr verbesserungsfähig. Der Raum ist ebenso rotgefliest, klein und kahl wie die Umkleide, nur dass in den Ecken Schimmelpilze wuchern. Aus dem Duschkopf rieselt ein dünner Strahl, der ein bisschen mehr Kraft gewinnt, wenn man ein paar Löcher mit den Fingern zuhält. Das hat mich schon unzählige Male genervt, und heute ertrage ich das einfach nicht. Ich habe vor ein paar Wochen einen

Artikel darüber für die Gewerkschaftszeitung geschrieben. Darin habe ich unsere Dusche »10-Finger-Dusche« getauft, weil man mit allen 10 Fingern die Löcher zuhalten muss, damit aus dem 11. ein Wasserstrahl kommt. Bisher hat es nichts genützt.

Das war alles ein bisschen viel heute. Ich schlüpfe aus der Lederjacke, lege dann das beigefarbene Hemd ab und hänge beides ordentlich in den Spind. Als ich meine eigene Kleidung überstreife, spüre ich, wie ich mich etwas entspanne. Endlich bin ich wieder ein ganz normaler Mensch. Als ich den Aufenthaltsraum betrete, verstummen für einen Moment die Gespräche. Am liebsten hätte ich mir das gespart, aber ich muss noch meine P6 dort in den Schrank schließen. Erleichtert drehe ich den Schlüssel im Schloss und rufe den Kollegen, die sich inzwischen wieder unterhalten, noch ein »Tschüs« zu, bevor ich die Wache endlich verlasse.

Normalerweise versuche ich, nicht mehr an die Arbeit zu denken, wenn ich Dienstschluss habe, aber heute ist das anders. Herr Baumann mit seinem Messer geht mir nicht aus dem Kopf. Ich frage mich, ob Frau Schulz ihn anzeigen wird und was dann passiert. Ich werde eine Anzeige schreiben, denn schließlich hat Herr Baumann auch mich mit einem Messer bedroht. Aber ob Frau Schulz ebenfalls Anzeige gegen ihn erhebt, weiß ich nicht. Ich vermute eher nicht. In den meisten Fällen von häuslicher Gewalt bleiben die Opfer bei ihren prügelnden Partnern.

Mit diesen Fällen habe ich in meiner Dienstzeit noch oft zu tun. Und es kommt nicht einmal so selten vor, dass diese Fälle final enden, also mit dem Tod eines Partners. Manchmal ist es erschreckend, wie viele Parallelen die Fälle zueinander haben. Man kann praktisch zusehen, wie die Gewalt innerhalb einer Beziehung eskaliert.

Zu Hause kommt mir Tony schwanzwedelnd entgegen und lehnt dann zärtlich seinen Kopf gegen mein Bein. Im Wohnzimmer sitzt mein Liebster und stellt den Fernseher aus, als er mich sieht. Ich lasse mich neben ihn aufs Sofa fallen und schließe kurz die Augen.

Ein Tag später, 12.55 Uhr. Eigentlich müsste ich jetzt los. Heute ist Sport vor dem Dienst. Aber nach der Aktion gestern steht mir nicht

116

der Sinn danach, mit den Kollegen Fußball zu spielen. Eigentlich habe ich nichts gegen Fußball, wenn ich nicht selbst spielen muss. Natürlich wird von mir und von meinen Kollegen erwartet, dass wir uns fithalten, und es gibt auch diverse Sportangebote, aber ich mache das lieber privat. Ich mag es nun mal nicht, mit ein paar wild gewordenen Kollegen hinter einem Ball herzulaufen. Und wenn ich das heute machen würde, dann wäre meine Laune gleich wieder im Keller. Und das will ich nicht und meine Kollegen wollen das auch nicht.

Stattdessen mache ich einen ausgedehnten Spaziergang mit Tony. Wir laufen durch den Wald zu einer Wiese. Hier ist es ruhig, nur manchmal kann man hier von ganz weit weg das Rauschen der Autobahn hören. Heute aber steht der Wind günstig und es rauschen nur die Blätter der Bäume.

Als ich dann die Wache betrete, fühle ich mich wieder einigermaßen ausgeglichen und regeneriert. Uwe und Martin begegnen mir im Flur.

»Na, gut erholt?«, fragt Martin freundlich.

»Joa, geht schon!«, gebe ich zurück.

Gerald winkt mir eifrig zu, als ich an seinem Büro vorbeikomme. Ich wundere mich ein wenig darüber, nach meinem Wutausbruch gestern. Vielleicht will er heute einfach besonders nett zu mir sein, um mich zu besänftigen.

Im Umkleideraum muss ich das Licht einschalten, obwohl draußen die Sonne scheint. Die Zeitungen, die ich hier gestern mit Ute an die Scheiben geklebt habe, verdunkeln den Raum und verleihen ihm ein graues, dämmriges Licht. Dazu der scharfe Geruch der Reinigungsmittel. Ich spüre, wie meine Wut, die eigentlich schon längst verflogen war, wieder hochkocht, und schlucke. Gerald, Martin und Uwe haben sich ja schon große Mühe gegeben, nett zu mir zu sein, da will ich mich auch ein bisschen zusammenreißen. Diese Unbedachtheit der Kollegen hat mich gestern Abend zur Weißglut gebracht. Ich weiß nun, dass keine böse Absicht dahintersteckt, und ich habe sehr deutlich gemacht, was ich davon halte. Das hat vielleicht Eindruck hinterlassen.

Ich knöpfe mein beigefarbenes Hemd zu, streife dann die ebenfalls beigefarbene Hose über und schnalle den Gürtel zu, an dem mein Holster, die Handschellen und der Schlagstock befestigt sind. Die Lederjacke lege ich mir über den Arm. Vorerst komme ich ohne sie aus. Zum Schluss setze ich die Mütze auf und werfe noch schnell einen Blick in den Spiegel. Ich mag mich in Uniform. Die modischen Zweifel, die ich bei meiner privaten Kleidung manchmal habe, stehen hier gar nicht zur Debatte. Ich muss mich nicht fragen, ob mir die Farbe steht oder ob ich darin dick aussehe. In Uniform bin ich Polizistin. Punkt.

Dieter grinst, als er mich sieht. »Na, wieder besser?«

»Geht schon«, sage ich und muss unwillkürlich auch lächeln. Ich kann gar nichts dagegen tun, meine Mundwinkel ziehen sich von selbst nach oben.

»Dann lass uns gleich mal eine Runde drehen«, sagt er und hält mir den Autoschlüssel hin. Ich kann es kaum glauben. Die Kollegen scheinen heute alles daran zu setzen, mir den Dienst einfach zu machen.

Wir lassen es gemütlich angehen. Ich lenke den Wagen ein bisschen raus aus dem Zentrum. Hier stehen alte Industrieanlagen, von denen nur noch einige genutzt werden. Leerstand ist hier eher die Regel. Es ist ruhig, aber diese Ruhe und die etwas unübersichtlichen Industriegebäude laden auch immer wieder zu kleineren und größeren Straftaten ein. Es lohnt sich jedenfalls immer mal wieder, hier vorbeizuschauen. Und wenn man nichts findet, dann hat man zumindest das Glück, kurz die Ruhe zu genießen. Heute scheint es friedlich zu sein. Kein Mensch ist zu sehen. Im grellen Sonnenlicht sieht die Gegend hier noch verlassener aus.

Ich lenke den Wagen auf ein brachliegendes Gelände hinter einer leerstehenden Fabrik und schalte den Motor ab. Die Natur hat sich dieses Gebiet bereits wiedererobert. Überall wuchert es. Büsche, dichtes Gestrüpp, sogar Blumen, an manchen Stellen ist das Gras hüfthoch.

Dieter und ich steigen aus. Ich lehne mich an den Wagen und halte Dieter meine Zigaretten hin. Er fingert eine aus der Schachtel und gibt uns beiden Feuer. Ich inhaliere tief und strecke das Gesicht in die Sonne. Von irgendwoher höre ich das Rattern eines Zuges und ganz deutlich das Rauschen der Autobahn, aber für eine kleine Weile spricht uns niemand an, wir müssen keinen Autodieben folgen und niemandem ein großes Küchenmesser abnehmen.

»Guck dir das mal an«, sagt Dieter plötzlich.

Ich blinzle gegen die Sonne und versuche zu erkennen, was Dieter meint. Er ist ein paar Schritte weitergegangen. Jetzt steht er neben einem Busch und winkt mich zu sich. Dort steht ein etwas zerbeulter weißer Renault. Wir gehen etwas näher ran. Es sieht nicht so aus, als hätte jemand den Wagen hier nur kurz mal abgestellt, um gleich weiterzufahren. Vorsichtshalber rufe ich ein paar Mal: »Hallo? Ist hier jemand?«

Falls jemand in der Nähe ist, antwortet er nicht. Ich sehe mich weiter nach etwas Verdächtigem um, während sich Dieter den Wagen genauer ansieht. Er wirft einen Blick durch das Fahrerfenster.

»Sieht aus, als wäre er geklaut. Der Kabelbaum ist auf. Komm, wir lassen das mal überprüfen.«

Über Funk frage ich Gerald nach dem Kennzeichen. Und wenige Minuten später bestätigt er unsere Vermutung. Kennzeichen, Fabrikat und Farbe stimmen mit einem Fahrzeug überein, das vor einer Woche als gestohlen gemeldet wurde.

Während wir auf den Abschleppdienst warten, genießen wir die Sonne nicht mehr so unbeschwert wie zuvor. Wir sind beide aufmerksam. Das Gelände ist schwer zu überblicken und es kann sein, dass sich hier doch noch einer der Täter aufhält, auch wenn es mir relativ unwahrscheinlich vorkommt. Ich schaue auf die Uhr. Für den Bericht brauchen wir die genaue Zeit. Wir warten weiter, einfach wegfahren geht schließlich nicht. Wer weiß, woher der Abschleppwagen anfahren muss. Ich denke an den Hamburger Verkehr und trete ein Steinchen von mir weg.

»Das war echt super von dir. Das hast du richtig großartig gemacht, obwohl das auch ganz schön riskant war.«

Ich weiß erst gar nicht, wovon Dieter spricht, aber natürlich meint er die Geschichte mit dem Messer. Wir rauchen wieder, und Dieter erzählt mir eins ums andere Storys, die mehr oder weniger mit Messern zu tun haben. Als wir wieder eine Zigarette angesteckt haben, erscheint endlich der Abschleppwagen und fährt ruckelnd auf das

Gelände. Aus dem Wagen springt erstaunlich sportlich ein rundlicher Mann. Die gelbe Warnweste spannt über seinem Bauch.

»Da haben die Bengel mal wieder wilde Sau gespielt«, stellt er trocken fest, als er das Seil vorne an dem Wagen befestigt, um ihn auf seine Ladefläche zu ziehen. »Na ja, der Wagen ist vermutlich hin.«

Es kommt öfter vor, dass geklaute Autos auf irgendeiner Wiese regelrecht kaputtgefahren werden. Ich denke an die Verfolgungsfahrt gestern. Diese Typen gehen mir langsam auf die Nerven. Das war wirklich knapp. Zum Glück ist dabei niemand verletzt worden. Genervt denke ich an den Bericht, den wir nachher über den Autofund schreiben müssen. Der Wagen wird jetzt zu einer zentralen Autoverwahrstelle gebracht. Wir werden den Besitzer informieren. Für uns ist der Fall dann abgeschlossen, dem Besitzer bleibt nur zu wünschen, dass er gut versichert ist.

Als wir weiterfahren, steht die Sonne schon schräg. Es ist deutlich kühler geworden. Ich steuere die Wache an. Da kommt der Funkspruch: »Achtung Peter 44! Bankraub in der Bachstraße. Wer fährt?«

»Wow, schon wieder. Endlich ist hier mal was los. Wie viel der wohl erbeutet hat?« Dieter grinst.

Wir sind gerade am anderen Ende des Gebiets und hören uns an, wie Peter 44 / 1 den Einsatz annimmt. Letzten Monat gab es dort erst einen Banküberfall. Da haben die Täter 120 Mark erbeutet. Ich wundere mich, dass es so schnell wieder jemand versucht.

Erneut knistert es im Funk. Wir und unsere Kollegen sollen uns an den Verkehrswegen aufstellen, die aus Wilhelmsburg rausführen. Wilhelmsburg ist eine Insel, da kommt man nicht so einfach unbemerkt weg. Wenn der Täter klug ist, dann hat er ein sehr gutes Versteck. Aber wenn er versucht, mit dem Fluchtauto hier wegzukommen, hat er schlechte Karten. Der Bankräuber vor ein paar Wochen hat es geschafft zu entwischen. Vielleicht ist er zu Fuß geflohen, oder er hat den Wagen gewechselt, oder er hatte einfach Glück.

Dieter und mir wird die Auffahrt auf die Bundesstraße zugeteilt. Bei den mutmaßlichen Tätern handelt es sich um zwei junge Männer. Der eine etwa 1,80 Meter groß, der andere etwas größer. Die beiden sind mit dunklen Kapuzenpullovern und Jeans bekleidet. Die Beschreibungen geben nicht so viel her, aber wenn sie noch in Wilhelmsburg sind und noch immer das Fluchtauto fahren, haben wir vielleicht eine Chance, sie zu fassen. Dieter und ich beziehen unseren Posten am Straßenrand und halten nach einem roten Peugeot Ausschau, mit dem die Täter vom Tatort geflüchtet sind. Es beginnt zu dämmern, und mit einem Schlag wird es kalt. Rasch schlüpfe ich in meine Lederjacke und mache mich auf einen langen, zähen Abend gefasst. Der Verkehr hat sich verdichtet. Die Leute fahren von der Arbeit nach Hause. Wortkarg stehen wir an der Straße. Hin und wieder winken wir ein Auto raus, das uns verdächtig vorkommt, oder einfach nur so, damit wir was zu tun haben. Wir überprüfen die Wagenpapiere und sehen uns Führerscheine an. Ich gähne herzhaft und denke sehnsüchtig an eine warme Tasse Kaffee. Die Kollegen haben es sicher auch nicht besser, sie haben die Autobahnauffahrt im Auge, andere überwachen die Straße Richtung Köhlbrandbrücke. Außerdem stehen Kollegen an der S-Bahn-Station. Die Funkkanäle sind mit denen der angrenzenden Direktion zusammengeschaltet. Die dortigen Kollegen unterstützen uns.

Die Zeit zieht sich, es ist, als seien alle roten Autos der Welt gerade woanders unterwegs. Und wenn sich mal eins zu uns verirrt, dann ist es kein Peugeot. Als dann endlich einer auftaucht, untersuchen wir ihn ganz genau, obwohl eigentlich schnell klar ist, dass es sich bei der älteren Dame am Steuer nicht um einen der Täter handelt. Obwohl es saukalt und langweilig ist, bemühen wir uns, so wach und aufmerksam wie möglich zu sein. Falls die Täter hier vorbeikommen, müssen wir blitzschnell und umsichtig handeln, denn die beiden sind ja bewaffnet.

Ich stehe am Straßenrand und blicke auf die nicht enden wollende Kolonne von Autos, die an uns vorbeirollt. Wenn sie uns sehen, werden sie noch ein bisschen langsamer. So haben wir einen relativ guten Überblick.

Dann endlich sehe ich einen anderen Streifenwagen in der Reihe der Autos auf uns zufahren. Sie halten hinter uns am Straßenrand. Dieter redet mit ihnen, während ich die vorbeifahrenden Wagen im Blick habe. Es sind Kollegen von der benachbarten Direktion. Den einen habe ich schon mal bei einem Gewerkschaftstreffen gesehen.

Er hat einen beachtlichen Schnurrbart; bei ihm ist eine sehr junge Kollegin, die ich noch nicht kenne.

»Guck mal, Birgit, die beiden sollen uns ablösen. Ist das nicht nett?«

Ich kann mein Glück kaum fassen. Ich hatte schon Angst, dass ich bis Feierabend hier herumstehen muss. Am liebsten würde ich die Kollegen umarmen. Ich belasse es beim Handschütteln.

Endlich sitzen wir wieder im Auto. Ich freue mich schon auf einen schönen Kaffee auf der Wache. Während wir an der Ampel auf Grün warten, reibe ich mir die klammen Finger. Dieter blickt konzentriert aus dem Seitenfenster. Auf der Spur neben uns wartet ein dunkelblauer BMW. Die Ampel springt um, der BMW fährt zügig los.

»Guck mal, irgendwas an dem Wagen ist komisch«, sagt Dieter. »Bleib mal hinter ihm, ich lasse das Kennzeichen überprüfen.«

Ich weiß ja inzwischen, dass auf Dieters Intuition Verlass ist. Mir kommt der Wagen aus irgendeinem Grund auch komisch vor. Ich ordne mich auf der Spur hinter ihm ein und merke, dass der Wagen schneller wird. Er fährt jetzt etwa 65 km / h, also etwas schneller als erlaubt. Das ist kein gutes Zeichen, die meisten werden eher langsamer, wenn sie die Polizei in der Nähe bemerken.

Bei der nächsten Seitenstraße fegt der BMW ohne zu blinken um die Ecke. Ich schaffe es gerade noch rechtzeitig, das Steuer herumzureißen, und sehe, wie die Rücklichter hinter der nächsten Kurve verschwinden.

»Scheiße!«, flucht Dieter und schaltet Blaulicht und Martinshorn ein.

Ich greife mit den Händen fest um das Lenkrad. Zum Glück waren keine Fußgänger oder Radfahrer unterwegs. Diesmal kriegen wir dich, denke ich. Ein starker Kaffee ist nichts gegen die Ladung Adrenalin, die mir jetzt durch den Körper schießt.

Dieters Stimme hört sich weit weg an, als er über Funk Verstärkung anfordert.

Ich sitze hinterm Steuer und konzentriere mich auf die Rücklichter des BMW vor mir. Meine Hände schalten automatisch, mein Fuß sitzt fest auf dem Gas.

»Achtung, hier spricht die Polizei. Bitte halten Sie an!«, brüllt

Dieter über das Mikrophon nach draußen. Für einen kurzen Moment verliert der BMW an Tempo. Und ich hoffe schon, dass der Fahrer vernünftig geworden ist, aber dann beschleunigt er den Wagen wieder. Wir rasen hintereinander auf die nächste Kreuzung zu. Die Ampel springt von Gelb auf Rot. Der BMW fährt weiter. Wir hinterher. Es hupt. Von irgendwoher höre ich das Martinshorn der Kollegen. Die Verstärkung. Der BMW biegt wieder rechts ab. Der Wagen dreht sich ein bisschen, weil der Fahrer kaum vom Gas geht. Ich bin etwas vorsichtiger. Zum Glück wird das Quietschen der Reifen vom Martinshorn übertönt.

Ich bin hellwach. Heute hängt ihr uns nicht ab, denke ich immer wieder. Dieter funkt wieder neben mir.

»Alles klar, Gerald sagt, der Wagen ist seit heute als gestohlen gemeldet. Also noch ganz frisch«, berichtet er mir. Ich nehme es zur Kenntnis, aber meine Konzentration gilt dem BMW. Wir sind jetzt ganz dicht hinter ihm. Wir müssen ihn nur noch zum Stehenbleiben bringen. Wieder biegt der Wagen vor uns nach rechts ab. Ein Fußgänger springt im letzten Moment zur Seite. Mein Fuß geht vom Gaspedal, um es dann gleich erneut durchzudrücken. Keine Ahnung, wohin der Fahrer will. Vielleicht hat er selber keinen Plan. Seine Manöver wirken etwas kopflos. Er wird wieder schneller, der Abstand vergrößert sich. Wir sind auf der Hauptstraße angekommen, auf der unsere Verfolgungsfahrt begann. Hier ist es etwas übersichtlicher als in den Nebenstraßen. Ich gebe Gas, um wieder aufzuholen. Wenn er nicht gleich links abbiegt, dann kommen wir auf eine kleinere Straße. Ich überlege, ob ich den Kollegen sagen soll, dass sie ihn dort abfangen sollen. Tatsächlich, er fährt geradeaus. Die vierspurige Hauptstraße wird nun zweispurig. Er muss langsamer werden. Auch ich gehe kurz vom Gas, dann biegt er rechts ab. Ich hinterher.

»Jawoll!«, jubelt Dieter.

Ich begreife nicht gleich.

»Das ist ne Sackgasse!«, brüllt Dieter.

Ich kann mein Glück kaum fassen, dabei hatte ich eigentlich den Eindruck, dass sich der Fahrer des BMW hier gut auskennt. Offenbar nicht gut genug. Ich verlangsame das Tempo etwas, und Dieter schaltet das Martinshorn ab. Das brauchen wir hier nicht mehr. Die

Straße ist ruhig, da reicht das Blaulicht. Kein Wagen kommt uns entgegen. Das ist gut. Die Straße endet in einem Wendehammer. Wir sind jetzt genau hinter dem BMW. Hinter uns sind die Kollegen. Der entkommt uns nicht mehr. Der BMW hält, ich komme dahinter zum Stehen. Da fliegt die Beifahrertür des dunkelblauen Wagens auf, ein Mann springt raus und läuft wie verrückt in Richtung der Häuser, die um den Wendehammer herum gebaut sind. Im gleichen Moment hechtet Dieter aus dem Wagen und rennt hinterher. Ich ziehe noch den Autoschlüssel ab, dann folge ich den beiden. Dabei sehe ich, wie Uwe, der in dem Wagen hinter uns zusammen mit Martin als Verstärkung gekommen ist, schon zum Fluchtauto gesprintet ist und gerade die Fahrertür öffnet. Er sorgt dafür, dass der Fahrer nicht auch noch flüchtet.

Dieter ist ein gutes Stück vor mir. »Stehen bleiben! Polizei!«, brüllt er. Ich höre an seiner Stimme, dass er außer Atem ist. Der Flüchtige ist ganz schön schnell. Ich renne so schnell ich kann, aber ich spüre schon jetzt, dass ich das Tempo nicht lange durchhalten werde. Zum Glück kommt er hier nicht weit. Als er versucht, über einen Zaun in einen der Gärten zu klettern, holt Dieter auf und schnappt ihn, bevor er auf die andere Seite gelangen kann. Ich erreiche die beiden, als Dieter ihm schon die Handschellen angelegt hat.

»Ey, lass mich los, du Wichser. Ey, ich hab gar nichts gemacht!«

Dieter hält den Mann fest am Arm. Mir fällt auf, dass er sehr jung aussieht. Ich bin mir gar nicht sicher, ob er schon 18 ist. Sein Gesicht ist so glatt, als müsste er sich noch nicht mal rasieren. Er trägt diese weiten Hosen, die seit einiger Zeit bei den Jungen hier Mode sind. Ich fasse seinen anderen Arm und bringe ihn mit Dieter zu den anderen, während er zappelt und uns abwechselnd verflucht.

Uwe und Martin stehen mit dem Fahrer vor dem BMW. Der schmale Junge hält seine Hände hoch. Er ist schätzungsweise genauso alt wie sein Kollege, aber offenbar etwas sensibler. Seine Augen sind dunkel und weit geöffnet, sie schimmern feucht. Ich könnte mir vorstellen, er wäre jetzt lieber bei seiner Mami als hier mit einem Haufen Polizisten. Für eine Sekunde tut er mir leid, aber nur fast, denn ich bin sauer. Der Kerl ist rücksichtslos gefahren, hat andere in Gefahr gebracht, und außerdem hat er sehr wahrscheinlich etwas mit dem Autodiebstahl zu tun.

Für einen Moment verstummt der fluchende junge Mann, den ich am Arm halte, und ich beobachte, dass er seinem Kumpanen einen finsteren Blick zuwirft. Von einer Sekunde auf die andere verschwindet das Sensible aus dessen Gesicht, seine Züge werden hart. Trotzig schiebt er die Unterlippe vor.

»Der Wagen ist als gestohlen gemeldet. Woher haben Sie das Auto?«, frage ich den Fahrer.

»Der ist von einem Kumpel.«

Die Antwort kommt mir bekannt vor. Aber ich kann nicht mit Sicherheit sagen, ob wir es mit demselben Autodieb wie gestern zu tun haben.

»Und wie heißt der Freund?«

Der Junge blickt zu Boden und schweigt. Er merkt jetzt wahrscheinlich auch, dass er aus der Nummer nicht mehr rauskommt.

»Gut, dann nehmen wir Sie mal mit auf die Wache. Geben Sie mir bitte den Autoschlüssel.«

Der Junge starrt noch immer auf den Boden, als wäre dort etwas sehr Interessantes zu sehen.

»Was ist jetzt, haben Sie keinen Schlüssel?«

»Ey, ich sag jetzt gar nichts mehr«, presst der Junge zwischen den Lippen hervor.

Während ich ihn im Blick behalte, sieht Dieter im Wagen nach.

»Alles klar, da steckt kein Schlüssel. Sieht aus, als wäre der kurzgeschlossen worden.«

Martin und Uwe nehmen die Jungen mit zur Wache. Wir warten auf den Abschleppdienst, heute schon zum zweiten Mal. Der rundliche Mann mit der gelben Warnweste begrüßt uns wie alte Bekannte.

Als wir dann auf die Wache kommen, sind Martin und Uwe noch mit den jungen Autoknackern beschäftigt. Dieter und ich werfen kurz einen Blick in das Büro und winken den beiden zu. Die Jungen sehen hier auf dem Revier noch jünger aus. Sie sitzen da mit ihren zu großen Jacken und Hosen und wirken darin schmächtig und verloren. Sie blicken kaum auf, als wir sie begrüßen. Wir gehen weiter Richtung Aufenthaltsraum, um einen Kaffee zu trinken. Die Kaffeekanne ist mal wieder leer. Ich seufze und schaufle Kaffee in den Filter. Es ist 21 Uhr. Noch eine Stunde bis Dienstende. Wenn alles gutgeht, können wir nach dem Kaffee noch ein bisschen Papierkram erledigen und dann nach Hause gehen. Martin und Uwe kommen. Uwe sieht nach der Kaffeemaschine und reibt sich die Hände, als er sieht, dass frischer Kaffee durchläuft. Martin lässt sich auf einen der ausrangierten Bürostühle fallen, die hier um einen großen Tisch herumstehen. Dieter sieht ihn fragend an. Er will wissen, ob die Befragung der Jungen zu etwas geführt hat. Martin winkt nur ab.

»Vergiss es, das war echt zäh. Ich habe sie eben laufenlassen. Uwe schreibt gleich die Anzeige und leitet sie an die Staatsanwaltschaft weiter.«

»Danke, Uwe, ich helf dir gleich.« Ich bin echt froh, dass ich das nicht alleine machen muss. Ich hadere noch immer damit, dass der Typ gestern abhauen konnte, obwohl ich direkt neben dem Auto stand.

Der Kaffee gibt mit einem Glucksen zu verstehen, dass er durchgelaufen ist. Ich lehne mich zurück und genieße den ersten Schluck, der angenehm warm ist und tatsächlich besser schmeckt, wenn ich ihn mache, als wenn die Kollegen sich daran versuchen.

Als ich nach dem Kaffee zum Schreibtisch schlendere, komme ich an Geralds Büro vorbei.

»Hallo, Birgit! Geht's gut?«, flötet er hinter mir her.

»Äh, ja!«

Er ist noch immer so überfreundlich, dass es mir beinahe Angst macht. Vielleicht hätte ich ihn gestern nicht so anblaffen sollen. Er kann ja schließlich auch nichts dafür, dass die Vorhänge gewaschen werden. Andererseits musste ich einfach sehr deutlich machen, dass ein Umkleideraum, in dem ich mich umkleide, einen Sichtschutz nach außen haben muss.

Mein Schreibtisch sieht etwas verwaist aus. Ich müsste dringend mal wieder aufräumen. Behaglich setze ich mich hin. In mir macht sich schon ein Feierabendgefühl breit, obwohl es noch eine halbe Stunde bis Dienstschluss ist.

»Birgit? Dieter? Es tut mir leid, ihr müsst noch mal raus. Eben kam ein Anruf. Da hat einer mindestens eine verdächtige Person bei einem Autohändler gesehen. Es wird ein Einbruch vermutet.«

Ich verdrehe die Augen, und Dieter stöhnt.

»Wer hat denn angerufen?«, will ich wissen.

»Wollte anonym bleiben.«

Puh. Ich puste die Luft aus. Es ist echt blöd, wenn ein Einsatz so kurz vor Dienstende kommt, wenn die Kollegen von der nächsten Schicht noch nicht da sind. Das bedeutet dann fast immer, dass unsere Schicht länger dauert. Schicksalsergeben greife ich meine Jacke und mache mich mit Dieter auf den Weg zum Streifenwagen.

»Ich hab's gewusst, dass ich heute nicht pünktlich nach Hause komme«, schimpft Dieter, während er den Wagen startet. Wir fahren durch das nächtliche Wilhelmsburg, erst über die Hauptstraße, die jetzt schon wesentlich weniger befahren ist. Aber unser Einsatzgebiet liegt weiter draußen, in einem verlasseneren Winkel von Wilhelmsburg, nicht weit von dem Gebiet, wo wir heute den geklauten Renault gefunden haben. Wir verlassen die Hauptstraße und biegen noch zweimal ab. Nur hier und da spendet eine Straßenlaterne etwas Licht, ansonsten ist es dunkel. Hier beginnt ein Industrie- und Gewerbegebiet. Nachts ist hier wenig los. Blaulicht und Martinshorn brauchen wir nicht.

Dieter stellt den Wagen direkt an der Straße ab, vor einem schlecht erleuchteten großen Schild, auf dem »MegaAuto« steht.

»Hoffentlich ist da jetzt keiner. Ich hab keinen Bock mehr«, sagt Dieter träge.

»Mhmh.« Das wünsche ich mir auch. Ich will nichts finden, was uns noch mehr Arbeit macht. Aber es hilft nichts, wir müssen da jetzt hin.

»Also los!« Ich drücke Dieter eine Taschenlampe in die Hand, dann greife ich mir meine. Draußen sehen wir uns erst mal um. Der Parkplatz des Gebrauchtwagenhändlers ist von einem Maschendrahtzaun umgeben, der mir etwa bis zur Schulter reicht. Von irgendwoher höre ich das Rattern der S-Bahn, ansonsten ist es ruhig. Auf den ersten Blick scheint hier niemand außer Dieter und mir zu sein. Wir stellen uns an den Zaun und spähen auf den Parkplatz. Auch da ist es ruhig und sehr dunkel. Die einzige Lichtquelle ist ein Halogenstrahler. Er ist oben an einem Container befestigt, der links neben den Fahrzeugen steht und offensichtlich als Büro dient. Ich blicke mich um. Wenn sich hier jemand aufhält, dann kann er sich bestens verstecken. Zwischen den Autos gibt es genug Stellen, die man nicht richtig übersehen kann. Ich fröstle, es ist noch kälter geworden. Wenn ich ausatme, entstehen kleine Wölkchen. Sehnsüchtig denke ich an meine gemütliche Couch zu Hause. Hätte der Hinweis, dass hier jemand herumschleicht, nicht eine halbe Stunde später eingehen können? Immerhin sieht es ruhig aus. Dieter steht an dem zweiflügeligen Tor und rüttelt an der Klinke. Es quietscht leise, dann öffnet es sich.

»Scheiße«, entfährt es Dieter. Wir haben beide gehofft, es verschlossen vorzufinden, um schnell wieder fahren zu können. Jetzt müssen wir zumindest mal über den Platz gehen, um zu sehen, ob hier jemand ist. Möglich, dass es jemand unrechtmäßig geöffnet hat, Einbruchspuren stellen wir an dem Tor aber nicht fest.

»Hallo? Ist da jemand?«, ruft Dieter. »Hier spricht die Polizei. Bitte zeigen Sie sich.«

Es antwortet natürlich niemand.

Ich betrete den Platz widerwillig. Ich will hier nichts finden. Zwei Reihen mit etwa zehn Wagen stehen sich gegenüber. Die Lichtkegel unserer Taschenlampen gleiten über Motorhauben, Kotflügel, Autodächer und -türen. Nichts zu sehen außer Autos.

»Hallo? Ist da jemand?«, ruft Dieter noch mal.

Wieder keine Antwort.

»Und was ist? Gehen wir?«, fragt Dieter.

»Warte, lass uns noch mal hinter dem Container nachsehen.«

Natürlich würde ich auch lieber sofort gehen, aber die Rückseite ist weder von der Straße noch vom Parkplatz aus einzusehen.

Dieter stöhnt. »Von mir aus.«

Hinter dem Container ist noch ein wenig Platz bis zum Zaun. Es ist stockdunkel hier. Unsere Taschenlampen beleuchten Unkraut und einen kleinen Busch.

»Warte mal, da war doch was!« Dieter fährt herum. Ich habe es auch gehört, aber es war irgendwo bei den Autos. Ich bin wieder hellwach.

128

»Hallo! Ist da jemand?«, rufe ich. »Hier ist die Polizei.«

Wieder ist da etwas, ganz deutlich. Ein Knacken. Aber keine Antwort kommt.

Meine Finger sind eiskalt. Ich bete, dass es nur eine Katze ist.

Das Geräusch kommt von irgendwo zwischen den Autos. Wir nähern uns der Stelle langsam mit unseren Taschenlampen, meine etwas steifen Finger haben sich schon mal um den Griff der Waffe gelegt. Ich spüre meinen Adrenalinspiegel steigen, gleichzeitig habe ich eine Art Widerwillen gegen diesen Einsatz. Ich will nach Hause und nicht hier in der Kälte herumschleichen.

Dann taucht plötzlich zwischen einem weißen Scirocco und einem silbernen Rekord eine Gestalt auf.

»Halt, stehen bleiben! Polizei!«, ruft Dieter, und die Gestalt bleibt stehen.

»Was ist denn?«, fragt eine nervöse Männerstimme.

»Was machen Sie hier?«, frage ich wütend.

»Also, ich sehe mir hier die Autos an. Ist das verboten?«

Der Mann ist etwa so groß wie ich und dunkel gekleidet. Ich schätze ihn auf Anfang zwanzig.

»Mitten in der Nacht sehen Sie sich hier also Autos an?« Dieters Stimme klingt auch nicht gerade sanft.

»Ja. Das Tor war offen, und da bin ich mal gucken gegangen.«

»Und warum gucken Sie nicht tagsüber? Da kann man doch viel besser sehen.« Und dann müssten wir jetzt auch nicht hier herumschleichen, obwohl wir Feierabend haben, füge ich still hinzu.

»Ich bin halt gerade hier vorbeigekommen und wollte einfach mal gucken, was hier so für Autos stehen.«

»Warum haben Sie nicht geantwortet, als wir gerufen haben?«, will ich wissen.

»Na ja, ich hatte Angst. Kann ja jeder sagen, dass er von der Polizei ist.« Ich bin nicht sicher, ob ich ihm das glauben kann.

»Haben Sie Ihren Personalausweis dabei?«

Der Mann sucht in seinen Taschen, wobei wir ihn genau beobachten. Schließlich hält er uns seinen Ausweis hin, und es scheint so, als ob seine Finger dabei zittern.

Ich notiere seine Personalien auf einem kleinen Block, den ich immer dabeihabe. So ganz traue ich dem Mann nicht.

»Und warum sehen Sie sich die Wagen hier im Dunkeln an?«, frage ich wieder.

»Ja also, ist das denn verboten? Ich hab doch gar nichts gemacht, nur geguckt.«

Die Art, wie er sich rechtfertigt, macht ihn für mich erst recht verdächtig, aber wenn er hier wirklich nur geguckt hat, dann ist dagegen nichts zu sagen – wenn das Tor tatsächlich schon auf war.

»War außer Ihnen noch jemand hier?«, frage ich weiter.

»Äh, ne. Eigentlich nicht.« Für meine Begriffe hat er etwas zu lange gezögert.

»So, dann möchte ich Sie bitten, das Gelände jetzt zu verlassen. Kommen Sie einfach morgen wieder, tagsüber, wenn Sie sich die Autos ansehen wollen«, Dieter hat einen rigorosen Tonfall angenommen.

Der junge Mann geht, ohne etwas zu sagen, mit uns raus. Auch das wirkt auf mich nicht unverdächtig. Er macht auf mich den Eindruck, als sei er heilfroh, dass wir ihn einfach so laufenlassen. Aber heute Abend habe ich keine Lust mehr, mich näher mit ihm zu beschäftigen. Wir haben ja seine Personalien. Er verabschiedet sich dann auch ein wenig zu hastig für meinen Geschmack und geht mit schnellen Schritten fort.

Dieter und ich gehen noch einmal über den Parkplatz, um nachzusehen, ob etwas geklaut oder beschädigt wurde. Vor allem den Scirocco und den Rekord müssen wir noch einmal genauer in Augenschein nehmen. Die Autos sind zum Glück, nach allem was wir heute Nacht erkennen können, nicht weiter beschädigt.

Stöhnend lässt sich Dieter auf den Beifahrersitz fallen. Es ist 22:30 Uhr und wir wollen so schnell es geht nach Hause. Die Straßen sind um diese Zeit zum Glück einigermaßen leer, in wenigen Minuten sind wir auf der Wache. Die Kollegen von der anderen Schicht sind schon da und haben ihren Dienst angetreten. Dieter und ich grüßen müde und schlurfen Richtung Umkleideräume.

»Habt ihr schon gehört, die Bankräuber sind eben gefasst worden!«, ruft uns Ute zu. »Die haben versucht, mit dem Fluchtfahrzeug über die Wilhelmsburger Reichsstraße zu fahren, an der Auffahrt haben wir sie erwischt.«

Das war unsere Position, schießt es mir durch den Kopf. Und ich bin richtig froh, dass die Kollegen die beiden erwischt haben. Ich denke daran, wie müde und verfroren ich war, als wir dort auf dem Posten standen.

Im Umkleideraum schalte ich das Licht ein und bemerke erst auf den zweiten Blick, dass etwas anders ist. An den Fenstern hängen Vorhänge! Unwillkürlich muss ich lächeln, meine Müdigkeit ist für einen Moment nicht mehr so schlimm und ich finde meine Kollegen plötzlich alle sehr nett.

»Na, was sagst du dazu?« Hinter mir ist Ute in den Raum getreten. Sie lächelt. »Ich habe meinen Augen nicht getraut, als ich heute zum Dienst gekommen bin.«

»Die müssen gerade erst aufgehängt worden sein. Heute Mittag waren sie noch nicht da.« Ich staune auch. Irgendwie hatte ich nicht damit gerechnet, dass sich hier so schnell etwas tut.

»Das hat wohl Gerald veranlasst. Irgendjemand hat im Keller diese Vorhänge gefunden. Also schön sind sie nicht und sie riechen auch komisch, und stockfleckig sind sie auch, aber sie sind auf jeden Fall besser als Zeitungspapier«, lacht Ute.

»Fehlt nur noch, dass sie die Dusche erneuern«, ich muss selbst grinsen bei der Vorstellung, und Ute bricht in Gelächter aus.

»Nun werd mal nicht gleich unverschämt«, kichert sie.

Ich lasse den groben Stoff der Vorhänge durch meine Finger gleiten. Er ist braun-gelb-grün-kariert und passt so gar nicht zu den roten Fliesen. Ich finde auch, dass er komisch riecht, aber ich bin gerührt. Gerald hat sich offenbar die Mühe gemacht, schnell etwas gegen die Vorhangsituation im Frauenumkleideraum zu tun.

Ich wünsche Ute einen schönen Dienst. Seit unserem Gespräch gestern ist sie mir noch mehr ans Herz gewachsen, sie hat mir einfach sehr gut zugehört. Auch heute dusche ich hier nicht, ich ziehe mich nur schnell um. Es ist spät geworden. Beim Hinausgehen nehme ich mir noch vor, morgen etwas Nettes zu Gerald zu sagen. Beschwingt steige ich in meinen Wagen und lenke ihn heim zu Tony und meinem Liebsten.

Meinen Job bei der Schutzpolizei in Wilhelmburg mag ich sehr. Ich habe tolle Kollegen, ich kann etwas für Menschen in Not tun und ich weiß am Anfang der Schicht nie, was ich erleben werde. Bankräuber, Kfz-Diebstahl, häusliche Gewalt sind nur einige Delikte, die wir hier täglich bearbeiten. Aber alle diese Fälle enden für mich nach dem Einsatz. Ich schreibe dann noch einen Bericht beziehungsweise eine Anzeige, und das war's dann für mich. Wenn sich zum Beispiel Frau Schulz entschließt, Herrn Baumann anzuzeigen, weil er sie verprügelt hat, dann wird der Fall weitergegeben an die Kollegen von der Kripo. Ich habe dann nichts mehr damit zu tun. Und das ist eigentlich schade. Als Schutzpolizistin kann ich immer nur Spuren aufnehmen, aber die Ermittlungen werden von anderen geführt. Deshalb beschließe ich, noch mal zu studieren, um in den gehobenen Dienst aufgenommen zu werden und bei der Kriminalpolizei zu arbeiten.

Kriminalermittlung – Wenn Kinder Opfer von Verbrechen sind

1995

»Birgit, du gehst mit raus!«

Ich wusste, dass dieser Moment kommen würde. Seit anderthalb Jahren bin ich nun als Studentin an der Fachhochschule der Polizei. Meistens sitzen wir in Hörsälen und lernen theoretisch, aber es gibt auch immer wieder Übungen, zu denen wir raus müssen. Heute steht uns ein Echteinsatz bevor: eine berüchtigte Diskothek auf St. Pauli soll durchsucht werden. Und ich habe eben erst erfahren, dass ich ganz vorne dabei sein soll. Günter, der Einsatzleiter, hat mich ausgewählt, weil ich eine Frau bin und gleichzeitig groß und stabil. Die kleineren, schmächtigeren Kolleginnen werden zu solchen Aktionen eher nicht eingeteilt, zumindest nicht ganz vorne. Ich werte es als Teilerfolg, dass ich als Frau zu diesem Einsatz eingesetzt werde wie meine männlichen Kollegen. Aber heute werde ich Günter sagen, dass ich nicht dabei sein möchte, und davor graut mir mehr als vor dem Einsatz.

»Was gibt's, Birgit?« Günter ist kurz angebunden, das spüre ich.

»Ich muss mal mit dir sprechen.«

Er nickt mir zu. »Dann leg los.«

»Unter vier Augen.«

Günter blickt sich um. Wir stehen im Flur, um uns herum wuseln die Kollegen und machen sich für den Einsatz fertig. Dann nickt er wieder und geht mit raschen Schritten auf sein Büro zu.

»Ich möchte nicht mit, jedenfalls nicht in vorderster Front«, sage ich, als er die Tür hinter uns geschlossen hat. Mir wird heiß und ich spüre, wie ich rot werde. Ich hatte es mir einfacher vorgestellt, mit Günter zu sprechen. Jetzt ist es mir richtig unangenehm. Unter anderen Umständen würde ich ja nicht zögern, die Kollegen zu unterstützen, im Moment möchte ich bei solchen Einsätzen aber lieber nicht mitmachen.

Günter hebt die Augenbrauen. »Was ist denn los?«

»Äh, ich bin schwanger.« Noch mehr Blut schießt mir in den Kopf. Jetzt ist es heraus.

Günter blickt unwillkürlich auf meinen Bauch.

»Sieht man ja gar nicht.«

»Ist ja auch noch nicht lange. Jedenfalls will ich unter den Umständen nicht mit auf den Einsatz.«

Günter schweigt, als überlege er, was er jetzt sagen soll. Schließlich blickt er mich doch wieder an und fragt: »Wann … also, wie weit bist du denn?«

»Dritter Monat.«

Günter nickt, dann blickt er wieder auf seinen Schreibtisch und schiebt mit ernster Miene Papiere hin und her. Er hatte es wohl noch nie mit schwangeren Kolleginnen zu tun.

»Alles klar. Dann … äh, dann bleibst du hier und machst die Datenabfrage.«

»Gut. Danke.«

»Okay.«

Ich stehe noch unschlüssig herum, weil ich den Eindruck habe, dass er vielleicht doch noch etwas sagen will, aber er blickt wieder auf seinen Schreibtisch und notiert sich etwas. Das Gespräch ist anscheinend für ihn beendet. Als ich gerade das Büro verlassen will, ruft er mich noch mal zurück.

»Birgit?«

»Ja?«

»Glückwunsch!«

»Danke, Günter.«

Unwillkürlich muss ich lächeln. Vielleicht auch vor Erleichterung. Eigentlich wollte ich noch ein bisschen warten, bis ich es sage, mindestens, bis die ersten drei Monate ganz vorbei sind, aber da der Einsatz ziemlich kurzfristig angesetzt wurde, musste ich jetzt darüber sprechen.

1997

Mittlerweile habe ich mein Studium beendet und einen Sohn zur Welt gebracht. Nach einem halben Jahr Babypause habe ich mein Praxissemester bei den Taschenkrebsen hinter mich gebracht (das heißt, ich habe mich mit Trick- und Taschendiebstahl befasst) und bin jetzt als fertige Kriminalkommissarin beim Kriminalermittlungsdienst der örtlichen Kripo eingesetzt. Hier bin ich Sachbearbeiterin für »Allgemeines«. Das bedeutet, ich bin für alles außer Kfz-Delikte zuständig: Diebstahl, Betrug (Betrug im Internet ist noch nicht so verbreitet, inzwischen gibt es dafür einen eigenen Bereich), Prügeleien und so weiter.

»Hallo, mein Name ist Carsten Berger. Ich würde gerne Frau Birgit Reimann sprechen.« Ein junger Mann steckt den Kopf durch die Tür und blickt sich vorsichtig um. Er ist groß und schmal und hat blondes Haar. Ich schätze ihn auf achtzehn Jahre. Er wirkt unsicher und bemüht, sich ganz korrekt zu verhalten. In der einen Hand hält er einen Briefumschlag.

»Ja, das bin ich. Was kann ich für Sie tun?«

»Ja, also, ich … Wir haben einen Brief von der Polizei bekommen. Weil der Jan, mein Bruder, etwas geklaut hat.«

Die Tür geht ein bisschen weiter auf und ein weiterer Junge kommt zum Vorschein. Er sieht fast genauso aus wie Carsten, ist aber etwas kleiner und wirkt wesentlich jünger. Er grüßt schüchtern und zieht sich rasch seine Baseballcap vom Kopf, ein bisschen so, als hätte ihm jemand eingebläut, dass das höflicher ist.

Ich mache den beiden ein Zeichen reinzukommen und sich auf die beiden Stühle zu setzen, die neben den gegeneinanderstehenden Schreibtischen stehen. Das kleine Büro teile ich mir mit einer Kollegin, die heute frei hat. Ich bin also alleine hier. Der Jüngere zögert und blickt sich suchend in dem kleinen Raum um, als hätte er Angst, hier auf der Stelle festgenommen zu werden. Misstrauisch mustert er den leeren Arbeitsplatz der Kollegin. Am liebsten würde ich ihm sagen, dass er keine Angst zu haben braucht, aber bis jetzt weiß ich ja nicht mal, worum es geht. Ich überlege: Jan Berger. Der Name kommt mir bekannt vor, aber ich komme nicht drauf.

»Können Sie mir das Aktenzeichen sagen?«

Der Ältere fingert umständlich ein Blatt Papier aus dem Umschlag, den er in der Hand hält, faltet es auseinander und fährt dann suchend mit dem Finger darüber.

»Geben Sie doch her«, schlage ich vor, »ich finde das schon. Und Sie dürfen sich ruhig setzen, dafür sind die Stühle ja da.«

Carsten setzt sich endlich und schiebt seinem Bruder, der noch unschlüssig stehen geblieben ist, den anderen freien Stuhl zu. Jan Berger hat in einem Geschäft eine Taschenlampe geklaut. Jetzt erinnere ich mich.

Ladendiebstahl ist nichts Aufregendes, aber auch diese verhältnismäßig kleinen Gesetzesverstöße müssen bearbeitet werden.

Ich krame die Anzeige hervor, die ein Kollege von der Schutzpolizei geschrieben hat, und überfliege sie rasch: Jan hat die Taschenlampe in einem kleinen Laden für Haushaltswaren klauen wollen. Der Ladenbesitzer hat ihn offenbar persönlich erwischt und gleich die Polizei gerufen. Es war keine teure Taschenlampe, sie hat weniger als zehn Mark gekostet. Und weil es das erste Mal war, dass der Junge beim Klauen erwischt wurde, wird es wahrscheinlich keine Strafe für ihn geben. Aber das scheint er noch nicht zu wissen.

»Und Sie sind jetzt als Erziehungsberechtigter mit Ihrem Bruder hergekommen?«, frage ich den Großen.

Carsten nickt.

»Was ist denn mit Ihren Eltern?«

»Die sind im Urlaub.«

Als ich nicht sofort etwas sage, fährt Carsten hastig fort: »Die sind in Australien.«

Ich hebe die Augenbrauen. Ich habe schon alle möglichen Ausreden gehört, warum die Eltern nicht erreichbar sind, aber nach Australien wurden sie bisher noch nicht verschickt. Das klingt so absurd, dass es auch wahr sein könnte.

»Das ist ja ganz schön weit weg. Und Sie wollen nicht, dass Ihre Eltern etwas von dem Diebstahl Ihres Bruders mitbekommen?«

»Ja also, wenn das geht … Ich passe ja auf Jan auf, solange sie weg sind. Müssen sie das denn erfahren? Können Sie nicht auch mit mir reden?« Carsten hat rote Wangen bekommen.

»Wie lange sind Ihre Eltern denn noch weg?«

»So vier Wochen noch.«

Das klingt zwar merkwürdig, aber irgendwie glaube ich Carsten das trotzdem.

»Darf ich fragen, wie alt Sie sind?«

»Neunzehn.«

»Haben Sie Ihren Personalausweis dabei?«

Carsten zieht seinen Rucksack zu sich hoch, den er neben seinem Stuhl abgestellt hatte, und fängt an, hektisch darin zu wühlen.

»Keine Eile, ich habe Zeit«, versuche ich ihn zu beruhigen.

Carsten wird rot und sucht weiter. Es dauert ein wenig, bis er mir die grünliche Karte hinhält und die seines Bruders gleich dazu.

Ich sehe sie mir an und nicke, dann wende ich mich an Jan: »Warum hast du das denn gemacht?«

»Ich wollte Carsten die Taschenlampe zum Geburtstag schenken, weil seine alte kaputt ist. Aber ich hatte nicht so viel Geld«, murmelt der Junge, so leise, dass ich mich anstrengen muss, um ihn zu verstehen.

So viel Geschwisterliebe ist ja schon fast rührend. Unschlüssig blicke ich zwischen den beiden Jungen hin und her und suche nach einem Anhaltspunkt, damit ich ihnen glauben kann. Sie sind sauber angezogen und lassen auch sonst keine Spuren von Vernachlässigung erkennen. Außerdem scheint das Schreiben der Polizei wirklich Eindruck auf sie gemacht zu haben. Häufig kann ich mich auf mein Bauchgefühl verlassen. Ich denke an die Streifenfahrten mit Dieter in Wilhelmsburg. Ich hatte ein ganz gutes Gefühl dafür, wenn mit einem Wagen etwas nicht stimmte, aber wenn es darum ging zu sagen, was nicht stimmt, war Dieter besser. Wenn wir gewettet haben, hat er meistens gewonnen. Deshalb nehme ich mein Bauchgefühl ernst, aber ich verlasse mich lieber auf Fakten. In Wilhelmsburg hatte ich auch hin und wieder mit Kindern zu tun, die einen Ladendiebstahl begangen hatten, und einige von denen waren ganz schön ausgekocht. Mit Jan werde ich jetzt erst einmal reden, um herauszufinden, ob er so etwas wie ein Unrechtsbewusstsein hat.

»Pass mal auf, Jan«, sage ich ernst. »Das, was du gemacht hast, das war Diebstahl. Ich habe jetzt hier die Anzeige, die wird an die Staatsanwaltschaft weitergegeben. Die entscheidet dann, was passiert. Weil das aber nur ein kleiner Diebstahl war und weil das zum allerersten Mal passiert ist, wird das Verfahren eingestellt. Das heißt, es passiert nichts weiter. Es bleibt aber erst mal im Computer stehen, dass du was geklaut hast; wenn das nicht noch mal vorkommt, dann löschen wir es nach ein paar Jahren wieder raus.«

Jan hat die ganze Zeit, die ich geredet habe, auf seine Hände geguckt, die in seinem Schoß liegen, und seine Mütze geknetet. Jetzt wagt er es, mich für eine Sekunde anzusehen. Als sich unsere Blicke treffen, senkt er gleich wieder den Kopf und nickt seine Hände an. Carsten dagegen sieht mich die ganze Zeit über an und nickt eifrig zu allem, was ich sage. Die Jungen tun mir fast schon leid. Ich rieche den Angstschweiß der beiden förmlich.

»Wie alt bist du jetzt, Jan?«

Der Junge hört für eine Sekunde auf, seine Mütze zu drücken. »Zwölf«, sagt er und räuspert sich gleich, weil seine Stimme so leise war und etwas belegt klang.

»Als ich so alt war wie du, da habe ich auch mal was Schlimmes gemacht. Da habe ich beim Nachbarn Äpfel vom Baum geklaut. Als ich erwischt worden bin, habe ich den Hintern voll gekriegt. Der Nachbar hätte mich auch anzeigen können, weil das eine Straftat war. So wie du angezeigt worden bist.«

Jan knetet wieder seine Mütze, aber er blickt mich jetzt doch mit einer Mischung aus Erstaunen und Befremden an, ohne die Augen gleich wieder abzuwenden.

»Heißt das, der Jan kriegt jetzt keine Strafe?«, schaltet Carsten sich ein.

»Ja, genau das will ich damit sagen. Wenn Ihr Bruder nicht noch mal bei einer Straftat erwischt wird, dann hört er nichts mehr von uns.«

»Ne, da passiert garantiert nichts mehr. Jan klaut garantiert nichts mehr. Oder Jan?«

»Ne, mach ich nicht. Hab ich doch schon gesagt.« Jan klingt jetzt schon wesentlich lebendiger.

»Und unsere Eltern, informieren Sie die?«, fragt Carsten noch mal zaghaft.

Eine Weile sehe ich die beiden schweigend an. Ich sehe Carsten, der sich mit seinen neunzehn Jahren bemüht, ein guter großer Bruder zu sein, und Jan, der eigentlich nur seinem Bruder eine Freude machen wollte. Ich denke, sie haben begriffen, worum es geht.

»Das müssen wir ja nicht mehr, ich habe ja jetzt mit Ihnen gesprochen, Herr Berger. Ob Sie Ihren Eltern von dem Vorfall erzählen oder nicht, entscheiden Sie.«

Carsten strahlt, und Jan lächelt jetzt schüchtern.

»Danke, vielen Dank!« Carsten streckt mir die Hand hin und Jan macht es seinem Bruder nach.

Als die beiden aus dem Raum sind, schreibe ich die Akte für die Staatsanwaltschaft zu Ende. Mein Gefühl sagt mir, dass ich von den beiden nichts mehr hören werde, und ich hoffe, dass ich mich nicht täusche.

Das Klingeln des Telefons reißt mich aus meinen Gedanken. Es ist Ralf aus dem Wachraum unten. Der Kriminalermittlungsdienst hat seine Büros im gleichen Gebäude wie die Wache in Harburg.

»Birgit, kannst du mal runterkommen? Hier ist eine Frau mit zwei Kindern. Die weiß nicht, wo sie hin soll.«

»Alles klar, ich komme.«

Unten im Wachraum stehen Ralf und Stefan bei einer attraktiven Frau mit braunem, hochgestecktem Haar. Sie trägt einen kurzen Rock und Stiefel, die erst an den Knien enden. An ihrer Hand hängt ein kleines Mädchen, ein halbwüchsiger Junge lümmelt in einem Stuhl daneben. Als Ralf mich kommen sieht, winkt er mich zu sich.

»Ah, da kommt ja die Kollegin Reimann. Sie wird sich jetzt um Sie kümmern«, ruft er. Er klingt, als sei er froh, den Fall jetzt an mich zu übergeben.

»Denen ist die Wohnung ausgeräumt worden«, erklärt er.

»Von meinem Mann«, schreit die Frau dazwischen. Ihre Stimme ist so hoch, dass sie mir fast in den Ohren weh tut. Sie scheint ziemlich aufgeregt zu sein.

»Mami, wann können wir wieder nach Hause?«, jammert das Mädchen. Ich schätze sie auf vier oder fünf Jahre.

»Gar nicht, Miri. Du hast doch gesehen, dass da jetzt nichts mehr ist.« Wieder dieser unangenehme Ton. Es klingt so, als müsste sie

139

gleich hysterisch losheulen und würde sich nur mühsam zusammennehmen.

»Jetzt erzählen Sie doch einfach mal der Reihe nach und ganz ruhig. Ich muss erst verstehen, was los ist, bevor ich Ihnen helfen kann. Sagen Sie mir doch erst einmal Ihren Namen.«

Die Frau atmet tief ein, dann sprudelt es aus ihr heraus. »Also, ich heiße Karin Koch. Wir waren in der Stadt einkaufen und als wir zurückkamen, war alles weg. Die ganze Wohnung war komplett leer. Da war nichts mehr! Meine Sachen, die Kinderzimmer, die Küche: alles weg. Nicht mal ein Stuhl war noch da zum Hinsetzen. Was soll ich denn jetzt machen?« Ihre Stimme hatte anfangs etwas ruhiger geklungen, jetzt ist sie wieder schrill und weinerlich.

»Wir waren da«, schaltet sich Ralf ein. »Da ist wirklich gar nichts mehr. Es ist unglaublich. Wir haben Fotos gemacht. Da steht gerade noch die Spüle in der Küche.« Stefan nickt dazu. Die beiden Kollegen scheinen sichtlich beeindruckt zu sein.

»Aber wie lange waren Sie denn einkaufen?«, frage ich die Frau verwirrt.

»Drei Stunden oder so. Ich weiß nicht, wir haben uns Zeit gelassen. Wir waren noch ein Eis essen. Vielleicht waren es auch vier Stunden, wir haben noch eine Freundin von mir getroffen.« Sie stockt, dann scheint ihr wieder das ganze Ausmaß ihrer Misere klarzuwerden. »Das ist so eine Scheiße!«, flucht sie. Meine Nackenhaare stellen sich auf, wenn die Frau redet. Ich kann nichts dagegen tun, ihre Stimme verursacht mir Kopfschmerzen.

»Haben Sie eine Idee, wer das gemacht haben könnte?«, frage ich, obwohl ich die Antwort ja eigentlich schon kenne.

»Ja klar«, Frau Kochs Stimme bebt noch immer bedenklich. »Das war mein Mann.« Das klingt alles sehr kompliziert und ich bin sicher, dass es eine lange Vorgeschichte zu diesem Vorfall gibt. Aber erst einmal muss ich mir einen Überblick darüber verschaffen, was heute genau passiert ist.

»Und warum denken Sie, dass Ihr Mann das war?«

»Hier!« Sie hält mir einen zerknautschten Zettel hin, den sie offenbar schon die ganze Zeit in der Hand hält.

Ich streiche das Papier glatt und lese: »Hier in der Wohnung ist alles, was ihr noch wert seid!«

»Das hat mein Mann geschrieben. Das ist seine Handschrift. Er hat ja auch den Schlüssel zu der Wohnung.« Sie schreit es heraus wie eine Anklage. Ihre Stimme klingt wie eine Kreissäge, durchdringend, laut und sehr unangenehm. Ich höre ihre ganze Wut, die Verzweiflung und Hilflosigkeit. Und obwohl ich mir am liebsten die Ohren zuhalten würde, wenn sie spricht, tut sie mir in diesem Moment leid.

»Warum sollte Ihr Mann denn so etwas machen?«, frage ich vorsichtig. Ich ahne schon, dass hier ein handfester Rosenkrieg im Gange ist.

»Weil er sich rächen wollte. Morgen ist Miris Geburtstag, aber ich habe gesagt, dass er nicht kommen soll, und die Miri wollte das auch nicht, und Tom ist das egal. Wir wollten noch in Ruhe die letzten Sachen für morgen besorgen, und in der Zeit hat er die Wohnung ausgeräumt. Und jetzt ist alles weg, auch die Geburtstagsgeschenke, alles. Wir haben keine Betten, keine Klamotten, nichts zu essen. Was soll ich denn jetzt machen mit den Kindern?«

Ich versuche, den schrillen Ton ihrer Stimme zu ignorieren und konzentriere mich darauf, mir ein Bild von der Lage der drei zu machen. Zunächst einmal ist für mich wichtig: Welchen Eindruck machen die Kinder? Das Mädchen zupft die ganze Zeit an ihrer Mutter herum. Sie wirkt aufgekratzt und scheint das alles noch nicht richtig zu verstehen. Wenn sie nicht herumzappelt, irren ihre Blicke durch den Raum. Dann wieder sieht sie mich und meine Kollegen neugierig mit weit aufgerissenen Augen an, während sie ihren Körper an den ihrer Mutter drückt. Den Tonfall ihrer Mutter scheint sie gewohnt zu sein. Jedenfalls reagiert sie nicht beunruhigt darauf. Der Junge lümmelt auf einem der Stühle herum, die Hände in den Taschen der viel zu weiten Hose, und blickt betont gleichgültig in die Gegend. Ich schätze ihn auf vierzehn.

»Kommen Sie doch erst einmal mit mir in mein Büro. Da sehen wir weiter.«

Ralf und Stefan blicken mich dankbar an. Ich kann mir vorstellen, dass ihnen die Stimme der Dame auch ganz schön auf die Nerven gegangen ist. Sie verabschieden sich rasch und sind schon verschwunden, bevor wir die Feuertür zum Treppenhaus erreicht haben.

Während wir die Stufen zum ersten Stock hochgehen, rattert es in meinem Kopf. Es ist wie immer in solchen Fällen Freitagmittag. Im Sozialamt und im Amt für Wohnungsfürsorge erreiche ich jetzt niemanden mehr. Das brauche ich gar nicht erst zu probieren.

»Haben Sie vielleicht Freunde oder Verwandte, bei denen Sie erst einmal unterkommen könnten?«, frage ich hoffnungsvoll, als wir alle in dem kleinen Büroraum sitzen. Der Junge hat sich den Bürostuhl meiner Kollegin geschnappt und dreht sich darauf hin und her.

Die Frau lacht bitter. »Ja klar, meine Schwiegermutter. Aber das geht auf keinen Fall. Und meine Freundin, die wir gerade in der Stadt getroffen haben, kriegt heute Besuch von ihrer Familie aus Polen.«

»Was ist denn mit Ihren Eltern?«, frage ich vorsichtig.

»Mein Vater lebt nicht mehr, meine Mutter und meine Schwester wohnen in Karlsruhe.«

Das ist ja gar nicht so einfach.

»Mama, ich will was essen«, jammert die Kleine.

»Ja, Miri, ist ja gut. Die Frau hilft uns gleich.«

Die Frau, die helfen soll, bin ich, aber ich habe gerade keine Ahnung, was ich für die Kochs tun kann. Ich zermartere mir den Kopf, aber mir fällt nur das Frauenhaus ein.

»Meinen Sie wirklich?« Frau Koch ist mäßig begeistert von dieser Idee. »Also, ich weiß nicht, ob … Also eigentlich würde ich da nicht so gerne hin. Da sind doch nur Frauen, die von ihren Männern geschlagen werden, und bei uns ist das ja gar nicht so … Gibt es nichts anderes?«

Das ist jetzt vielleicht nicht der richtige Zeitpunkt, um Ansprüche zu stellen, denke ich, aber ich sage: »Ich rufe da jetzt einfach mal an und höre, ob es für Sie überhaupt die Möglichkeit gibt, dort unterzukommen. In Ordnung?«

Bevor Frau Koch etwas einwenden kann, wähle ich die Nummer. Die Unterbringung im Frauenhaus klappt eigentlich immer kurzfristig und unkompliziert.

Die Frau am anderen Ende der Leitung lässt sich erst einmal erzählen, warum Frau Koch und ihre Kinder eine Unterkunft brauchen, dann fragt sie: »Wie alt ist denn der Sohn?«

Ich gebe die Frage an Frau Koch weiter.

»Vierzehn«, ruft sie mir zu.

»Tut mir leid. Wenn er schon vierzehn ist, dann können wir ihn hier nicht aufnehmen. Wir nehmen hier Jungen nur bis zwölf, in Einzelfällen auch schon mal bis dreizehn Jahre auf.«

Mist, daran hatte ich nicht gedacht. Frau Koch scheint erleichtert zu sein, dass sie nicht in ein Frauenhaus muss, obwohl das aus meiner Sicht eine schnelle und gute Lösung gewesen wäre. Ich grüble weiter, während mich Miri aus ihren großen Augen ansieht.

»Haben Sie vielleicht Geld, um sich für das Wochenende ein Zimmer im Hotel zu nehmen, oder in einer Jugendherberge?«, frage ich schließlich.

Frau Koch schüttelt den Kopf. »Ich habe nur ein bisschen Bargeld bei mir, aber das reicht nicht. Wir haben heute Vormittag fast alles ausgegeben. Meine Bankkarte war in der Wohnung und jetzt ist sie natürlich weg.«

»Mama, ich hab Hunger«, jammert die kleine Tochter wieder und zerrt am Arm der Mutter.

»Ist ja gut. Ich … wir kriegen bestimmt gleich was.« Frau Koch hat wieder diesen Kreissägentonfall. Sie fährt mit dem Zeigefinger vorsichtig unter ihren Augen entlang, als müsste sie bereits eine Träne wegwischen.

»Sag mal, Miri, magst du Schokolade?«, frage ich schnell.

Das Mädchen blickt mich wieder an, als wäre ich eine Außerirdische, und nickt langsam. Fragend sehe ich die Mutter an, auch die nickt leicht und sieht aus, als könnte sie auch Schokolade vertragen. Was man nicht alles für den Mitbürger tut, denke ich, während ich eine Schachtel mit Schokoriegeln aus der Schublade fische. Eigentlich ist das meine eiserne Reserve für Notfälle. Aber vielleicht ist das ja auch ein Notfall.

»Sag danke!«, zischt Frau Koch ihrer Tochter zu, als ich ihr einen Riegel überreiche. Aber die ist so mit dem Auspacken beschäftigt, dass sie auf die Mutter nicht reagiert. Der Junge hört für einen kurzen Moment auf, sich auf dem Bürostuhl herumzudrehen, während er seinen Riegel auspackt und »Danke« murmelt. Die Mutter winkt mit schmalen Lippen ab, als ich ihr auch einen anbiete.

Während ich Miri beobachte, die sich konzentriert der Schokolade widmet, fällt mir ein, dass es spezielle Einrichtungen gibt, die Opfern von Kriminaldelikten helfen. Ich wähle die Nummer von einer davon und bin erleichtert, dass schon nach wenigen Klingelzeichen jemand abnimmt. Nachdem ich die Situation der Kochs geschildert habe, überlegt der Mann am anderen Ende der Leitung kurz, dann sagt er: »Gut, wenn jetzt nichts anderes hilft, dann müssen die sich fürs Erste ein Hotelzimmer nehmen. Wir strecken die Kosten vor.«

Frau Koch wirkt weniger erfreut, als ich gehofft hatte.

»Und wer zahlt das dann später, wenn die das nur vorstrecken?«

»Das besprechen Sie am besten mit der Einrichtung direkt. Ich gebe Ihnen hier eine Karte mit der Kontaktadresse. Wir müssen erst einmal herausfinden, wer Ihnen die Wohnung ausgeräumt hat. Sie haben bei meinen Kollegen ja schon eine Aussage gemacht.«

Frau Koch schnaubt. »Dann muss mein Mann das bezahlen«, sagt sie. In ihrer hohen Stimme schwingt Befriedigung mit. Aber gleich darauf legt sich ihre Stirn in Falten: »Aber was soll ich den Kindern denn anziehen? Wir können uns ja auch gar nichts zu essen kaufen? Und Miris Geburtstag? Den können wir jetzt wohl vergessen.«

Miri blickt ihre Mutter an und dann mich, dann fängt sie lauthals an zu schreien: »Aber ich will meinen Geburtstag. Ich will aber meinen Geburtstag!« Schokolade klebt an ihrem Kinn.

Am liebsten würde ich mir die Ohren zuhalten. Dabei hat Frau Koch natürlich recht. Das ist alles ganz furchtbar ärgerlich, aber wir können die Sachen einfach nicht so schnell wiederbeschaffen. Sie muss sich mit der Situation arrangieren. Eine andere Wahl bleibt ihr nicht.

»Frau Koch, Sie werden nicht verhungern und Sie haben jetzt erst einmal eine Bleibe. Das ist vorerst das Wichtigste. Und seien Sie beruhigt, wir kümmern uns um den Fall.«

Frau Koch sagt nichts. Ihr Mund ist zu einer schmalen Linie zusammengepresst. Sie starrt auf den Boden, es ist deutlich zu sehen, dass es hinter ihrer Stirn kocht. Sie ist stinksauer, sicher auf ihren Mann, aber ich könnte mir vorstellen, dass ich und meine Kollegen ihre Laune auch nicht gerade verbessert haben. Miri hat aufgehört zu schreien, sie hat ihren Kopf auf den Schoß der Mutter gelegt und jammert hin und wieder leise. Tom nutzt die entstandene Stille, um seine Hand in meine Richtung auszustrecken.

»Kann ich noch einen?«, fragt er.

Stefan und Ralf bringen die drei schließlich zu dem Hotel, mit dem die Einrichtung bereits Kontakt aufgenommen hat. Ich atme auf, als sie mein Büro verlassen haben. Sie tun mir leid und ich hoffe, dass sie ihre Sachen schnell zurückbekommen und ihre Wohnung wieder einrichten können, aber Frau Kochs kreischende Stimme und ihre fordernde Art haben mich ganz schön Nerven gekostet. Dazu das quengelnde Mädchen. Instinktiv reiße ich das Fenster meines Büros auf und lasse frische Luft ins Zimmer. Der Einzige, der entspannt war, zumindest nach außen hin, war der Junge, denke ich dabei.

Als ich einen Blick auf die Uhr werfe, fährt mir der Schreck durch die Glieder: 14.37 Uhr. Ich muss meinen Sohn vom Kindergarten abholen und bin schon spät dran. Eilig schlüpfe ich in meine Jacke, streife die Tasche über, schließe das Büro ab und winke den Kollegen, die noch ein paar Stunden arbeiten müssen, zum Abschied zu.

Es ist erschreckend, was Menschen, die sich einmal geliebt haben, einander antun, wenn sie sich trennen. Der Fall von Frau Koch zeigt mal wieder, wie viel kriminelle Phantasie dabei freigesetzt werden kann.

Ich bin froh, dass mir die Opferhilfeorganisation noch eingefallen ist. Sie konnte Frau Koch und ihren Kindern schnell und praktisch helfen. Als Polizistin habe ich weder die Kapazitäten noch die Mittel, so etwas zu leisten, obwohl es dringend nötig ist, Opfern einer Straftat Hilfe anzubieten. Dabei wird psychologische Hilfe genauso dringend benötigt wie praktische.

2000

»Mama?«

»Ja?«

»Warum gehst du zum Schlafen woanders hin?«

Erschrocken sehe ich meinen Sohn an. Er sitzt auf dem Boden in seinem Kinderzimmer vor einem Berg von Spielzeugautos und blickt mich neugierig an. Ich trage schon meine Jacke und wollte mich gerade von ihm verabschieden, weil ich zum Nachtdienst muss. Vor etwa einem Jahr bin ich vom Kriminalermittlungsdienst zum Kriminaldauerdienst, kurz KDD, gewechselt und arbeite wieder Vollzeit. Das bedeutet: 12 Stunden Tagesdienst, dann 24 Stunden frei, dann 12 Stunden Nachtdienst, dann wieder 24 Stunden frei, das Ganze noch mal und dann 72 Stunden frei. Die Wechselzeiten sind um 5 Uhr morgens beziehungsweise 17 Uhr am Nachmittag. Das heißt, ich muss spätestens um 16 Uhr aus dem Haus, wenn ich pünktlich zum Nachtdienst sein will, besser um 15:45 Uhr. Mein Mann und ich müssen unsere Arbeitszeiten jetzt immer aufeinander abstimmen. Heute Nachmittag ist er zu Hause und bringt den Kleinen später ins Bett. Bisher hat unser Sohn die Arbeit seiner Eltern kommentarlos hingenommen, aber das ist jetzt offenbar vorbei.

Ich gehe neben ihm in die Knie und überlege fieberhaft, wie ich ihm jetzt in möglichst kurzer Zeit erklären kann, warum ich nachts arbeite. Soll ich ihm sagen, dass ich Straftaten bekämpfe? Soll ich ihm von Tötungsdelikten, Einbrüchen und Ausländerdelikten erzählen?

»Mama muss Räuber fangen«, fällt mir schließlich ein. Das ist zwar sehr verkürzt dargestellt, aber ich bin froh, eine Antwort gefunden zu haben, die mir einigermaßen kindgerecht erscheint.

»Warum denn?«

»Äh …« Ich sehe mich hilfesuchend um. Seit neuestem will er alles genau wissen und fragt nach jeder Erklärung: »Warum?« Ich habe als Mutter eigentlich den Anspruch, ihm keine Antwort schuldig zu bleiben, aber ich komme jetzt in Erklärungsnot. Endlich fällt mein Blick auf seinen Teddy, der neben ihm auf dem Boden liegt.

»Räuber sind solche Leute, die dir den Teddy wegnehmen, ohne zu fragen.«

»Wie Tony?«

Der Kleine hat sich schon oft über unseren Hund beschwert, wenn der ihm einen Keks oder ein Stück Apfel geklaut hat.

»Ja, so ähnlich! Tschüs bis morgen. Schlaf nachher gut.«

Mein Sohn nickt nachdenklich, während er sich von mir einen Abschiedskuss geben lässt.

Ich verlasse ungern das warme Haus. Draußen ist es noch winterlich kühl, obwohl es dem Kalender nach schon lange Frühling ist. Der Himmel ist grau und wolkenverhangen, erste Tropfen fallen. Ich ziehe die Schultern hoch und beeile mich.

Seufzend steige ich in den Wagen und starte den Motor. Es ist schon 16.05, ich bin spät dran. Zum Glück komme ich gut durch. Der Feierabendverkehr beginnt erst in etwa einer Stunde. Inzwischen hat es angefangen zu regnen. Die Tropfen trommeln auf das Autodach, der Scheibenwischer läuft auf Hochtouren. Die Frage meines Sohnes geht mir nicht aus dem Kopf. Seit ich wieder Vollzeit arbeite, sehe ich ihn ziemlich wenig. Wenn ich Tagesdienst habe, muss ich los, bevor er aufwacht, und komme wieder, wenn er schon fast schläft. Er geht zwar in den Kindergarten und sein Vater ist ja auch für ihn da, trotzdem habe ich oft ein schlechtes Gewissen. In meiner Kindheit war das anders, meine Mutter war eigentlich immer zu Hause. Die meisten Frauen in meinem jetzigen Bekanntenkreis gehen höchstens halbtags arbeiten. »So wie du Vollzeit arbeiten, das könnt ich nicht«, höre ich öfter von ihnen. Aber ich liebe meine Arbeit und ich habe die Erfahrung gemacht, dass man als Halbtagskraft mit den wirklich interessanten Fällen nicht mehr in Berührung kommt.

Dazu kommt der Karriereknick nach der Geburt meines Sohnes. Als ich nach dem Erziehungsurlaub beim Kriminalermittlungsdienst anfing, waren meine Chancen auf Beförderung plötzlich gleich null. »Wer Teilzeit arbeitet, kann nicht befördert werden« und »Führung ist nicht teilbar«, heißt es vom Arbeitgeber. Warum das nicht gehen soll, wird nicht erklärt. Ich versuche deswegen, mich mehr für die Belange von Frauen im Polizeidienst einzusetzen und bin seit etwa drei Jahren in der Frauengruppe der Gewerkschaft der Polizei aktiv.

An der Teilzeittätigkeit beim KED hat mich auch gestört, Feierabend zu machen, wenn die meisten Kollegen noch arbeiten. Natürlich würde ich auch lieber die Nächte bei meiner Familie verbringen. Aber es ist nun einmal so, dass bestimmte Delikte nachts begangen werden, und deshalb muss die Polizei auch nachts da sein. Und wenn es um die Einteilung der Schichten geht, werde ich nicht anders behandelt als meine Kollegen, nur weil ich Mutter bin. Eine Ausnahme ist der 24. Dezember. Da wird dann schon darauf geachtet, dass nicht unbedingt die Kolleginnen und Kollegen mit kleinen Kindern arbeiten müssen. Hin und wieder sehne ich mich nach einer Stelle, die nur tagsüber besetzt sein muss. Aber trotz der nervenden Wechselschichten mag ich meine Arbeit, weil sie vielfältig und abwechslungsreich ist. Der KDD übernimmt die Sofortmaßnahmen für andere Spezialdienststellen. Wenn also etwas passiert, ein Mord zum Beispiel, dann sind in der Regel die Kollegen von der Schutzpolizei als Erste da, danach wird der Dauerdienst verständigt. Meine Kollegen und ich fahren dann zum Tatort und verständigen die zuständige Dienststelle, bei Mord wäre das die Mordkommission. Vor allem nachts und an den Wochenenden dauert es immer eine Weile, bis die Kollegen, die Rufbereitschaft haben, vor Ort sind. Wenn beispielsweise ein Kollege von der Mordkommission nachts um drei geweckt wird, dann fährt er wahrscheinlich nicht gleich auf dem schnellsten Weg zum Tatort, sondern erst einmal aufs Präsidium, um aufzurüsten. Das heißt, er holt die Dienstwaffe, den Einsatzkoffer und den Dienstwagen. Da kann es schon mal eine, maximal zwei Stunden dauern, bis er beim Tatort ankommt. In dieser Zeit sichern wir den Tatort, sofern das nicht schon geschehen ist, befragen die Zeugen, vernehmen Verdächtige und kümmern uns um eventuell weitere Opfer. Der KDD muss sich also mit der ganzen Bandbreite der Delikte befassen: Mord, Diebstahl, Brand-, Sexualdelikte und so weiter.

Es regnet noch immer, als ich das Präsidium erreiche. Ich halte mir meine Tasche über den Kopf und renne das Stück vom Wagen bis zum Eingang. Das mächtige, sternförmig angelegte Gebäude beeindruckt mich jedes Mal wieder, wenn ich es sehe. Es ist gerade fertiggestellt worden, innen riecht noch alles frisch gestrichen und neu.

Der Umkleideraum für die Frauen des KDD ist karg und weiß. Er ist geräumig, und keine Putzfrau stellt hier das Reinigungszeug ab, dafür gibt es extra Räume. Es riecht etwas nach Plastik, aber ich will mich nicht beschweren. Vor dem nagelneuen Spiegel lege ich mein Schulterholster an. Dabei merke ich, dass der Stoff meines Pullovers an der Stelle, an der er mit dem Schlaghebel meiner P6 in Berührung kommt, schon etwas dünner und ein bisschen fusselig geworden ist. Das blöde Ding nutzt die Kleidung ab. – Wo ich es doch immer schwierig finde, für eine Frau von meinem Format passende Kleidung zu finden. Meistens werde ich nur in den Läden mit Übergrößen fündig. Irgendwie scheinen die meisten Modefirmen davon auszugehen, dass Frauen nicht größer als 1,75 Meter werden. Rasch hole ich meine Waffe aus dem Schrank und stecke sie in das Holster, dabei nehme ich mir vor, sie bei Gelegenheit wieder am Gürtel zu tragen, damit meine Kleidung geschont wird. Eine Minute vor 17 Uhr stelle ich zufrieden fest, dass ich fertig zum Dienst bin.

Der Boss und Reini stehen im Flur und quatschen mit den Kollegen vom Tagesdienst. Der Boss heißt eigentlich Jürgen, aber wir nennen ihn so, weil er der Dienstgruppenleiter ist, Reini ist eigentlich Peter Reinhard, und ein anderer Kollege, Ulrich, wird Pitt genannt, weil er angeblich dem Schauspieler so ähnlich sehen soll. Mir persönlich ist das aber noch nie aufgefallen. Wir haben hier beim KDD die Sitte vom Mobilen Einsatzkommando, kurz MEK, übernommen, alle Kollegen nur mit Spitznamen anzureden. Beim MEK wird das so gehandhabt, weil über Funk keine Klarnamen genannt werden sollen. Wir haben es erst nur so aus Spaß nachgemacht, aber inzwischen hat sich das eingebürgert. Mich haben die Kollegen Big B. getauft – warum, ist klar!

Daggi, die Frau aus der anderen Schicht, winkt mir zu, als sie mich sieht. Sie hat schon ihre Tasche über die Schulter geworfen und ist im Begriff zu gehen. Eigentlich heißt sie Ines, keine Ahnung, wie sie zu ihrem Spitznamen gekommen ist, ich glaube, sie weiß es selbst nicht. Ihr kurzer, modischer Haarschnitt sitzt mal wieder perfekt, an ihren Ohren baumeln große Ohrringe, auf die sie während der Dienstzeit verzichtet. Sie sieht eigentlich eher aus, als käme sie vom Sport als von einer Zwölfstundenschicht.

Wir kennen uns von der Gewerkschaft. Daggi ist vor einem Jahr dazugekommen. Sie ist etwas jünger als ich und momentan das einzige aktive Mitglied der Frauengruppe ohne Kinder. Das ist erwähnenswert, weil die allermeisten Frauen ohne Kinder, die bei der Polizei Vollzeit arbeiten, sich inzwischen nicht mehr unbedingt benachteiligt fühlen müssen. Sie werden im Wesentlichen so behandelt wie die männlichen Kollegen auch. Das ändert sich jedoch, wenn sie Kinder bekommen und weniger arbeiten wollen. Es sind ja in der Regel immer noch die Frauen, die wegen der Kinderbetreuung beruflich kürzertreten. Viele können nach der Elternzeit nicht mehr an ihren alten Arbeitsplatz zurück, weil die Dienststellen nicht unbegrenzt Teilzeitstellen bieten können. Wenn eine Frau wegen der Kinder für Schichtdienst und Bereitschaften am Wochenende und nachts ausfällt, dann kann sie nur noch begrenzt eingesetzt werden. Ich habe mich schon vor der Geburt meines Sohnes für die Belange von Frauen im Polizeidienst interessiert, aber erst danach habe ich mich bei der Gewerkschaft aktiv in der Frauengruppe engagiert.

Bei unseren Frauengruppentreffen erstellen wir momentan eine Liste mit Anregungen zu neuen Arbeitsmodellen, damit Arbeit und Familie eben doch vereinbar sind. Der Telearbeitsplatz und der Betriebskindergarten sind nur einige Vorschläge. Dann werden wir versuchen, Gehör für diese Vorschläge zu finden. Zum Beispiel, indem wir einen Artikel in der Gewerkschaftszeitung veröffentlichen. Ich hatte schon einmal Erfolg mit so einem Artikel. Der 10-Finger-Duschkopf in der Frauendusche auf der Wache in Wilhelmsburg ist inzwischen erneuert worden und soll gut funktionieren. Erfolg hatten wir auch mit unserem Gesuch zur Dienstbekleidung. Die Dienstbekleidung für Frauen sieht jetzt aus wie die der Männer, ist aber so geschnitten, dass die weibliche Anatomie berücksichtigt ist, auch Sondergrößen sind inzwischen möglich. – Was ich natürlich besonders gut finde, auch wenn ich eigentlich keine Uniform mehr trage.

»Das nächste Treffen ist Mittwochabend«, rufe ich Daggi zu. Mit einem Nicken signalisiert sie, dass sie wieder dabei sein wird. Ich mache diese zusätzliche Gewerkschaftsarbeit gerne, weil ich das Gefühl habe, etwas bewegen und verbessern zu können. Natürlich habe ich dann auch etwas weniger Zeit für meine Familie zu Hause.

Ich wende mich an den Boss und Reini. Sie sehen ernst aus.
»Was gibt's?«, will ich wissen.
»Ein Mädchen ist nach der Schule nicht nach Hause gekommen. Sie ist acht Jahre alt. Die Eltern haben sie gerade als vermisst gemeldet. Offenbar war sie gar nicht in der Schule. Die Kollegen von der Schutzpolizei sind schon da und suchen alles ab. Reini und Tobb

fahren gleich zu den Eltern und befragen sie noch mal.« Der Boss blickt mich mit einer Mischung aus Konzentration und Mitgefühl an. Ich kenne niemanden, der es zustande bringt, so zu gucken.

Ich nicke. Vermisste Kinder haben wir hier häufiger. Zum Glück tauchen sie meistens nach einer Weile wieder auf. Viele haben beim Spielen einfach die Zeit vergessen und sind dann ganz erstaunt, wenn sie die Eltern völlig aufgelöst vor Angst vorfinden. Oder sie sind nach einem Streit einfach abgehauen. Aber auch dann kommen sie meistens nach einer Weile wieder zurück.

»Habt ihr schon irgendeinen Anhaltspunkt?«, frage ich routinemäßig.

»Bisher nicht«, sagt Reini. »Wir sollten aber bald was finden. Mir gefällt gar nicht, dass die Kleine nicht in der Schule eingetroffen ist. Ich hab kein gutes Gefühl bei der Sache.« Er reibt sich die Schläfen, als hätte er Kopfschmerzen. Er ist gut zehn Jahre älter als ich und entsprechend länger dabei. Wenn er ein schlechtes Gefühl hat, dann ist meistens etwas dran.

Nachdenklich gehe ich in den Aufenthaltsraum, zünde mir eine Zigarette an und mache neuen Kaffee für mich und die Kollegen. Ich hoffe, das Mädchen taucht unversehrt wieder auf. Fälle, in denen Kinder Opfer sind, haben mich früher schon immer berührt; seit ich selber Mutter bin, ist das noch stärker geworden. Ich kann die Angst von Eltern, die ihr Kind als vermisst melden, sehr gut nachvollziehen. Deshalb hoffe ich, dass sich Reini in diesem Fall mit seinem schlechten Gefühl täuscht. Vielleicht hat sich das Mädchen ja mit den Eltern gestritten und versteckt sich irgendwo. Das wäre mir jedenfalls lieber. Ich möchte gar nicht daran denken, dass sie vielleicht das Opfer eines Perversen geworden ist. Bei dem Gedanken daran schüttelt es mich.

Eine laute Frauenstimme reißt mich aus meinen Überlegungen. Es folgt der beruhigende Tonfall des Bosses. Neugierig trete ich in das Großraumbüro, in dem wir vom Dauerdienst sitzen. Der Boss und zwei Kollegen von der Schutzpolizei stehen vor einer Frau mit langem, hellblondem Haar und reden beruhigend auf sie ein, während die Frau immer wieder schreit. Sie scheint gleichzeitig zu weinen, jedenfalls verstehe ich kaum, worum es geht. Der Boss wendet den Kopf von der Frau ab und blickt sich suchend um. Als er mich sieht, winkt er mich heran. Auch hier beim KDD werde ich gerufen, wenn es um weinende Frauen geht. Die Kollegen scheinen ganz automatisch davon auszugehen, dass das in meinen Bereich fällt.

»Was ist denn los?«, frage ich, als ich die vier erreiche. Jetzt sehe ich, dass das Haar der Frau feucht an ihrem Kopf klebt, auch ihre Klamotten sind nass, offenbar ist sie durch den Regen gelaufen. Die Frau sieht mich an, aber sie scheint mich gar nicht richtig wahrzunehmen, ihre Augen wirken merkwürdig glasig und bewegen sich ziellos hin und her. Vielleicht ist sie auf Drogen, denke ich. Der Boss und die beiden uniformierten Kollegen treten zur Seite, damit ich mich der Frau besser nähern kann. Sie wirken erleichtert, dass ich sie jetzt übernehme. Und obwohl ich es manchmal blöd finde, dass mir immer die weinenden, aufgelösten Frauen zugeschoben werden, fühle ich mich auf der anderen Seite auch immer gleich verantwortlich, wenn es um Frauen oder Kinder geht. Ich glaube auch, dass ich eher etwas aus dieser Frau herausbekommen werde als die Kollegen. Ich blicke den Boss und die anderen fragend an, um zu erfahren, worum es geht. Doch die sehen nur ratlos zurück. Sie haben von der Frau noch keine einzige brauchbare Information erfahren können. Vorsichtig lege ich ihr die Hand auf die Schulter und sage in dem beruhigenden Tonfall, den meine Stimme automatisch bei hysterischen »Kunden« annimmt: »Hallo, mein Name ist Birgit Reimann. Können Sie mir erzählen, was los ist?«

Die Augen der Frau haben noch immer diesen fiebrigen Ausdruck, aber sie fixiert mich jetzt.

»Er hat eine Pistole!«, kommt es stockend aus ihr heraus.

»Wer?«

»Micha.« Als sie meinen fragenden Blick sieht, ergänzt sie: »Mein Mann.«

»Und wo ist Ihr Mann jetzt?«

»In unserer Wohnung.«

»Okay, und ist irgendjemand bei Ihrem Mann?«

Der Blick der Frau wird wieder unruhiger, sie wird erneut von einem Schluchzer geschüttelt. Bevor sie etwas herausbringt, nickt sie. »Timo.«

Mein Magen zieht sich zusammen, obwohl ich gar nicht weiß,

wer Timo ist. Aber ich habe so ein Gefühl und hoffe, ich täusche mich. Ich will heute kein Familiendrama.

»Und wer ist Timo?«, frage ich vorsichtig.

Die Frau weint jetzt hemmungslos.

»Bitte, sagen Sie uns, wer Timo ist! Nur so können wir Ihnen helfen.«

Sie will etwas sagen, aber es gelingt ihr nicht, sie schluchzt zu heftig. Ich sehe deutlich, dass sie eine Heidenangst hat.

»Ist das Ihr Sohn?«, frage ich schließlich, als ich es nicht mehr aushalte.

Die Frau nickt heftig.

Wenn das stimmt, dann müssen wir jetzt schnell das MEK einschalten. Ich blicke den Boss an, der nickt, um mir zu signalisieren, dass er ihr glaubt. Einer der Kollegen hat der Frau einen Stuhl hingeschoben, auf dem sie jetzt zusammengesunken sitzt. Jetzt glaube ich nicht mehr, dass sie auf Drogen ist. Eher vermute ich, dass sie aus Angst um ihren Sohn so wirr ist.

Ich suche mir ebenfalls einen Stuhl und versuche behutsam, alle nötigen Infos aus der Frau herauszubekommen. Die Frau heißt Erika Schmied, ihr Sohn ist fünf Jahre alt. Frau Schmied wollte sich von ihrem Mann trennen. Als sie ihm das gesagt hat, ist er ausgerastet.

»Er hat mich beschimpft: Schlampe, blöde Nutte und so«, erzählt Frau Schmied und zieht die Nase hoch. »Und als ich gehen wollte, hat er sich vor die Tür gestellt. Ich bin dann auf Timo zugegangen, weil ich ihn mitnehmen wollte, aber als er das gemerkt hat, war er sofort bei ihm und hat ihn festgehalten. Dann ist er mit ihm ins andere Zimmer, und als er wiederkam, hatte er dieses Ding in der Hand. Er hat gesagt, dass er uns alle abknallt. Ich stand an der Wohnungstür und bin dann einfach rausgerannt. Aber Timo … Mein Gott, was soll ich denn jetzt machen?« Frau Schmied wimmert hoffnungslos, Tränen rinnen ihr die Wangen herunter. Mein Blick fällt auf ihre Füße, die nackt in Sandalen mit einem kleinen Absatz stecken. Mir wird schon bei dem Anblick kalt. Ob sie damit durch den Regen auf die nächste Wache gerannt ist? Außerdem scheint sie nicht einmal eine Jacke dabei zu haben.

»Okay, Frau Schmied, jetzt atmen Sie mal tief durch, und dann versuchen Sie sich zu erinnern, ob das wirklich eine funktionierende

Pistole war, die Ihr Mann da in der Hand hatte. Wir können Ihnen nämlich am besten helfen, wenn wir von Ihnen so viele Informationen wie möglich bekommen.« Ich lege in meine Stimme alle Ruhe und Zuversicht, zu der ich fähig bin. Dabei muss ich selbst tief durchatmen, um Ruhe zu bewahren.

Frau Schmied zuckt nur die Schultern und zieht die Nase hoch. »Also Micha hat sie mir schon mal gezeigt. Da hat er gesagt, dass sie echt ist. Er war da richtig stolz drauf. Ich fand das damals schon so schwachsinnig …« Frau Schmied bricht wieder ab. Die Tränen laufen wieder, aber sie ist sichtlich bemüht, sich zu beherrschen.

Dann versuche ich, von Frau Schmied einen genauen Plan der Wohnung zu bekommen, damit sich die Kollegen vom MEK dort zurechtfinden. Als wir fertig sind, nimmt der Boss den Plan und ruft das MEK an.

»Alles klar«, sagt er, als er wiederkommt. »Das MEK weiß Bescheid. Birgit, ich möchte, dass du mit hinfährst und dich um das Kind kümmerst. Okay? Ulrich kommt auch mit.« Vor unserem »polizeilichen Gegenüber« reden wir uns nicht mit Spitznamen an.

Frau Schmied sieht uns erwartungsvoll an. Sie will mitkommen, das spüre ich. Aber das halte ich für keine gute Idee. Wer weiß, ob sie der nervlichen Belastung vor Ort standhält? Wir können dort nicht noch jemanden gebrauchen, den wir unter Kontrolle kriegen müssen. Und falls etwas mit ihrem Sohn passiert, möchte ich nicht diejenige sein, die sie auffangen muss.

»Ich will mit. Bitte!«, kommt es da schon von ihr.

Ich seufze. Sie hat sich deutlich zusammengenommen, um diese Worte zu sagen. Ich kann bestens verstehen, dass sie dabei sein möchte, aber das geht einfach nicht. Hilfesuchend sehe ich den Boss an.

»Frau Schmied, Sie bleiben hier. Das ist für alle Beteiligten das Sicherste, glauben Sie mir. Ich werde Sie jetzt gleich zur Kollegin Müller bringen, die wird mit Ihnen zusammen warten.«

Inga Müller ist eine sehr feinfühlige Kollegin, sie arbeitet eigentlich für die Sitte, aber heute hilft sie hier aus. Sicher ist Frau Schmied bei ihr gut aufgehoben. Jedenfalls besser als am Einsatzort. Ich werfe ihr einen letzten Blick zu und versuche, aufmunternd zu lächeln. Es gelingt mir nicht so richtig. Jedenfalls wirkt Frau

154

Schmied überhaupt nicht aufgemuntert. Und wenn ich ganz ehrlich bin, ist mir auch nicht nach Aufmuntern zumute.

Ich wende mich also rasch ab und suche meine Sachen zusammen. Bevor ich meine Jacke überziehe, überprüfe ich routiniert den Sitz der P6. Neuerdings gibt es für alle Kollegen in Hamburg schusssichere Westen, ich habe bisher noch keine bekommen. Es wird noch eine Weile dauern, bis alle eine haben. Wenn ich eine hätte, würde ich sie jetzt vielleicht anziehen, denke ich. Seit mein Kleiner auf der Welt ist, sorge ich mich etwas mehr um meine Sicherheit als früher. Aber bisher bin ich auch gut ohne eine solche Weste ausgekommen, da wird es auch heute gehen. Mit Micha Schmied werde ich ja auch keinen Kontakt haben, das wird das MEK erledigen. Es wird also hoffentlich keine Situation geben, in der ich eine schusssichere Weste brauchen könnte. Außerdem ist sie schwer und unbequem, sie geht auch nur bis zum Ende der Rippenbögen, der Bauch ist komplett ungeschützt, und für Frauen gibt es auch nur eine Standardgröße, die jedoch nur Frauen mit maximal Körbchengröße A richtig passt.

Pitt wartet schon in der Tiefgarage bei unserem Dienstwagen, einem grauen BMW. Er sitzt am Steuer und trommelt demonstrativ mit den Fingern auf dem Armaturenbrett. Es ist inzwischen halb sieben und die Straßen sind verstopft. Der Regen hat aufgehört. Ich halte meine Hände gefaltet im Schoß, weil sie sonst fahrig herumzappeln würden. Ich bin nervös.

»Senatsreklame?«, fragt Ulrich.

Ich nicke, nehme das mobile Blaulicht aus dem Fach und befestige es mit der Magnetvorrichtung am Dach. Das Heulen des Martinshorns und das Blaulicht sorgen dafür, dass es etwas schneller geht. Wir erreichen den Einsatzort trotzdem erst nach 20 Minuten. Ich habe den Eindruck, die Wagen machen uns nur widerwillig Platz, manche scheinen in eine Art Schockstarre zu verfallen, sobald sie das Martinshorn hören. Sie bewegen sich dann einfach nicht vom Fleck, auch wenn sie mitten im Weg stehen.

Als wir in die Straße einbiegen, in der die Wohnung der Schmieds liegt, schalte ich das Martinshorn und das Blaulicht aus. Es ist schon ganz schön was los. Das MEK ist bereits da, zwei Einsatzwagen parken direkt vor der Haustür. Davor stehen die Kollegen mit ihren schwarzen Kampfanzügen, ich schätze, es sind ungefähr zehn. Daneben parken zwei Streifenwagen mit Kollegen von der Schutzpolizei. Gleichzeitig mit uns treffen zwei Rettungswagen ein. Ich sehe vom Wagen aus, wie einer der Schutzkollegen bei den Nachbarn klingelt, die schon neugierig am Fenster hängen. Die Schmieds wohnen in einem Mehrparteienhaus. Die Bewohner des Hauses werden sicher gebeten, das Haus zu verlassen und wenn möglich für den Zeitraum des Einsatzes woanders unterzukommen. Die Nachbarn aus den umliegenden Häusern werden bei solchen Einsätzen angewiesen, sich nicht in der Nähe der Fenster aufzuhalten, außerdem sollen sie die Türen geschlossen lassen und während des Einsatzes im Haus bleiben.

Wir parken etwas abseits, um dem MEK nicht im Weg zu sein. Pitt bleibt im Wagen, während ich mich auf die Suche nach dem Einsatzleiter mache. Die Stimmung vor dem Wohnhaus ist angespannt und geschäftig. Ich bin immer wieder beeindruckt von den Kollegen vom MEK. Sie sehen in ihren Kampfanzügen, den Überziehwesten, Knie- und Schienbeinschonern und den Helmen richtig martialisch aus. Der arme Timo wird sich ordentlich erschrecken, wenn da plötzlich diese schwarzen Männer in die Wohnung kommen und seinen Papa festnehmen. Mit den vermummten Gesichtern können sie sogar einem Erwachsenen ganz schön Angst einjagen. Wie muss es dann erst einem kleinen Kind gehen? Kann es sich überhaupt vorstellen, dass unter so einem Kampfanzug ein ganz normaler Mensch steckt? Inzwischen sind die Anzüge auch absolute Hightech-Wunder. Sie sind kaum noch zu vergleichen mit dem »kleinen Kampfanzug«, den ich vor Jahren bei Demos tragen musste.

Ich lasse meinen Blick über die Fassade des Hauses gleiten. Hinter den Fenstern im Erdgeschoss, hinter denen die Wohnung der Schmieds liegt, ist nichts Auffälliges zu sehen. Kein Licht brennt. Ich weiß nicht, ob das ein gutes Zeichen ist oder nicht.

Heinz, den Einsatzleiter des MEK, kenne ich schon von früheren Einsätzen und schon da war ich beeindruckt von seiner Art, sich ganz auf seine Arbeit zu konzentrieren. Der kleine, drahtige Mann steht an einem der Einsatzwagen und geht mit den Kollegen noch einmal den Wohnungsplan durch, den Frau Schmied mit mir angefertigt hat. Die Kollegen sind angespannt. So ein Einsatz ist immer gefährlich. Es kommt oft zu Verletzungen und es sterben auch immer wieder Menschen dabei. Wenn ein Täter eine Waffe hat, dann muss man grundsätzlich mit allem rechnen.

Als Heinz mich bemerkt, blickt er auf. Er hört sich kurz an, warum ich hier bin, dann nickt er und ist gleich wieder ins Gespräch vertieft. Er will keine Minute verlieren.

Es ist inzwischen 19 Uhr, die Sonne ist schon nicht mehr zu sehen. Die Straßenlaternen brennen schon. Es wird nicht mehr lange dauern, bis es dunkel ist. Die Kollegen werden im Haus ihre Taschenlampen einsetzen müssen.

»Birgit, bleib am besten hier im Wagen und warte auf uns. Ich sage dir Bescheid, wenn du den Kleinen holen kannst.« Heinz ist offenbar fertig mit der Besprechung. Ich stehe zwischen den beiden Einsatzwagen nur etwa drei Meter von der Eingangstür des Hauses entfernt. Jetzt wünschte ich, Ulrich wäre mitgekommen und würde mir Gesellschaft leisten. Aber er hat hier keine Aufgabe, er soll nur mich und den Kleinen nachher zum Präsidium fahren. Die Kollegen vom MEK klappen die Visiere ihrer Helme runter und bringen sich in Position. Ich springe schnell auf den Fahrersitz des Einsatzwagens. Da fühle ich mich sicherer und laufe nicht Gefahr, im Weg herumzustehen.

Drei Kollegen postieren sich unten an der Tür, die anderen verschwinden im Haus. Ich bin erstaunt darüber, wie leise sie sich in den Kampfanzügen bewegen. Ich öffne das Fenster ein kleines Stückchen, um mehr mitzubekommen. Das kräftige Klopfen an der Tür höre ich deutlich. Es folgt Stille, sogar der normale Lärm der Stadt scheint für einen Moment verstummt. Ich bete, dass die beiden in der Wohnung noch leben, und zugleich hoffe ich, dass auch nach dem Einsatz niemand verletzt ist. Dabei denke ich auch an die Kollegen. Die begeben sich bei so einem Einsatz ganz schön in Gefahr.

Angestrengt lausche ich. Nichts passiert.

Dann höre ich eine Stimme drinnen rufen.

»Herr Schmied? Machen Sie die Tür auf. Hier ist die Polizei.« Oder etwas in der Art. Ich kann es nicht genau verstehen. Ich höre nur die Stille, die folgt, und ich spüre, wie mein Herz schlägt.

Frau Schmied hat gesagt, sie wisse nicht, ob ihr Mann noch mehr

Waffen hat, aber es könnte sein. Sie habe sich nie so dafür interessiert. Ich denke an ihr blasses, rotfleckiges Gesicht und bin froh, dass sie jetzt nicht hier ist. Für mich ist es ja schon sehr aufregend, einfach hier zu sitzen und zu warten. Da wäre es fast besser, selbst mit drinnen zu sein.

Es ist immer noch totenstill. Jetzt würde ich gerne rauchen, aber das nagelneue Päckchen Zigaretten habe ich in unserem Dienstwagen liegengelassen. Ich falte meine Hände vor dem Gesicht und versuche, gleichmäßig zu atmen. Die Kollegen vor der Tür stehen da wie festgenagelt. Einer starrt in meine Richtung, ohne mich wahrzunehmen. Jeder hat seinen Posten und konzentriert sich auf das, was passiert.

Gleich darauf höre ich es rumsen. Ich nehme an, dass die Wohnungstür geöffnet wurde. Zwischen dem Klopfen und dem Öffnen der Tür können allerhöchstens ein paar Sekunden vergangen sein, mir kam es wie eine Ewigkeit vor. Ich sehe die Lichtkegel von Taschenlampen hinter den Fenstern hastig hin und her wandern. Dazwischen Umrisse von Menschen, ich kann nicht sagen, ob es nur die Kollegen sind, dazu Getrampel und Gepolter. Jemand ruft, wieder Getrampel, ein dumpfer Schrei. Dann knallt es. Ein Schuss ist gefallen. Jemand brüllt. Es ist ein Männerbrüllen, kein Kinderbrüllen, stelle ich erleichtert fest, um mir im nächsten Moment wieder Sorgen zu machen. Durch die Fenster sehe ich noch immer Taschenlampenlicht, aber ich kann nichts erkennen.

Aus dem Funksprechgerät der Kollegen an der Tür höre ich es knistern und rauschen. Was durchgegeben wird, kann ich nicht verstehen, aber einer verschwindet daraufhin im Haus. Die beiden anderen bleiben beinahe unbeweglich auf ihren Plätzen. Meine Hände sind noch immer vor meinem Gesicht ineinander verschlungen, als würde ich beten.

Ich starre auf die Tür und hoffe, dass gleich alle unverletzt da rauskommen. Dann endlich bewegt sich etwas. Ich erkenne zwei Kollegen in schwarzen Kampfanzügen. Sie halten einen gefesselten Mann an je einem Arm. Er scheint leicht verletzt zu sein, das linke Bein zieht er etwas nach. Die Kollegen winken den Sanitätern, zwei eilen hin. Weil keiner einen Sanitäter ins Haus ruft, nehme ich an, dass sonst niemand verletzt ist. Auch nicht der Junge.

158

Ich versuche, noch einen Blick auf das Gesicht von Herrn Schmied zu erhaschen. Wie sieht jemand aus, der das eigene Kind mit der Waffe bedroht? Aber er hält den Kopf weit nach vorne gebeugt, so dass ich nur seinen dunklen Schatten wahrnehmen kann, dann ist er mit den Sanitätern und den Kollegen im Rettungswagen verschwunden.

Nach und nach kommen die anderen Kollegen aus dem Haus. Ihre Bewegungen sind nicht mehr so leise und geschmeidig, sie wirken müde und abgekämpft. Ich kann das verstehen. So ein Einsatz setzt immer viel Adrenalin frei, und wenn er vorbei ist, dann fühlt man sich leer und kaputt. Mit klopfendem Herzen versuche ich zu erkennen, ob einer von ihnen verletzt ist. Aber da keiner hektisch nach einem Sanitäter ruft, beruhige ich mich bald wieder. Abwartend stehe ich neben dem Einsatzwagen. Ich wünsche mir sehnlichst eine Zigarette, aber dringender wünsche ich mir, dass ich endlich den Kleinen holen kann. Wo bleibt Heinz? Warum sagt mir niemand, was mit dem Kleinen ist?

Endlich kommt einer direkt auf mich zu. Ich erkenne die kleine, drahtige Gestalt von Heinz. In dem Kampfanzug sieht er richtig respekteinflößend aus, bullig. Umständlich nimmt er den Helm ab und rollt den Gesichtsschutz hoch.

»Du kannst jetzt rein, den Jungen holen. Er ist in seinem Zimmer und liegt auf dem Bett. Das erste Zimmer rechts. Mick ist noch bei ihm. Wir haben ihm gesagt, dass jemand kommt und ihn zu seiner Mama bringt.«

Ich atme auf, das heißt zumindest, dass er am Leben ist.

»Und, ist er gesund?«, frage ich vorsichtig.

»Soweit wir das beurteilen konnten, hat er keine körperlichen Verletzungen«, sagt Heinz.

Und was ist mit den seelischen Verletzungen?, frage ich mich. Wie kann das Kind so ein Erlebnis wie heute verkraften? Aber zum Nachdenken darüber ist jetzt keine Zeit, ich muss den Kleinen erst einmal da rausholen. Er braucht rasch jemanden, der sich um ihn kümmert.

Ein bisschen komisch ist es schon, in dieses Haus zu gehen, in dem eben noch geschossen und geschrien wurde. Dem Treppenhaus merkt man es nicht an. Die drei Stufen bis zur Wohnungstür sprinte ich hoch. Dort wartet ein Kollege des MEK. Er nickt mir zu, was etwas komisch aussieht mit dem Helm, und geht ein Stück zur Seite, damit ich eintreten kann. Das Holz der Wohnungstür ist am Schloss gesplittert. In der Wohnung brennt jetzt Licht. Als Erstes fällt mein Blick auf den Boden. Jacken, Mäntel, Mützen und Kleiderbügel liegen wild durcheinander. An der Wand daneben klaffen dafür zwei Bohrlöcher. Die ganze Garderobe muss während des Einsatzes heruntergekommen sein. Dazwischen Glassplitter, die ich nicht näher identifizieren kann.

»Hallo?«, rufe ich in die verwüstete Wohnung. »Hallo Timo?«

»Hallo«, antwortet eine Männerstimme.

Die Tür zu dem Zimmer, in dem sich Timo aufhalten soll, ist offen. Der Kollege Mick steht dort mit seinen schweren Schuhen auf einem Teppich mit Straßenmotiv. Mein Blick fällt auf ein Regal mit Stofftieren und dann endlich auf ein kleines Bett, auf dem offensichtlich jemand liegt. Ich atme auf.

»Siehst du, da kommt die Frau, von der ich dir erzählt habe«, sagt Mick zu Timo. Er hat zum Glück den Helm abgenommen und den Gesichtsschutz hochgerollt, so dass der wie eine Mütze auf seinem Kopf sitzt.

»Die bringt dich jetzt zu deiner Mama«, erklärt er dem Jungen. Er wirkt ein bisschen hilflos, wie er da in seinem Kampfanzug zwischen den Spielsachen steht.

Timo liegt auf der Seite mit hochgezogenen Knien. Er starrt mich aus großen Augen an. Ich erschrecke, als ich ihn dort liegen sehe. Er dürfte im gleichen Alter wie mein Sohn sein. Wer weiß, wie lange er schon so da liegt? Welche Ängste der Kleine heute wohl ausstehen musste?

»Hallo, Timo«, sage ich und gehe neben dem Bett in die Hocke, um den Kleinen besser sehen zu können. »Ich bin Birgit Reimann und ich soll dich zu deiner Mama bringen.«

Er sieht mich weiter an, ohne irgendwie zu signalisieren, dass er verstanden hat, was ich gesagt habe. Im Arm hält er einen kleinen Hasen.

»Ist ihm was passiert?«, frage ich den Kollegen noch einmal zur Sicherheit.

»Nein, also, ich denke nicht. Als wir hier drin waren, nicht. Der

160

Vater war im Wohnzimmer, als wir kamen, und der Junge lag hier. Vielleicht hat er schon geschlafen.«

Dann ist er sicher von dem Krach des MEK aufgewacht, denke ich und wende mich wieder an den Jungen. Er muss fürchterliche Angst gehabt haben.

»Geht es dir gut?«

Er zeigt keine Reaktion, nur den Hasen drückt er noch etwas fester an sich. Ich betrachte den kleinen Körper, der noch immer seitlich eingerollt auf dem Bett liegt. Auf den ersten Blick sieht er unverletzt aus, ich hoffe, dass ich mich nicht täusche.

»Tut dir irgendwas weh? Bist du verletzt?«, frage ich und versuche, dabei nicht ängstlich zu klingen.

Er starrt mich noch immer an, und ich frage mich schon, ob er mich überhaupt verstanden hat. Dann schüttelt er den Kopf.

Immerhin eine Reaktion, das ist schon mal gut.

»Hat er zu dir irgendetwas gesagt?«, frage ich den Kollegen. Der schüttelt nur den Kopf. »Ne, kein Wort.«

Als ich mich wieder dem Jungen zuwende, sehe ich, dass er das Gesicht zwischen seinen Händen vergraben hat.

»He, du brauchst doch keine Angst zu haben. Die Männer in den schwarzen Anzügen waren hier, um deiner Mama zu helfen. Die wollten überhaupt nichts Böses.«

»Die haben nur so komische Anzüge an«, fahre ich fort. »Darunter sind das ganz normale Menschen. So wie der hier.« Ich zeige auf Mick, der uns verlegen anlächelt.

Vorsichtig lugt Timo zwischen seinen Fingern durch. Wahrscheinlich hätte er am liebsten, dass alle diese schwarzen Männer sofort für immer verschwinden.

Ich winke meinem Kollegen, dass er sich neben mich auf den Boden hocken soll. Als er sich auf uns zu bewegt, verkriecht sich Timo augenblicklich in die hinterste Ecke seines Bettes.

»Keine Angst, der ist ganz lieb«, besänftige ich ihn.

Mick hält seinen Helm und seinen Gesichtsschutz hoch und sagt: »Guck, das hatte ich gerade noch an und jetzt habe ich es abgesetzt. Unter den anderen sind auch ganz normale Menschen, ehrlich!«

Als er sieht, dass der Kleine immer noch ganz hinten im Bett kauert und kaum wagt, ihn anzusehen, fragt er:

»Haben wir dich erschreckt?«

Timo nickt langsam.

»Entschuldigung, das wollten wir nicht«, sagt Mick.

Timo sieht ihn an, als wüsste er nicht, ob er ihm glauben soll.

»Wollen wir jetzt zusammen nach draußen gehen?«, ergreife ich wieder das Wort. »Da wartet ein Sanitäter, der will dich mal ansehen, und dann bringe ich dich zu deiner Mama. Okay?«

Timo hebt leicht den Kopf. Ich kann nicht erkennen, ob er nickt, aber ich werte es als Zustimmung. Ich gehe davon aus, dass er gerne zu seiner Mama möchte.

»Kannst du alleine aufstehen, oder soll ich dich tragen?«

Der Junge richtet sich langsam auf. Er zieht die Beine über die Bettkante, den Hasen hält er dabei fest umschlungen. Als er aufsteht, sieht das so unsicher aus, dass ich für eine Sekunde fürchte, er könnte vielleicht doch verletzt sein. Aber dann steht er ganz sicher. Er trägt einen hellblauen Schlafanzug mit dunkelblauen Elefanten darauf, seine Füße ragen nackt aus den Hosenbeinen.

»Kannst du mir zeigen, wo deine Schuhe sind?«, frage ich ihn. »Draußen ist es zu kalt, um barfuß zu laufen.«

Stumm zeigt er auf ein paar graue Hausschuhe mit einem Fußball darauf, die neben dem Bett stehen. Beinahe willenlos lässt er sie sich anziehen. Im Flur auf dem Boden finde ich eine Jacke für ihn. Dann halte ich ihm meine Hand hin; er ergreift sie, nachdem er etwas umständlich seinen Hasen unter seinem anderen Arm verstaut hat. Mick geht stumm und etwas verlegen hinter uns her.

»Hier nehme ich dich mal auf den Arm, weil hier Scherben sind. In Ordnung?«, erkläre ich ihm im Flur. Er lässt es wortlos geschehen. Aber sein kleiner Körper fühlt sich etwas steif an. Er lehnt sich nicht gegen mich und kuschelt sich nicht an. Trotzdem behalte ich ihn auf dem Arm, bis wir vor dem Haus sind.

Als wir aus der Haustür treten, kommen gleich zwei Sanitäter auf uns zu, um sich um den Kleinen zu kümmern. Sie tragen beide diese großen grellroten Jacken mit reflektierenden Streifen darauf. Erst als sie bei uns sind, erkenne ich, dass einer der beiden eine junge Frau ist. Ich signalisiere ihnen, dass Timo keine schlimmen Verletzungen zu haben scheint, und trage ihn noch zum Rettungswagen. Die Sanitäterin erklärt dem Kleinen in der Zeit, was jetzt als Nächstes passiert. Ihr Kollege reißt die Tür des Wagens auf und lässt uns einsteigen. Nachdem sich die Sanitäter davon überzeugt haben, dass dem Jungen äußerlich zumindest nichts fehlt, können wir wieder gehen. Als wir den Rettungswagen verlassen, taucht Heinz auf.

»Wir haben die Wohnungstür versiegelt. Wenn Frau Schmied wieder rein möchte, soll sie uns kurz Bescheid geben. Okay?« Sein Tonfall ist knapp, aber für seine Verhältnisse ist das schon herzlich. Timo nimmt meine Hand und drückt sich an mich. Obwohl Heinz seinen Helm längst abgenommen hat, wirkt er in seinem Anzug und der knappen Art noch immer einschüchternd. Ich kann mir gut vorstellen, dass Timo Angst vor ihm hat.

Pitt wirft seine Zigarette auf den dunkelglänzenden Asphalt und tritt sie aus, als er mich mit dem Jungen an der Hand kommen sieht. Sehnsüchtig blicke ich seiner Kippe hinterher. Für einen Moment wird der Wunsch nach einer Zigarette so stark, dass ich ernsthaft überlege, ob ich mir nicht noch schnell eine anzünden soll, bevor wir losfahren. Aber dann spüre ich die klamme Kinderhand und entscheide mich schweren Herzens dagegen. Der Kleine soll jetzt nicht noch warten müssen, nur weil ich rauchen will. Heinz hat inzwischen den Boss informiert, und der wird sicher Frau Schmied Bescheid gesagt haben. Sie weiß also, dass wir Timo lebend und gesund zu ihr bringen werden.

Ich rutsche neben Timo auf den Rücksitz und schnalle ihn an. Dann lege ich ihm ungefragt eine Decke über die Knie, einfach, weil ich finde, dass es kühl im Auto ist. Timo lässt es geschehen, ohne ein Wort zu sagen.

»Wir fahren dich jetzt zum Polizeipräsidium. Da wartet deine Mama auf dich«, erkläre ich und erwarte schon gar nicht mehr, dass der Kleine antwortet.

Pitt startet den Motor und fährt los. Eine Weile schweigen wir.

Ich werfe einen Blick hinüber zu Timo, der den Kopf zum Fenster gedreht hat und aussieht, als ob er die vorbeihuschenden Lichter beobachten würde. Vielleicht starrt er auch nur ins Leere, das kann ich nicht erkennen.

»Warst du schon mal bei der Polizei?«, frage ich Timo schließlich, weil ich das Gefühl habe, etwas sagen zu müssen.

Timo dreht den Kopf zu mir. Ich lächle ihn an, und obwohl sich seine Gesichtszüge nicht verändern, habe ich das Gefühl, dass er ein bisschen Vertrauen zu mir gefasst hat.

»Nein«, sagt er leise.

»Bist du aufgeregt?«, will ich wissen.

Er zuckt nur mit den Schultern.

»Du musst da keine Angst haben. Deine Mama ist ja da und ganz viele nette Leute, die dir und deiner Mama helfen wollen.«

Ich finde, ich höre mich etwas hilflos an. Was kann ich schon einem Jungen über Angst sagen, dessen Vater gerade von einer Horde schwarzvermummter Männer mit Krach und Radau gefangen genommen wurde? Ganz zu schweigen davon, dass der Vater ihn zuvor vermutlich mit einer Waffe bedroht hat. Aber darüber rede ich jetzt nicht mit ihm. Es ist nicht meine Aufgabe, das Kind danach zu fragen. Es steht unter Schock und soll sich erholen. Auch später hat der Junge das Recht, zu diesem Vorfall zu schweigen, wenn er befragt wird. Ein Kind muss nicht gegen seine Eltern aussagen.

Timo dreht sich wieder zum Fenster. Vielleicht rede ich einfach zu viel, denke ich. Vielleicht reicht es, einfach neben dem Jungen zu sitzen und bei ihm zu sein. Pitt hat den Jungen nur knapp, aber nicht unfreundlich begrüßt und hält seitdem seinen Mund. Vielleicht sollte ich es genauso machen.

Als wir ankommen und mit dem Aufzug hochfahren, ist Timo die ganze Zeit brav an meiner Hand.

»Siehst du, wenn wir oben sind, müssen wir noch ein paar Schritte gehen, und dann ist da schon deine Mama«, erkläre ich ihm. Pitt versucht ein paar Mal im Aufzug, den Kleinen anzulächeln, aber der reagiert nicht darauf. Er blickt einfach nur ernst zurück.

Der Büroraum, in dem Frau Schmied mit Inga auf uns wartet, steht leer. Er soll in den nächsten Wochen von einem Kollegen bezogen werden. Auf dem hellen Tisch, an dem die beiden sitzen, stehen zwei Kaffeetassen und eine Tüte mit Keksen. Es riecht muffig, nach Plastik und ein bisschen nach Schweiß. Als Frau Schmied Timo sieht, bricht ein merkwürdiger Laut aus ihr heraus. Als könnte sie sich nicht entscheiden, ob sie »Timo!« oder »Endlich!« oder »Gott sei

Dank!« rufen soll. Sie stürzt auf den Kleinen zu, der lässt meine Hand los und lässt sich in ihre Arme fallen. Frau Schmied hebt ihn hoch und küsst ihn ab. Sie weint ohne jede Hemmung. Die Angst und Verzweiflung der letzten Stunden entladen sich nun. Und Timo schluchzt auch, so als hätte ihn seine Mutter mit ihren Tränen angesteckt.

Ich wende den Kopf ab, weil ich selber einen Kloß im Hals spüre. Inga blickt diskret auf die Kaffeetasse vor sich. Ich beneide sie nicht um die Stunden in diesem kargen Raum, die sie hier mit Frau Schmied verbracht hat. Die war ja bestimmt halb wahnsinnig vor Angst um ihren Sohn.

In meinem Magen rebelliert es. Ich habe Hunger und will endlich rauchen. Aber ich warte noch etwas, bis sich die beiden beruhigt haben, so dass ich mich verabschieden kann. Pitt ist gar nicht erst mit hereingekommen. Er ist gleich weiter zur Dienststelle. Wahrscheinlich sitzt er schon längst bei einem Kaffee im Aufenthaltsraum.

Frau Schmied nimmt meine Hand und sagt: »Danke für alles.« Sie fühlt sich warm und feucht an.

Ich finde, dass die Kollegen vom MEK viel mehr geleistet haben als ich, aber das sage ich jetzt nicht. »Ist schon gut«, sage ich stattdessen und räuspere mich. Der Kloß in meinem Hals hat sich noch nicht ganz verflüchtigt.

»Wo wollen Sie denn jetzt hin?«, erkundige ich mich. Ich denke an das zersplitterte Holz an der Wohnungstür der Schmieds, an die Scherben im Flur und die heruntergerissene Garderobe.

»Äh, ich weiß nicht.« Plötzlich hört sich Frau Schmieds Stimme wieder ganz dünn und weinerlich an.

»Fällt Ihnen spontan irgendetwas ein? Haben Sie Verwandte, Freunde, die Sie jetzt anrufen können?«

Es ist fast 23 Uhr. Frau Schmied drückt Timo fest an sich und schüttelt ratlos den Kopf. Möglicherweise will sie jetzt auch einfach niemandem erklären müssen, warum sie kurzfristig eine Bleibe sucht.

»Wissen Sie, was, ich kann das Frauenhaus für Sie anrufen. Vielleicht haben die ja noch einen Platz für Sie.«

Dankbar lächelt Frau Schmied mich an.

Die angenehme Frauenstimme am anderen Ende der Leitung kommt mir bekannt vor und auch sie kann sich an mich erinnern. Wir hatten schon ein paar Mal miteinander zu tun. Sie kann einen Platz für Timo und seine Mutter anbieten. Es ist gut, denke ich, dass wir so schnell eine Unterkunft gefunden haben.

Zum Abschied streiche ich Timo über das helle Haar. Es fühlt sich strohig an. Er schmiegt sich an seine Mutter und mag mich kaum noch anblicken zum Abschied. Was wohl in seinem Kopf vorgeht?, frage ich mich. Wie wird er die Erlebnisse von heute verarbeiten? Ich fühle mich unwohl bei dem Gedanken. Frau Schmied macht kurz den Eindruck, als wollte sie mich zum Abschied umarmen. Dann reicht sie mir doch nur wieder die Hand und sagt: »Danke!«

Draußen steht schon ihr Taxi. Ich warte, bis die beiden eingestiegen sind, dann drehe ich mich um.

Der Weg zurück kommt mir merkwürdig lang vor. Um diese Zeit ist das Gebäude ruhiger als am Tag, aber trotzdem belebt. Ich begegne niemandem auf dem Flur, auch nicht im Aufzug. Hinter manchen Türen höre ich Gemurmel, einmal Gelächter. Ich fühle mich leer und traurig. Für mich ist der Fall jetzt vorbei, aber für Timo und Frau Schmied hat sich heute alles geändert. Das Grundvertrauen des Kleinen in seine Eltern ist sicher in seinen Grundfesten erschüttert. Man kann nur hoffen, dass er einen Weg findet, damit fertigzuwerden.

Mein Magen knurrt so laut, dass ich mich erschrocken umdrehe und gucke, ob es jemand außer mir mitbekommen hat. Aber hier im Flur ist sonst niemand. Mir fällt ein, dass ich seit heute Mittag nichts mehr gegessen habe.

Wie ich vermutet habe, sitzt Pitt im Aufenthaltsraum und liest Zeitung. Ich setze mich zu ihm und fingere endlich eine Zigarette aus der noch neuen Packung. Als ich mit fahrigen Fingern in meinen Taschen nach einem Feuerzeug suche, bedeutet Pitt mir mit einer Handbewegung, dass ich das lassen soll, und gibt mir Feuer. Seine Hände zittern nicht. Ich nehme einen Zug und versuche mich zu entspannen.

»Was meinst du, wie Frau Schmied ihrem Kind erklärt, was heute passiert ist?«

Pitt zündet sich ebenfalls eine Zigarette an und zuckt die Schultern. Er ist so alt wie ich, aber er hat keine Kinder.

»Sind sie jetzt wieder nach Hause?«

»Ne, ins Frauenhaus.«

»Ist bestimmt auch besser. Das MEK hat sicher ein ganz schönes Chaos zurückgelassen. Die Tür ist wahrscheinlich hin.«

»Heinz hat sie erst mal versiegelt.«

»Wenn sie da wieder reinwollen, müssen sie auf jeden Fall erst mal aufräumen und dann brauchen sie einen Schlüsseldienst.«

Für Pitt zählen mehr die praktischen Dinge im Leben. Mir ist schon früher aufgefallen, dass er die Einsätze anders verarbeitet als ich. Während mich beschäftigt, wie die Opfer einer Gewalttat mit ihren Erlebnissen fertigwerden, hat er gleich Vorschläge, wie man die äußeren Lebensumstände wieder ins Lot bringen kann, und damit ist das Thema dann für ihn erledigt. Gespräche über einen Einsatz sind für ihn immer schnell zu Ende, während sich meine Gedanken noch weiter um die Menschen drehen, mit denen wir zu tun hatten.

Er drückt seine Zigarette aus und sieht mich fragend an.

»Lust auf Döner?«

Er erinnert mich daran, dass mein Magen vollkommen leer ist. Außerdem kann ich nach diesem Einsatz etwas Warmes, Weiches, Fettiges gut vertragen. Ich denke eine Sekunde an meine Figur, dann vertreibe ich den Gedanken.

»Gerne.«

Der kleine Timo hat an diesem Abend einen ganz schönen Schock erlebt. Schwarzgekleidete, vermummte Männer sind in seine Wohnung eingedrungen und haben seinen Vater mitgenommen. Dieses Erlebnis erschüttert sein Weltbild mit Sicherheit fundamental, und ich hätte es dem Jungen gerne erspart, aber der MEK-Einsatz war einfach unvermeidlich. Wenn die Polizei Kenntnis davon hat, dass jemand mit einer scharfen Schusswaffe droht, dann muss sie schnell und effizient reagieren, dann muss unbedingt verhindert werden, dass der Bewaffnete jemanden verletzt oder sogar tötet.

Reini und Tobb kommen gleichzeitig mit uns auf der Dienstelle an. Da fällt mir ein, dass sie ja unterwegs waren, um die Eltern des vermissten Mädchens zu befragen. Es kommt mir so vor, als wäre das schon ein paar Tage her. Nach so einem krassen Einsatz verliere ich jegliches Zeitgefühl. Gerade noch war ich erleichtert, dass wir den kleinen Timo lebend und gesund zu seiner Mama bringen konnten, jetzt fällt mir ein, dass es ja noch ein weiteres Kind gibt, das eventuell in Gefahr ist.

»Na, habt ihr was in Erfahrung bringen können?«, frage ich.

»Geht so.« Tobb scheint nicht gerade zuversichtlich.

»War denn irgendetwas vorher? Gab es Streit mit den Eltern oder so?

»Ne, die Eltern sagen, es war alles wie immer. Die Kleine wirkte ganz normal. Ihre Freundinnen und Lehrer wissen auch nichts. Aber das Fahrrad wurde entdeckt, ein paar hundert Meter von der Schule entfernt in einem Gebüsch. Die Kollegen haben es gefunden, als sie noch mal den Schulweg abgesucht haben.«

»Oh, Scheiße«, entfährt es mir. »Das ist kein gutes Zeichen.« Wenn die Kleine einfach abgehauen wäre, hätte sie ihr Rad vermutlich mitgenommen.

»Das kannst du laut sagen«, erwidert Reini. »Mir gefällt das Ganze überhaupt nicht. Wir müssen nun erst mal die ganze Gegend um den Fundort des Fahrrads herum absuchen. Ich habe schon einen LiMaWagen angefordert.«

Ein Lichtmastwagen ist, wie der Name schon sagt, mit einer großen Lichtanlage ausgerüstet. Man kann damit Flächen ausleuchten, die etwa die Größe eines halben Fußballplatzes haben. Die Feuerwehr hat solche Fahrzeuge und stellt sie uns auf Anfrage zur Verfügung.

Tobb nickt nur. Er ist etwas jünger als ich und verlässt sich auf das Urteil seines erfahrenen Kollegen.

»Braucht ihr noch Unterstützung?«, frage ich.

Reini schüttelt den Kopf. »Danke, erst mal nicht. Wir kommen vielleicht darauf zurück.« Aus den Augenwinkeln sehe ich, wie Pitt aufatmet. Er hätte sich schlecht entziehen können, wenn Reini und Tobb mein Angebot angenommen hätten. Ich finde es auch nicht schlecht, erst einmal einen Kaffee trinken zu können. Es ist schon nach Mitternacht. Wenn ich nicht Nachtdienst hätte, läge ich längst im Bett. Außerdem bin ich nach dem Einsatz und dem Döner erst einmal ruhebedürftig.

Im Aufenthaltsraum finden Pitt und ich noch Kaffee für genau zwei Tassen in der Kanne, allerdings schon fast kalt. Wir trinken ihn trotzdem. Auf dem Tisch steht ein angeschnittener Marmorkuchen. Pitt nimmt sich ein Stück davon.

»Etwas trocken«, kommentiert er mit vollem Mund. »Willst du auch?«

»Ne, lieber nicht.«

Als ich mich setze, fühlen sich meine Glieder plötzlich unglaublich schwer an, außerdem brennen meine Augen. Ich schließe sie und lege meine Finger für einen Augenblick darauf. Gleich muss ich noch den Bericht für das Polizeikommissariat schreiben, das für den Fall der Schmieds zuständig ist. Denn eigentlich gehört die Androhung eines Tötungsdelikts, wenn es so ausgeht wie bei den Schmieds, in ihren Bereich. Aber jetzt möchte ich erst einmal einfach hier sitzen und ein paar Sekunden die Augen geschlossen lassen.

»He, nicht schlafen. Wir haben noch ein paar Stunden«, pöbelt mich Pitt von der Seite an.

Bevor ich antworten kann, erscheint der Boss in der Tür.

»Birgit? Pitt? Könnt ihr mal nach Billstedt fahren? Da gab's ne Messerstecherei in einer Wohnung.«

Ich richte mich sofort auf meinem Stuhl auf und versuche, nicht allzu verdächtig mit den Augen zu blinzeln.

»Messerstecherei. Das hört sich doch gut an«, höre ich Pitt sagen. »Big B. und ich übernehmen.«

»Klar übernehmen wir«, grinse ich und bin eigentlich froh, dass wir noch mal raus müssen. Das hält wach.

»Verletzte?«, fragt Pitt.

»Also, ein RTW ist schon dort. Und die Kollegen von der Schutzpolizei haben eine verletzte Person gemeldet.«

Im Rausgehen nehme ich Pitt die Autoschlüssel für den BMW ab, die er locker in der Hand trägt. Wie die meisten anderen Kollegen nimmt er sie selbstverständlich an sich, wenn wir zu zweit unterwegs sind. Ich bin sicher, dass er mich öfter fragen würde, ob ich fahren will, wenn ich ein Mann wäre. Pitt grinst schief und steuert etwas widerwillig die Beifahrertür an. Ich bin eine routinierte, gute Fahrerin, das weiß Pitt genau. Zufrieden setze ich mich ans Steuer, denn wenn ich es mir jetzt auf dem Beifahrersitz gemütlich machen würde, würden meine Augen wieder schwer und ich käme völlig schläfrig am Tatort an.

Die Straßen sind um diese Uhrzeit angenehm leer. Ich lenke den Wagen durch die Stadt und nehme dann noch ein Stück die Autobahn. Mir sitzt die Müdigkeit noch immer in den Knochen. Der aufregende Einsatz mit Timo und seiner Mutter hat mich ganz schön viel Kraft gekostet. Eigentlich habe ich für den Rest der Schicht genug. Als ich einen Blick zu Pitt werfe, sehe ich, dass er es sich auf dem Beifahrersitz gemütlich gemacht hat, seine Augen sind geschlossen.

»He, nicht schlafen!«, rufe ich ihm zu und schubse ihn.

Pitt gähnt herzhaft, streckt sich, dann wühlt er im Fußraum und im Seitenfach der Tür des BMW herum. »Du hast doch bestimmt hier irgendwo Schokolade deponiert.«

Er kennt mich schon gut. Ich habe immer eine Notration parat.

»Aha!«, ruft er und hält triumphierend eine Schachtel mit Schokoriegeln in die Höhe. »Wusste ich's doch. Warum versteckst du die eigentlich immer?«

»Weil die sonst schon lange weg wäre«, gebe ich zurück.

Pitt stopft sich einen Riegel in den Mund, dann noch einen.

»Hey, her damit, das sind meine.«

Pitt grinst und reicht mir einen.

Während ich den Wagen durch die nächtlichen Straßen lenke, fällt mir das vermisste Mädchen wieder ein. Ich wüsste zu gerne, was da los ist.

»Meinst du, sie finden das Mädchen?«, frage ich Schokolade kauend.

Pitt braucht einen Augenblick, bis er begriffen hat, wovon ich rede.

»Ach so, die Vermisste. Ich weiß nicht. Hört sich für mich nicht so an, als hätte sie beim Spielen die Zeit vergessen. Außerdem war sie nicht in der Schule. Das klingt alles nicht gut.«

Ich bin in Gedanken so mit dem Mädchen beschäftigt, dass ich erst realisiere, dass wir am neuen Tatort angekommen sind, als ich den Rettungswagen und die beiden Streifenwagen der Kollegen sehe.

Das Blaulicht ist aus. Wir haben auch darauf verzichtet, die Kollegen sind ja schon vor Ort. Ich stelle den Wagen ab und versuche, mir einen Überblick über die Lage zu verschaffen. Wir befinden uns in einem Wohnviertel mit funktionalen Mehrparteienhäusern. Etwas lieblos reiht sich Balkon an Balkon, aber eigentlich ist das nicht die schlimmste Gegend. Einer meiner Kollegen kommt aus einem rotgeklinkerten Gebäude. Wahrscheinlich befindet sich dort der Tatort. Pitt streckt sich noch einmal ausgiebig, während ich mir schnell noch einen Schokoriegel in den Mund schiebe. Es ist inzwischen ein Uhr morgens, der wirklich schlimme tote Punkt kommt meistens um zwei. Ich hoffe, dass er heute ausbleibt.

Pitt greift nach unserem Einsatzkoffer.

»Los Big B., nicht einschlafen.«

Ich strecke ihm die Zunge raus und steige schwerfällig aus dem Wagen. An der Haustür treffen wir auf eine Kollegin von der Schutzpolizei. Ich bin immer wieder überrascht, wie jung mir jetzt manchmal die Kollegen vorkommen, die gerade aus der Ausbildung kommen. Sie winkt ab, als wir mit unseren Ausweisen wedeln. Wir haben uns schon mal bei einem anderen Einsatz gesehen, auch wenn ich jetzt absolut nicht auf ihren Namen komme.

»Ihr kommt gerade richtig, er ist gerade gestorben«, begrüßt sie uns.

»Echt?«, fragt Pitt erstaunt.

»Scheiße!«, entfährt es mir.

»War der denn so schlimm verletzt?«, fragt Pitt erneut nach.

»Offensichtlich. Ich glaube, das war ein Lungenstich. Fragt sonst noch mal den Notarzt. Der ist noch oben.«

Ich schlucke.

»Na, dann lass uns mal hochgehen«, sagt Pitt ohne Schwung. Er ist auch nicht gerade begeistert, dass wir es jetzt mit einer Leiche zu tun haben.

»Zweiter Stock links«, sagt die junge Kollegin noch. Natürlich gibt es keinen Aufzug.

Oben stehen zwei weitere Schutzkollegen vor der Tür. Den einen habe ich schon mal gesehen, als ich noch bei der WP war. Er ist mir damals aufgefallen, weil er einen ziemlich großen Schnurbart hatte, und den hat er immer noch.

»Ich bleibe hier draußen und spreche mit den Kollegen. Okay?«
Ich zücke schon mal meinen Notizblock, um zu zeigen, dass ich hier
gleich loslegen kann.

Pitt grinst gönnerhaft, er weiß, dass ich nicht scharf darauf bin,
Leichen zu sehen.

»Klar, ich guck mir das da drin mal an.«

Die Kollegen erklären mir, dass die Nachbarin den Notruf gewählt
hat, weil sie Schreie in der Wohnung gehört hatte.

»Wir sind gleichzeitig mit den Sanis gekommen. Das war auch
gut, die haben gleich angefangen mit dem Reanimieren, aber das hat
nichts mehr gebracht.«

»Und könnt ihr bereits was über den Toten sagen?«

»Scheint der Besitzer der Wohnung zu sein. Etwa 27 Jahre alt. Die
Nachbarin sagt, dass er wohl schon länger arbeitslos war.«

»Und der Täter? Habt ihr da was?«

»Nein, der war schon weg, als wir kamen. Wir müssen den nur
ganz knapp verpasst haben, weil die Wunden des Opfers noch ganz
frisch waren, sagen die Sanitäter. Einer der Nachbarn will was gesehen haben. Frau Opitz, die wohnt hier. Sie hat auch angerufen.«
Der Kollege zeigt auf die Wohnungstür, die der Tatwohnung direkt
gegenüberliegt.

»Wie sieht's mit der Tatwaffe aus?«, will ich noch wissen.

»Wir haben ein Messer gefunden, so eins zum Aufklappen. Es ist
ziemlich viel Blut daran. Aber ob das jetzt wirklich die Tatwaffe ist,
muss noch überprüft werden.«

Ich kritzle die Informationen in Stichworten auf das Papier und
hebe den Kopf wieder.

»Alles klar. Meint ihr, ich kann mich jetzt an die Nachbarin wenden? Ist ja schließlich mitten in der Nacht.«

»Geh mal ruhig, ich wette, dass die nicht schläft«, grinst der Kollege.

Frau Opitz reißt mir praktisch die Tür vor der Nase auf, kaum dass
ich den Klingelknopf betätigt habe. Es sieht so aus, als hätte sie nur
darauf gewartet, dass jemand sie zu der Tat befragt. Trotz der Uhrzeit ist sie komplett angezogen. Sogar ihr weißes Haar ist ordentlich

frisiert. Ich stelle mich vor und frage sie, was ihr denn aufgefallen sei bei ihrem Nachbarn.

»Der hat immer so laut Musik an. Auch nachts und dann ist er immer so aggressiv, dass ich mich gar nicht traue, was zu sagen. Außerdem schlägt er die Tür immer so doll zu, wenn er weggeht und beim Wiederkommen. Und wenn er Besuch hat, dann auch immer von so Typen, vor denen ich richtig Angst habe. Der eine hat sogar einen Kampfhund. Und die schreien dann auch immer so laut rum. Können Sie nicht mal mit dem reden? Das geht doch einfach nicht.« Die Frau scheint richtig froh zu sein, endlich mal mit der Polizei über den unangenehmen Nachbarn sprechen zu können. Es sprudelt nur so aus ihr heraus.

Ich suche nach Worten, um ihr zu erklären, dass man mit ihrem Nachbarn jetzt gar nicht mehr sprechen könne. Als sie mein Zögern merkt, fragt sie: »Was ist denn jetzt da passiert? Ist der verletzt worden? Muss der ins Krankenhaus?«

Ich zögere, es ist mir immer unangenehm, eine Todesnachricht zu überbringen. Auch wenn ich den Eindruck habe, dass diese Frau ihrem Nachbarn nicht gerade nahestand, wird das keine schöne Nachricht für sie sein.

»Ich muss Ihnen leider mitteilen, dass Ihr Nachbar gestorben ist. Es tut mir leid.«

Die Frau starrt mich eine Weile an, und ich kann sehen, wie es in ihrem Gesicht arbeitet. Sie ist vermutlich zwischen dem Schock, dass in ihrem Haus so etwas passiert ist, und Erleichterung darüber, dass sie diesen Nachbarn jetzt los ist, hin- und hergerissen.

»Wirklich?«, bringt sie schließlich heraus. »Hat ihn jemand umgebracht?«

»Darüber kann ich noch nichts sagen. Was war denn los heute Abend, warum haben Sie die Polizei gerufen?«

»Na ja, die haben mal wieder rumgeschrien. Das ist eigentlich nicht so ungewöhnlich, aber heute Abend hat einer um Hilfe geschrien, richtig laut. Da habe ich Sie angerufen.«

»Haben Sie jemanden gesehen, der bei Ihrem Nachbarn war?«

Frau Opitz zögert. Ich sehe mir die Tür an. In Gesichtshöhe ist ein Spion eingelassen, und ich wette, dass die gute Frau zumindest seit die Kollegen hier sind, davorsteht. Frau Opitz folgt meinem Blick und ihr Gesicht läuft rosa an. »Ja also, ich habe heute Abend durch-geguckt, als es drüben so laut war. Und da war ein Mann. Ich habe geguckt, weil die Tür wieder so geknallt hat. Und als ich geguckt hab, habe ich nur noch diesen Mann gesehen, der die Treppe runter-gelaufen ist, aber nicht sein Gesicht, nur den Rücken.« Sie zögert wieder, als habe sie gerade etwas begriffen. »War das etwa der Mör-der?«

»Darüber können wir jetzt noch nichts sagen, Frau Opitz. Kön-nen Sie sich denn an irgendetwas Genaueres erinnern? Größe oder Kleidung?«

»Also, der hatte eine helle Jacke an und so eine Kappe, glaube ich.«

Solche Beschreibungen liebe ich ja. Man kann wenig damit an-fangen. Ich versuche noch, aus ihr herauszubekommen, was für eine Farbe die Jacke hatte, aber sie kann sich weder an die Farbe der Jacke noch an die der Kappe erinnern. Sie ist mit einem Mal auch nicht mehr ganz sicher, ob der Mann überhaupt eine Kappe trug.

Ich reiße mich zusammen, um nicht die Augen zu verdrehen und laut zu stöhnen.

»Okay, Frau Opitz. Wir kommen morgen noch einmal auf Sie zu. Entschuldigen Sie bitte, dass wir Sie so spät noch gestört haben.«

Als Frau Opitz die Tür hinter sich schließt, bin ich mir sicher, dass sie gleich wieder ihren Platz vor dem Spion einnimmt. Aber das kann mir ja egal sein.

Pitt kommt gerade aus der Tatortwohnung, als ich mit der Befragung von Frau Opitz fertig bin.

»Komm, lass uns nach draußen gehen und rauchen«, sagt er, als ich ihn fragend ansehe.

»So schlimm?«, erwidere ich mitfühlend.

»Ach geht. Viel Blut.«

»Gut, dass ich mir das nicht ansehen muss. Ehrlich nicht so schlimm?«

»Ne, geht«, sagt Pitt abwehrend.

Vor der Tür halte ich ihm meine Zigarettenschachtel hin, und er greift dankbar zu.

»Ich habe mit der Frau von gegenüber gesprochen. Das war aber nicht besonders hilfreich. Ich hab's hier aufgeschrieben. Vielleicht erinnert sie sich morgen an etwas mehr.« Ich halte ihm meine Notizen hin.

Pitt nickt abwesend.

»Was war denn die Todesursache?«

»Er hat mehrere Messerstiche abbekommen, in den Rücken, vor allem in die Lunge. Daran ist er auch gestorben, meint der Notarzt.«

In dem Moment verlassen die Rettungssanitäter mit dem Notarzt das Haus und winken uns zu. Ein sehr junger Mann kommt zu uns. Er versinkt fast in der riesigen knallroten Jacke mit den Leuchtstreifen. »Wir gehen dann mal. Den vorläufigen Totenschein hast du ja.«

Pitt nickt und wedelt mit einem Blatt Papier.

»Rufst du den Boss an?«, fragt er mich.

»Klar, mach ich.« Ich mache das tausendmal lieber, als eine Leiche zu begutachten.

Während sich Pitt eine neue Zigarette ansteckt, hole ich mein Diensthandy heraus. Ich höre Jürgens Stimme, noch bevor das erste Klingelzeichen verstummt ist. Der Boss ist immer unglaublich schnell, wenn das Telefon klingelt. Ich schildere ihm die Situation.

»Alles klar«, sagt er dann. »Ich denke, das ist etwas für die Mordkommission. Ich rufe gleich die Mordbereitschaft an. Der MBL meldet sich dann bei dir.«

Eine Zigarettenlänge später klingelt das Handy. Jochen, der Mordbereitschaftsleiter, meldet sich, um von mir noch einmal zu erfahren, was wir bisher wissen. Ich kenne ihn flüchtig. Er ist auch in der Gewerkschaft. Ich erinnere mich an ein nettes Lächeln und daran, dass er deutlich größer ist als ich. Jetzt hört sich seine Stimme rau an, als hätte er gerade noch geschlafen.

»Also, wir sind hier in Billstedt«, erkläre ich ihm. »Hier ist eben ein Mann an ein paar Messerstichen gestorben. Er liegt in seiner Wohnung.«

Eine Weile ist es still am anderen Ende der Leitung. Ich nehme an, dass Jochen etwas notieren muss. Dann, als ich schon unsicher bin, ob er noch dran ist, höre ich ihn wieder: »Ja, okay. Was war denn die Todesursache? Also woran ist er konkret gestorben?«, hakt er nach.

»Na ja, er hat die Stiche in den Rücken bekommen, in die Lunge.«

175

»Moment, er ist an einem Lungenstich gestorben?« Jochens Stimme hört sich jetzt etwas wacher an.

»Ja, das hat der Notarzt jedenfalls so festgestellt.«

»Aber warum ruft ihr uns denn dann an? Lungenstich ist doch Körperverletzung und kein Tötungsdelikt.«

»Äh ja, aber …« Daran habe ich gar nicht gedacht. Jochen hat recht, in Hamburg gilt ein Lungenstich nicht als Tötungsdelikt. Denn normalerweise muss man nicht daran sterben. Hier ist innerhalb von wenigen Minuten immer ein Krankenwagen verfügbar, der das Leben des Verletzten noch retten kann.

»… aber jetzt ist er doch tot«, vervollständige ich den Satz.

»Hat er denn noch gelebt, als die Sanitäter gekommen sind?«, will Jochen wissen. Er klingt immer noch rau und irgendwie abweisend. So hatte ich ihn eigentlich gar nicht in Erinnerung.

»Sie haben zumindest versucht, ihn zu reanimieren«, gebe ich zu.

»Na dann sind wir doch gar nicht zuständig. Da soll sich das zuständige PK drum kümmern.«

Körperverletzung fällt in den Bereich des örtlichen Polizeikommissariats, aber die sind erst ab morgen früh zuständig. Das heißt, bis dahin müssen wir alles Notwendige erledigen. Ich bin aber ziemlich sicher, dass es sich um ein Tötungsdelikt handelt, und da kann die Mordkommission einfach viel sorgfältiger und professioneller agieren als wir.

»Ja, aber es gab nicht nur eine Verletzung, der Mann hat mehrere Stiche abbekommen. Am Tatort ist alles voller Blut. Jürgen war auch der Meinung, dass ihr zuständig seid«, versuche ich ihn zu überzeugen.

Jochen ist der Kriminalkommissar vom Dienst. Er wird mit vier Kollegen, die mit ihm Rufbereitschaft haben, und der Spurensicherung hier anrücken müssen. Das hier wird den Rest der Nacht in Anspruch nehmen, und wenn er Pech hat, einen Teil des nächsten Tages. Aber ich kann es nicht ändern. Wenn die jetzt nicht kommen und wir im Laufe der Ermittlungen feststellen, dass es doch ein Tötungsdelikt war, sind bereits wertvolle Spuren verlorengegangen.

»Das mag ja alles sein«, sagt Jochen jetzt, »aber das, was du mir bisher dazu gesagt hast, ist ein bisschen wenig, um jetzt die Kollegen zu wecken und auszurücken. Meldet euch doch, wenn ihr mehr habt.«

176

Puh. Ich lege auf und puste die Luft aus. Erst einmal muss ich innerlich sortieren, wie ich darauf reagieren soll. Irgendwie hat er ja recht. Ich konnte ihm keinen zwingenden Grund nennen, weswegen die Mordkommission jetzt anrücken soll. Ein Lungenstich ist immer noch Körperverletzung, auch wenn der Tote mehrere Stiche abbekommen hat. Ich müsste einen Hinweis darüber bringen, dass eine Tötungsabsicht hinter der Messerattacke stand.

»Was ist denn los? Wollen die nicht kommen?«, fragt Pitt scherzhaft. Er hat das Gespräch nur halb mitbekommen.

»Ne, der will echt nicht kommen. Der Kollege vom Mord sagt, es läge kein Grund vor auszurücken. Lungenstich sei Körperverletzung, meint er.«

»Ja, aber da drin war alles voller Blut. Der Mann hat ziemlich viele Stichverletzungen. Ich hätte jetzt gar nicht sagen können, welcher zum Tod geführt hat.« Ich sehe Pitts etwas angewidertes Gesicht und bin froh, dass ich nicht in der Tatortwohnung drin war.

»Weißt du, wie viele Stiche er abgekriegt hat?«

»Ne!« Er studiert den Totenschein, den er noch in der Hand hält, und schüttelt dann wieder den Kopf. »Ne, hier steht auch nur Lungenstich.«

»Mist«, entfährt es mir. »Dann ruf ich eben noch mal den Boss an. Vielleicht kann der Jochen überreden.«

Der Boss ist wieder gleich am Apparat. Ich schildere ihm die Lage und dass die Mordkollegen nicht kommen wollen. »Was meint ihr denn? Seid ihr euch sicher, dass es ein Tötungsdelikt ist?«, fragt er noch mal nach. »Welche Anhaltspunkte habt ihr?«

»Das Opfer hat ziemlich viele Messerstiche. Außerdem ist alles voller Blut. Das macht man doch nicht, wenn man dem anderen nur weh tun will.«

»Könnt ihr nicht rauskriegen, wie viele Stiche es waren?«

»Ne, das steht nicht …«, ich breche den Satz ab, weil in diesem Moment der Rettungswagen wieder vor uns zum Stehen kommt.

»Warte mal, ich rufe dich gleich wieder an«, würge ich den Boss ab.

Ein Sanitäter springt aus der Beifahrertür und kommt auf uns zu. In der Dunkelheit sehen wir nur die riesige signalrote Jacke. Erst als der Mann an der Tür ist, erkennen wir, dass es der junge Mann ist, der sich vorhin von uns verabschiedet hat.

»Na, schon wieder ein Einsatz hier im Haus?«, fragt Pitt scherzhaft.

»Ne, wir haben was vergessen.« Er grinst betreten und schlüpft an uns vorbei in den Hausflur. Als er zurückkommt, trägt er ein Päckchen unter dem Arm, das ebenso rot leuchtet wie seine Jacke. Er hebt die Hand zum Abschied und geht mit raschen Schritten auf den Rettungswagen zu.

»Warte mal!«, rufe ich ihm nach. »Weißt du noch, wie viele Messerstiche der Tote hat?«

»Äh«, er muss offensichtlich überlegen. »Das müssen mindestens zwölf gewesen sein.«

»Und nur einer hat die Lunge erwischt?«

»Nein, die meisten Einstiche waren am Rücken, einer in den Hals und dann noch zwei oder drei in die Beine. Aber von denen im Rücken haben auf jeden Fall ein paar die Lunge erwischt.«

»Vielen Dank!«

»Bis bald«, ruft der Sanitäter zurück und springt in den Wagen.

Ich wähle wieder die Nummer vom Boss, während ich Pitt triumphierend anlächle.

»Jetzt muss er kommen.«

Der Boss ist wieder so schnell am Apparat, als hätte er die ganze Zeit über die Hand am Hörer gehabt.

»Jürgen? Ich habe eben noch mit einem der Sanitäter sprechen können, es waren mindestens zwölf Stiche. Sprichst du mit den Kollegen vom Mord?«

»Klar, mach ich. Ich überrede die schon.«

Während Pitt Fotos vom Tatort macht, trage ich noch mal alle Informationen, die wir bisher haben, sauber in meinen Block ein. Die Leiche wird dort liegen bleiben, wo sie ist. Die Mordkommission wird sich alles noch einmal selbst genau ansehen. Die Kollegen von der Spurensicherung werden den Leichnam, dessen Kleidung und die direkte Umgebung mit Klebestreifen abkleben, die wieder abgezogen werden. Die so abgenommenen Fasern, Hautreste und Partikel werden katalogisiert und von der Spurensicherung analysiert. Man nennt diese Vorgehensweise Leit-Spur-System. Auf diese Weise wird nach möglichen Spuren gesucht, die der Täter zurückgelassen hat. Erst, wenn alle möglichen Spuren von der Leiche abgenommen sind, wird der Bestatter beauftragt, die Leiche in die Rechtsmedizin zu bringen.

Für mich und Pitt beginnt jetzt das Warten. Eigentlich ist schon alles getan, aber wir können erst weg, wenn wir die Übergabe mit der Mordkommission gemacht haben. Irgendwann kommen die Kollegen von der Schutzpolizei zu uns in den Hauseingang, wo wir immer noch herumstehen.

»Braucht ihr uns noch? Sonst hauen wir auch ab«, sagt der mit dem Schnurrbart.

»Klar, fahrt ruhig, wir sind ja hier«, entgegnet Pitt gönnerhaft.

»Könnt ihr uns noch sagen, was ihr alles am Tatort gemacht habt? Wir geben das dann an die MB weiter.« Die Kollegen von der Mordbereitschaft müssen genau wissen, wie der Tote lag und was seit dem Auffinden am Tatort verändert wurde.

Als die Kollegen weg sind, verstreicht die Zeit noch zäher. Wir rauchen, betrachten die Lichter, die sich auf dem feuchten Asphalt spiegeln, und erzählen uns unsere ekligsten Leichengeschichten.

Es ist halb vier, als die Kollegen von der Mordbereitschaft endlich eintreffen. Jochen steigt umständlich aus dem Wagen und streckt sich. Er ist schmal und mindestens zwei Meter groß. Als er uns sieht, winkt er so eifrig in unsere Richtung, als wären wir gute alte Bekannte und nicht Kollegen, die ihn nachts aus dem Bett geholt haben. Bei ihm sind noch eine Kollegin und ein Kollege, die ich beide nur flüchtig kenne. Die drei kommen zu uns herüber und begrüßen uns. Wieder fällt mir Jochens freundliches Lächeln auf und ich wundere mich etwas. Am Telefon hörte er sich so an, als wäre er nicht besonders erfreut, dass wir ihn und seine Kollegen mitten in der Nacht hier rausholen.

Als hätte er meine Gedanken erraten, sagt er: »Entschuldige, Birgit. Ich bin manchmal etwas unwirsch, wenn ich mitten in der Nacht geweckt werde. Das war nicht so gemeint.« Wieder blicke ich in ein freundliches Lächeln und nicke verständnisvoll.

Wir sind alle müde und wollen die Übergabe so schnell wie möglich hinter uns bringen. Pitt übergibt Jochen den vorläufigen Totenschein und einen Zettel, auf dem er genau notiert hat, was er und die Kollegen vom Schutz am Tatort gemacht haben, damit die Kollegen nachvollziehen können, ob und was nach der Tat verändert oder angefasst wurde. Ich erzähle ihnen, was mir Frau Opitz gesagt hat, und überreiche ihnen auch die dazugehörigen Notizen. Während wir reden, kommt ein Wagen mit zwei weiteren Beamten, die ich nicht kenne.

»Ah, da kommt der Rest der MB«, erklärt uns Jochen. »Die SpuSi müsste auch gleich hier sein.«

Als wir uns verabschieden wollen, wendet er sich noch mal an Pitt. »Warte mal. Du warst doch am Tatort.«

»Ja?«

»Dann brauchen wir deine Klamotten für den Spurenabgleich. Du kannst sie im Präsidium bei der SpuSi abgeben.«

»Aber …«

»Tut mir leid. Wir brauchen Fasern von den Sachen, damit wir diese Spuren ausschließen können«, sagt er und hebt entschuldigend die Arme.

Pitt verdreht die Augen. Und ich bin jetzt doppelt froh, dass ich nicht am Tatort war.

»Das nächste Mal gehst du wieder rein und ich steh draußen rum und befrage Leute«, mault er.

Es ist Viertel vor vier, als Pitt und ich endlich loskommen. Ich fahre wieder, Pitt lehnt sich auf dem Beifahrersitz zurück und starrt aus dem Fenster. Nach einer Weile fischt er die restlichen Schokoriegel aus dem Türfach und hält mir einen hin.

»Hab ich doch gesagt, dass die weg sind, wenn du weißt, wo die sind«, sage ich lächelnd.

Erste Tropfen schlagen gegen die Windschutzscheibe, es beginnt zu regnen. Ich bin froh, endlich ins warme Präsidium fahren zu können. Der Frühling lässt in diesem Jahr mal wieder auf sich warten, nachts kann es noch lausig kalt sein, zumal, wenn man müde ist. Als ich den Wagen in die Tiefgarage lenke, fällt mir das vermisste Mädchen wieder ein.

180

»Ob sie das Mädchen jetzt haben?«

Pitt gähnt gerade herzhaft und hebt nur die Schultern. »Keine Ahnung. Schön wär's.«

Im Präsidium verschwindet Pitt gleich im Umkleideraum.

»Komme gleich, wenn ich meine Klamotten bei der SpuSi abgegeben habe«, brummt er.

Im Wachraum herrscht geschäftige Stimmung, was für diese Uhrzeit kurz vor Schichtende eher ungewöhnlich ist. Der Boss sitzt bei offener Tür in seinem Büro, Tobb und Reini hängen beide am Telefon und sprechen konzentriert in die Hörer.

»Wir sind wieder hier. Gibt's was Neues in der Vermisstensache?«

Der Boss löst den Blick vom Bildschirm und braucht eine Sekunde, bis er meine Frage beantworten kann.

»Äh, ja, nein. Die Gespräche mit den Eltern haben nichts ergeben. Reini und Tobb haben schon mit den Lehrern gesprochen, mit ein paar Mitschülern und Freunden. Dann haben sie den Fundort des Fahrrads ausgeleuchtet. Ohne Erfolg. Eine Frau, die in der Nähe des Fundorts wohnt, will ein auffälliges Auto mit ortsfremdem Kennzeichen gesehen haben. Wir folgen dem Hinweis natürlich, weil wir sonst nichts haben. Aber ich weiß ehrlich gesagt nicht, ob es sich lohnt.«

Er atmet schwer. Es ist 4:30 Uhr. Der Schichtwechsel steht bevor. Nach fast zwölf Stunden Arbeit, auch noch nachts, sind wir alle ziemlich müde. Tobb und Reini haben inzwischen aufgehört zu telefonieren. Reini reibt sich die Augen. Sie sind rot. Tobbs Haut ist fahl, um seine Augen sind dunkle Ränder. Ich will gar nicht wissen, wie ich aussehe. Ohne dass wir es absprechen müssen, wandern wir in den Aufenthaltsraum. Alle bis auf den Boss zünden sich eine Zigarette an. In dem Moment kommt Pitt. Er trägt einen Jogginganzug. Als die Kollegen ihn fragend ansehen, sagt er genervt: »Ja, was denn? Meine Sachen sind bei der SpuSi zum Spurenabgleich. Ich war so nett und bin in die Tatortwohnung gegangen, um Big B. die Leiche zu ersparen. Ihr müsst gar nicht so blöd gucken. Ich hab nun mal nichts anderes zum Anziehen dabei.«

Reini, Tobb, der Boss und ich brechen in Gelächter aus.

»Ja, lacht ruhig.« Pitt tut beleidigt, aber man sieht seinem Gesicht an, dass er es nicht ernst meint. Wir lachen einfach weiter. Immer, wenn wir gerade aufgehört haben, fängt wieder einer an zu kichern und steckt die anderen an. Nach der ganzen Anspannung ist das wie ein Ventil.

»Was ist eigentlich mit der Vermissten?«, fragt Pitt schließlich, als es ihm zu bunt wird. Mit einem Mal wird es still. Pitt sieht in unsere ernsten Gesichter und sagt: »Oh, Scheiße, habt ihr immer noch nichts?«

»Nichts«, bestätigt Reini. Von der heiteren Stimmung ist nichts mehr zu spüren. Wir reden kein Wort. Reini stiert vor sich hin. Seine Enttäuschung darüber, dass er nichts gefunden hat, ist ihm deutlich anzumerken.

Das Telefon klingelt, aber keiner von uns mag drangehen. Ich bin wie festgewachsen auf dem Stuhl, auf dem ich sitze. Schließlich rafft sich der Boss auf. Wir hören seine Stimme durch die geöffnete Tür.

»Ja … Ja, das stimmt … das müsste sie sein. Wo habt ihr sie gefunden? Was hat er denn …? Und ist sie verletzt? … Verstehe … Gut … Ich geb's weiter.«

Wir sehen dem Boss erwartungsvoll entgegen, als er wieder zu uns kommt.

»Das waren Kollegen aus NRW.« Er zögert, als würde er selbst erst registrieren, was ihm da gerade am Telefon gesagt wurde. »Sie haben das Mädchen vor ein paar Minuten bei einer Verkehrskontrolle gefunden.«

»Lebt sie?«

Der Boss nickt nur.

»Wie? Einfach so? Wo war sie denn?« Tobb scheint fassungslos darüber, dass die Suche nach der Kleinen jetzt plötzlich beendet ist.

»Den Kollegen kam der Wagen irgendwie verdächtig vor. Da haben sie genauer hingesehen. Der Fahrer war ein dreißigjähriger Mann. Das Mädchen lag hinten nackt unter einer Decke. Über ihren Gesundheitszustand können sie jetzt noch nichts sagen. Sie scheint zumindest in einer relativ guten Verfassung zu sein.«

»Und weiß man, ob … äh … hat der Mann … also, ist sie missbraucht worden?«

182

»Sie vermuten es«, sagt er. Seine Stimme klingt erschöpft. »Das muss der Arzt noch feststellen.«

Mein Magen krampft sich zusammen. Mit einem Mal bin ich zu müde, um noch irgendetwas zu tun. Ich will nichts als nach Hause zu meinem Mann und meinem Sohn. Diese Schicht dauert schon viel zu lange. Ich will endlich schlafen und dann ein paar Stunden lang nichts von Mord und Missbrauch und allen anderen Verbrechen hören.

Das vermisste Kind beschäftigt mich deutlich mehr als der Erstochene, obwohl ich nicht direkt mit diesem Fall zu tun hatte. Für den Toten können wir nichts mehr tun, als die Tat aufzuklären. Das Kind dagegen hat noch sein ganzes Leben vor sich. Es ist durch die Tat schwer traumatisiert, und es ist nicht absehbar, welche Schäden es dadurch für sein weiteres Leben mitbekommen hat. Dieser Fall ist besonders tragisch, weil nichts diese Tat hätte verhindern können. Es gab kein »Wenn … dann wäre das nicht passiert.« Das Kind hat alles richtig gemacht: Es hat sich bei seinen Eltern abgemeldet, es hat gesagt, wo es hinfährt, und es gab keinen Streit, bevor es aus dem Haus ging. Und auch die Eltern haben nichts falsch gemacht. Sie konnten nicht damit rechnen, dass jemand das Kind auf dem Schulweg in ein Auto zerrt und dann mit ihm die Stadt verlässt.

Häusliche Gewalt und Opferschutz –
Engagement für die Schwachen

2001

»Geiselnahme mit Schießerei in Wilhelmsburg. Der mutmaßliche Täter ist flüchtig.«

Es ist 17:10 Uhr, ich habe Feierabend. Mit geschulterter Tasche stehe ich im Flur und wechsle noch ein paar Worte mit Daggi. Gerade habe ich neidisch dem Bericht über ihren Urlaub zugehört und ihre gebräunte Haut bewundert.

»Die Schutz-Kollegen sind schon vor Ort. Komm Daggi, wir sagen schnell den anderen Bescheid, ich will, dass ein Team hinfährt.« Kahlo, der Chef vom Dienst der anderen Schicht stürmt aus dem Büro, Jürgen, der Boss, kommt hinterher. Beide sehen besorgt aus. Daggi unterbricht ihren Redefluss und erstarrt für einen Moment. Und ich erschrecke auch. Wilhelmsburg, da bin ich ja selbst lange Streife gefahren. Ich kenne jeden Stein dort und natürlich auch die Kollegen. Daggi winkt mir noch schnell zu und verschwindet mit Kahlo in Richtung Aufenthaltsraum, um die anderen zu holen. Ich bleibe noch eine Weile unsicher stehen. Gerade konnte ich es kaum erwarten, nach Hause zu kommen, und jetzt fühle ich mich wie gelähmt. Nicht, dass ich jetzt unbedingt dabei sein möchte, aber irgendwie ist es komisch zu gehen, wenn die Kollegen zu so einem Einsatz raus müssen. Und dann auch noch in Wilhelmsburg. Der Boss ist neben mir stehen geblieben, ihm scheint es ähnlich zu gehen. Dann legt er mir kurz die Hand auf den Arm und sagt: »Komm, Birgit, wir gehen jetzt.« Ich bin froh um diese Geste, weil sie mich aus meiner Erstarrung löst.

»Ja, klar«, sage ich automatisch und setze mich in Bewegung. »Was ist denn da genau passiert? Weißt du das?«, frage ich, als wir zusammen auf den Aufzug warten.

»So ganz konnten das die Kollegen auch noch nicht sagen. Sie versuchen, sich ein Bild von der Sache zu machen. Offensichtlich hat ein Mann in einer Wohnung rumgeschossen. Es gab auch Verletzte. Mehrere RTW sind unterwegs. Ein kleiner Junge konnte aus der Wohnung fliehen, er hat Passanten auf der Straße angesprochen und die haben dann angerufen. Und jetzt hat der Täter die Wohnung wohl verlassen und man weiß nicht, wo er ist.«

»Und was ist mit den Verletzten? Sind sie schwer verletzt?«

»Ich glaube schon. Das konnten die Kollegen noch nicht sagen.«

Wir steigen in den Aufzug, die Tür schließt sich. Mir ist diese Zelle noch nie so eng vorgekommen. Ich lehne mich gegen die Wand und schließe kurz die Augen.

»Alles klar, Birgit?«

Rasch öffne ich die Augen und lüge: »Ja, klar. Nur müde.«

»Dann läuft in Wilhelmsburg jetzt also ein Verrückter mit einer Waffe rum«, sage ich in die Stille hinein.

»Genau.« Der Boss sieht mich prüfend an. Er hat eine gute Menschenkenntnis. Ihm ist sicher nicht entgangen, dass ich mich unwohl fühle, aber er sagt nichts dazu.

Draußen ist es warm. Keine Wolke am Himmel. Ich entspanne mich etwas, die Sonne tut gut auf der Haut. Als sich unsere Wege auf dem Parkplatz trennen, sagt der Boss nur freundlich: »Schönen Feierabend, Birgit.«

»Den wünsche ich dir auch«, antworte ich und fühle mich schon etwas leichter.

Natürlich ist es unschön zu wissen, dass den Kollegen ein gefährlicher Einsatz bevorsteht, wenn man selbst in den Feierabend geht, aber trotzdem sollte ich die Arbeit jetzt bis morgen Abend vergessen. Im Auto schalte ich das Radio ein. Die Beach Boys trällern eines ihrer Lieder. Ich lenke den Wagen zur Autobahn und trete aufs Gas. Lauthals singe ich mit, aber dann wird die Melodie von der Stimme eines Radiosprechers unterbrochen. »Nach einem Familienstreit in Wilhelmsburg sind nach Polizeiangaben mindestens drei Personen getötet worden. Der mutmaßliche Täter ist noch flüchtig und möglicherweise bewaffnet.«

Und plötzlich ist nichts mehr von der sommerlichen Leichtigkeit, die mich gerade überkommen wollte, übrig geblieben. Drei Tote, ein flüchtiger Täter, vermutlich mit Waffe. Ich muss plötzlich an Dieter denken, mit dem ich in Wilhelmsburg Streife gefahren bin, an Martin und an Uwe mit dem losen Mundwerk. Die sind jetzt sicher auch vor Ort. Vielleicht hat auch Ute gerade Dienst.

Inzwischen klingt längst wieder irgendeine leichte Melodie aus dem Radio. Ich parke den Wagen vor unserem Haus und kann mich nicht entschließen auszusteigen. Hinter den Fenstern sieht es leer aus. Wahrscheinlich sind jetzt alle im Garten, am Abend sollen Freunde zum Grillen kommen. Wieder schaltet sich die Stimme des Radiosprechers ein: Drei Tote nach Beziehungsdrama, der Täter ist noch flüchtig. Entschlossen schalte ich das Radio ab und steige aus.

Am nächsten Tag habe ich Nachtdienst. Gestern haben wir tatsächlich noch im Garten gegrillt, es war ein netter Abend und ich habe gut geschlafen. In der Tageszeitung stand noch nichts und das Radio schalte ich erst im Auto auf dem Weg zur Arbeit ein. »Nach dem gestrigen Geiseldrama mit drei Toten und zwei Verletzten …«, höre ich den Nachrichtensprecher sagen. Es hat also offenbar noch zwei Verletzte gegeben. Sofort bin ich mit den Gedanken wieder bei den Kollegen und bete, dass keinem von ihnen etwas passiert ist. Gespannt höre ich weiter, was über die Ereignisse gestern erzählt wird. »Der mutmaßliche Täter wurde lebensgefährlich verletzt ins Krankenhaus gebracht.« Er ist also einer der Verletzten, denke ich und atme auf. »Verletzt wurde auch eine Geisel.« Ich hoffe, dass sie mehr über die Geisel sagen: Wer war das? Wie schwer ist die Verletzung? Aber die Meldung ist vorbei, es folgt Musik.

Die Stimmung auf der Dienststelle ist aufgeladen und gleichzeitig gedrückt. Die Aufregung ist noch allen anzumerken, obwohl die Kollegen, die unmittelbar bei dem Einsatz dabei waren, nicht da sind. Sogar der Boss ist im Aufenthaltsraum, was echt selten ist. Der Einsatz letzte Nacht ist das Thema.

»Und wer waren die Opfer jetzt?«, fragt Pitt. Er war gestern Abend schon weg, als die Nachricht reinkam.

»Das eine war die Ex von dem Täter. Er hat ihr und ihren drei Kindern aufgelauert. Irgendwie ist er in die Wohnung von denen eingedrungen und hat da auf sie gewartet. Und dann, als sie kamen, hat er sie mit der Waffe bedroht und sie mit Kabelbindern gefesselt. Der Typ muss irre aggressiv gewesen sein.« Tobb scheint das alles genau zu wissen. Ich frage mich, woher er das hat. Vielleicht hat er schon mit einem seiner Kumpel von der anderen Schicht gesprochen.

»Ist da nicht ein Kind geflohen?«, fragt Reini.

»Ja, genau. Der jüngste Sohn konnte sich irgendwie befreien. Bei ihm hat sich der Typ wohl nicht so viel Mühe mit dem Fesseln gegeben, oder der Junge hatte zu schmale Handgelenke. Jedenfalls ist der dann irgendwie über die Terrasse raus auf die Straße und hat da Leute angequatscht, damit sie den Notruf wählen. Und in der Zeit hat der Mann seine Ex und die beiden Kinder gezwungen, sich der Reihe nach auf den Boden zu legen. – Und dann hat er sie abgeknallt. Das war eine richtige Hinrichtung.«

»Und dann?«, will Pitt wissen. Auf seinem Gesicht liegt eine Spannung, die ich bei ihm noch nicht kennengelernt habe. Er vergisst sogar zu rauchen. Wie immer, wenn ich solche Geschichten höre, versuche ich zu verstehen, wie es zu so einer Tat kommen konnte. Wie muss ein Mensch sein, um so etwas zu tun? Was muss er erlebt haben, um so auszurasten?

»Und was ist mit dem Jungen, der fliehen konnte. Ist er verletzt?«, frage ich.

»Ne, ich glaub nicht. Er wird jetzt wahrscheinlich irgendwo betreut, er muss ja total traumatisiert sein.«

Mich schüttelt es. Der Junge hat bei dem Drama seine ganze Familie verloren. Wer weiß, ob es noch Verwandte gibt, die sich um ihn kümmern können.

»Und was war mit der Geiselnahme? Ist der Typ danach einfach raus und hat sich irgendjemanden geschnappt und bedroht?« Pitt will die Geschichte jetzt bis zum Ende hören – ich auch.

»Der ist dann erst mal zu Bekannten gegangen«, erklärt jetzt der Boss. Alle drehen sich nach ihm um.

»Wie, und keiner hat ihn dabei aufgehalten?« Reini ist fassungslos.

»Na ja, das ging wohl ziemlich schnell. Als die Kollegen kamen, hatte er den Tatort gerade verlassen. Es gab schon Passanten, die beobachtet haben, dass ein sehr aufgebrachter, aggressiv wirkender Mann aus dem Haus gelaufen ist. Aber die haben sich ihm natürlich nicht in den Weg gestellt. Und die, die der geflohene Junge angesprochen hatte, die wussten ja, dass er bewaffnet ist, und haben sich von ihm ferngehalten.«

»Und weiter?«

»Also, er ist dann zu Bekannten, das war eine Familie mit einem Kind. Bei denen hat er erst mal den Vater weggeschickt, damit er ihm was zu trinken besorgt. In dem Laden, in dem der das Bier gekauft hat, waren nun schon die Kollegen unterwegs und haben nach dem Täter gesucht. Und da haben sie auch den Familienvater gefragt, ob er was weiß. Nach einigem Hin und Her hat er ihnen erzählt, dass der Mann, den sie suchen, in seiner Wohnung ist, und dann hat er ihnen seinen Wohnungsschlüssel gegeben.«

Der Boss, der sonst immer so ruhig, ernst und bedächtig ist, ist selbst ganz aufgeregt geworden beim Reden. »Und so konnte das MEK da rein. Die konnten aber nur das Kind rausholen, der Täter hat die Frau als Geisel genommen.«

»Ach du Scheiße«, entfährt es mir.

»Und was haben die Kollegen dann gemacht?«

»Erst mal gewartet«, erklärt der Boss. Jetzt hat er beinahe wieder zu seiner ruhigen Stimme zurückgefunden. »Die Verhandlungen zwischen dem MEK und dem Täter gingen eine ganze Zeit hin und her; und nach zwei Stunden oder drei ist das MEK dann wieder rein in die Wohnung und hat die Geiselnahme beendet. Diese Aktion muss auch ziemlich dramatisch gewesen sein. Es kam zu einer richtigen Schießerei. Der Täter hat dabei zwei Schüsse in den Kopf gekriegt. Es ist noch nicht sicher, ob er überlebt. Und die Frau, also die Geisel, hat auch was abbekommen. Aber nicht lebensgefährlich. Der Schuss ging in den Arm oder ins Bein.

»Scheiße!«, kommt es von Pitt, der jetzt endlich doch eine Kippe aus der Schachtel fingert.

»Und weiß einer, warum das Ganze passiert ist?«, mich lässt diese Frage nicht los. »Beziehungsdrama« haben sie im Radio gesagt, aber das sagt ja letztendlich auch nichts.

»Ich denke, die Frau hatte einen anderen, und da ist er ausgetickt«, sagt Pitt schulterzuckend. Für ihn ist das Thema damit erledigt.

Ich blicke zum Boss, aber der schüttelt auch nur bedauernd den Kopf.

»Keine Ahnung. Irgend so etwas in der Art wird es gewesen sein«, murmelt er.

Und auch Tobb weiß nichts Näheres.

Mich fröstelt. Es ist ja nicht das erste Mal, dass ich in meiner Dienstzeit mit Beziehungsgewalt zu tun habe, aber in keinem der Fälle sind gleich drei Menschen getötet worden.

»Wie krank muss denn einer sein, dass er denkt, dass er eine Frau mit Gewalt zum Bleiben bewegen kann?«, frage ich mich laut.

»Ich glaube, dahinter steckt der Gedanke, dass die Frau auch niemand anders haben darf, wenn er sie schon nicht haben kann.« Der Boss ist wieder ganz zu seiner nachdenklichen Art zurückgekehrt. Ich sehe ihm an, dass ihn die Sache auch beschäftigt.

Später, als ich am Schreibtisch sitze, wähle ich die Nummer der Wache in Wilhelmsburg. Soweit ich weiß, hat Dieter jetzt Dienst. Aber dann erfahre ich, dass er in einer anderen Schicht ist, dafür kann ich mit Ute sprechen.

»Wie ist die Stimmung bei euch?«, will ich wissen.

»Ganz okay, war ein aufregender Tag gestern.«

»Warst du dabei?«

»Ja, aber nur im Hintergrund. Absperren und so. Dieter hat momentan Frühschicht, er hat das selber erst heute Morgen erfahren.«

»Und geht's dir gut?«

»Joa, gestern war ich bis zum Schluss dabei. Danach war ich schon ziemlich aufgewühlt. Die anderen ja auch. Heute geht es wieder. Wir reden hier momentan über nichts anderes. Das ist auch im Stadtviertel das Thema. Tut ehrlich gesagt auch gut, darüber zu reden.«

2003

Die Akte »Pohl« ist dick. Ein Wunder, dass mein Schreibtisch unter der Last nicht zusammenkracht. Ich könnte mir das alles auch digital ansehen, aber diesbezüglich bin ich altmodisch. Ich lese lieber auf Papier. Inzwischen bin ich als Kriminaloberkommissarin im Bereich Prävention und Opferschutz tätig. Ich habe den familien- unfreundlichen Schichtdienst beim KDD gegen einen Arbeitsplatz mit normalen Bürozeiten getauscht. Ich muss nicht mehr raus zu Einsätzen, ich erledige meine Arbeit vom Schreibtisch aus, wenn ich nicht gerade in Gremien sitze oder auf Tagungen bin. Meine Haupt- beschäftigung ist Kommunikation. Wir sind hier für die strukturelle Seite der Polizeiarbeit zuständig. Wir analysieren, ob der Maß- nahmenkatalog bei bestimmten Fällen angemessen ist, wir kom- munizieren Veränderungen der Gesetze und wir beraten Kollegen, wenn sie noch unsicher bezüglich einer strukturellen Veränderung sind. Ich kümmere mich hier um den Bereich »Häusliche Gewalt«, der eigentlich »Beziehungsgewalt« heißen müsste. Das betrifft alle Delikte, die im Bereich des sozialen Miteinander geschehen. Der Begriff »Beziehungsgewalt« umfasst viel mehr als nur die häusliche Gemeinschaft eines Paares oder einer Familie, denn zum Beispiel auch in der Beziehung zwischen Pflegebedürftigen und Pflegenden kann es zu Gewalt kommen. Und es gibt durchaus Konstellationen, in denen eine Person einer anderen, die sie kaum kennt, etwas antut.

Heute lese ich Akten von »Häuslicher Gewalt mit Todesfolge«, um zu prüfen, ob und welche Möglichkeiten wir gehabt hätten, diese Taten zu verhindern. Der Fall Pohl gehört dazu. Als ich diese Akte in die Hand nehme, überkommt mich das starke Verlangen zu rauchen, obwohl ich gerade erst von einer Zigarettenpause komme. Irgend- wie regt mich der Fall Pohl auf, ich werde unruhig, wenn ich nur an den Mann denke. Herr Pohl war der Mann, der vor zwei Jahren, als ich noch beim KDD war, seine Exfreundin und zwei ihrer Kinder umgebracht hat. Er war der, der nach der Tat zu Bekannten gegangen ist und dann noch eine Geisel genommen hat. Die schweren Schuss- verletzungen am Kopf hat er überlebt. Er wurde wegen dreifachen Mordes, versuchten Mordes und Geiselnahme zu lebenslanger Haft verurteilt.

Pohl starrt mich feindselig von dem Erkennungsdienstfoto an. Sein rasierter Schädel unterstreicht den brutalen Eindruck. Ich habe sein Bild schon damals in den Zeitungen gesehen. Da war sein Haar etwas länger, aber der Blick war genauso wütend und voller Ver- achtung. Ich blättere weiter. Anhand seiner Straftaten lässt sich seine ganze Biographie erzählen. Das erste Mal ist er mit acht Jahren bei einer Straftat erwischt worden: Ladendiebstahl. Danach ging es weiter mit Diebstählen, dazu kleine Raubüberfälle, Drogenbesitz, später auch Drogenverkauf, Körperverletzung. Während ich das lese, überfällt mich eine unglaubliche Müdigkeit. Das hört sich alles so perspektivlos an, so traurig und deprimierend, dass ich den Wunsch verspüre, einfach nicht mehr weiterzulesen. Schon vor zwei Jahren hatte ich keine Lust, mich näher mit diesem Typen auseinanderzusetzen, aber immer wenn ich das Radio einschaltete oder den Fernseher oder die Zeitung aufschlug, ging es um den schlimmen Dreifachmord. Ich konnte den Berichten darüber kaum entgehen. Jetzt beschäftige ich mich auch nur widerwillig mit ihm. Aber natürlich will ich, dass so etwas nicht mehr vorkommt. Und wenn ich dazu beitragen kann, dass wir bessere Möglichkeiten haben, solche Fälle zu verhindern, dann springe ich gerne über meinen Schatten und lese die deprimierende Geschichte von Herrn Pohl und seiner Exfreundin, Frau Becker.

Pohl und Becker waren etwa ein Jahr ein Paar, dann zeigte sie ihn wegen Vergewaltigung an. Pohl kam in Untersuchungshaft, aber dann zog Frau Becker die Anzeige plötzlich wieder zurück. Danach gab sie dreimal bei den Kollegen an, massiv von Pohl bedroht worden zu sein. Sie sagte, er wolle sie und ihre Kinder zu Krüppeln zusammenschlagen und ihnen dann mit einem Messer seinen Namen einritzen. Als ich diese Geschichte damals in der Presse las, konnte ich sie nicht glauben. Wie kommt man auf so eine kranke Idee, und welche Ängste erzeugt man damit? Am schlimmsten fand ich, dass die Kinder mit bedroht wurden. Auf Frau Beckers Anzeige hin geschah damals nichts. Die Kollegen konnten Pohl nichts nachweisen. Er behauptete, Frau Becker habe sich das alles ausgedacht.

Ein anderes Mal baumelte von dem Türgriff ihrer Wohnungstür eine Puppe mit abgerissenem Kopf. Dazu ein Zettel: »So wird es dir auch ergehen.«

Die Kollegen machten ein Foto und schrieben eine Bedrohungsanzeige, mehr passierte nicht. Nur, wenn man Herrn Pohl auf frischer Tat ertappt hätte, hätten die Kollegen etwas gegen ihn unternehmen können.

Dann ging Frau Becker zwei Wochen vor ihrem Tod noch einmal

zur Polizei und sagte, dass Pohl gedroht habe, sie und ihre Kinder zu töten. Sie sagte auch, dass sie den Eindruck habe, dass Pohl immer genau weiß, wo sie sei und was sie tue. Sie berichtete von vielen, vielen Anrufen. Manchmal sagte er nur: »Ich weiß, wo du jetzt bist!« und legte wieder auf. Einmal hatte er ihr aufgelauert und sie dann an den Haaren mit sich gezogen. Sie konnte sogar blaue Flecken zeigen, die von dieser Aktion stammen sollten, aber Zeugen hatte sie nicht. Und so konnten die Kollegen nichts weiter tun, als eine Anzeige zu schreiben. »War nicht so gemeint«, sagte Pohl, als er auf die Drohungen angesprochen wurde. Die Kollegen hatten keine Handhabe gegen Pohl, sie durften erst tätig werden, wenn er tatsächlich etwas getan hat. Die bloße Drohung reichte nicht aus. Als Frau Becker klagte, dass Pohl auch schon in ihre Wohnung eingedrungen sei, während sie nicht da war, und dort randaliert hätte, rieten ihr die Kollegen umzuziehen.

An dieser Stelle gebe ich meinem Fluchtinstinkt nach und rauche erst einmal. Ich kann mir vorstellen, wie allein gelassen sich Frau Becker vorgekommen sein musste. Die Kollegen trifft keine Schuld, sie konnten nichts tun. Die Gesetzeslage gab ihnen keine Möglichkeit, gegen Pohl vorzugehen. Ich frage mich, was ich getan hätte, wenn Frau Becker zu mir gekommen wäre, vermutlich nichts anderes als die Kollegen.

Frau Becker und zwei ihrer Kinder sind nun tot, ihr jüngster Sohn hat keine Familie mehr. Heute, zwei Jahre später, hätten wir eher eine Möglichkeit gehabt, sie zu schützen. 2002 ist das Gewalt-schutzgesetz in Kraft getreten. Das gibt der Polizei die Möglichkeit, schon bei der Androhung von Gewalt gegen den Täter vorzugehen und Maßnahmen zu treffen, um Opfer von Beziehungsgewalt besser zu schützen. Wir können den Täter bis zu zehn Tage aus der gemein-samen Wohnung verweisen, ein Aufenthaltsverbot, Kontaktverbot und ein Näherungsverbot aussprechen. Wenn gar nichts mehr hilft, ist sogar eine Ingewahrsamnahme möglich. Das Opfer hat dann die Möglichkeit, beim Zivilgericht die Überlassung der gemeinsam genutzten Wohnung für einen Zeitraum von bis zu sechs Monaten zu beantragen. Dieser Zeitraum kann bei Bedarf verlängert werden. Natürlich muss im Einzelfall genau geprüft werden, wie gefährlich der Täter oder die Täterin ist. Häufig ist Gewalt in einer Beziehung etwas, was sich über einen längeren Zeitraum hochgeschaukelt hat. Dem Gesetzgeber geht es auch darum, diese Gewaltspirale zu durchbrechen. Wenn das Opfer die Möglichkeit hat, einfach mal eine Weile ohne Angst vor Angriffen zu leben, findet es vielleicht die Kraft, sich aus der Beziehung zu lösen.

Aber der Fall Pohl zeigt noch etwas. Nämlich, dass auch das Gewaltschutzgesetz bestimmte Formen von Gewalt und Gewaltandrohung noch nicht berücksichtigt. Es gibt auch im Jahr 2003 noch kein wirksames Gesetz, das es verbietet, jemandem nachzustellen und Dinge zu tun, die eine Person zwingen können, Kontakt zu einem aufzunehmen, obwohl diese das ausdrücklich nicht wünscht. »Stalking« nennen das die Medien. Und es gibt im Jahr 2003 auch noch immer keine Handhabe dagegen, wenn jemand nahestehende Personen des Opfers bedroht. Die arme Frau Becker musste nicht nur um sich selbst fürchten, sondern auch um ihre Kinder.

2005

Dumpfe Schritte nähern sich hastig meiner Tür, aber dann höre ich sie daran vorbeistapfen. Ich habe mich in meinem kleinen Büro gerade erst an meinen Schreibtisch gesetzt, es ist früh am Morgen. Die meisten Kollegen meiner Dienststelle kommen erst später. Ich bin gerne früh da, weil ich morgens gut arbeiten kann. Mein Schreibtisch ist oft so voll, dass ich froh bin, wenn ich erst einmal in Ruhe ein paar Dinge abarbeiten kann, bevor mich jemand stört.

Während mein Computer hochfährt, greife ich mir mit der einen Hand die Kaffeetasse und mit der anderen die Zeitung. Gleich auf der zweiten Seite steht etwas von einem Autounfall. Am Steuer saß der Bruder einer jungen Frau, die nun mit schweren Verletzungen im Krankenhaus liegt. Gegen den Bruder wird ermittelt. Ich stelle meine Tasse zur Seite und überlege. Auch das könnte ein Fall von Beziehungsgewalt sein.

Seit ich hier arbeite, sehe ich überall Beziehungsgewalt, als hätte ich eine Brille abgesetzt, die dieses Phänomen vorher teilweise verdeckt hat. Natürlich hatte ich auch früher schon mit Fällen von Beziehungsgewalt zu tun – in meiner Zeit bei der WP, im Streifendienst und auch beim KDD. Aber noch nie ist sie mir so geballt aufgefallen. Wenn ich die Zeitung aufschlage, finde ich immer mindestens einen Fall, in dem ein Mensch einen anderen, mit dem er in einer Beziehung stand, bedroht, verletzt oder sogar getötet hat. Häufig geht die Gewalt von einem Mann aus und richtet sich gegen die Partnerin oder die Expartnerin; aber es gibt auch viele Fälle, in denen andere familiäre, freundschaftliche oder ganz andere Beziehungen die Schauplätze sind. Manchmal habe ich den Eindruck, dass die Familie oder eine Partnerschaft der gefährlichste Ort der Welt sein kann, viel gefährlicher als der Kiez oder die Autobahn. Ich muss schlucken, als ich daran denke, denn ich habe Familie immer als einen warmen Ort empfunden, der Geborgenheit gibt.

Ich lege die Zeitung beiseite und blicke auf den Bildschirm. Die Liste meiner E-Mails ist wie immer erschreckend lang. Viele sind Rundmails an mehrere Kollegen, aber auch die muss ich genau lesen und gegebenenfalls beantworten. Außerdem gibt es viele Nachfragen. Seit ein paar Wochen sind in allen Dienststellen speziell ausgebildete Beziehungsgewalt-Sachbearbeiter eingesetzt und es herrscht noch Unsicherheit darüber, was genau in deren Aufgabenbereich fällt. Ständig muss ich die gleichen Fragen beantworten, auch das gehört zu meinem Job. Als ich gerade an einer Antwort tippe, klingelt das Telefon.

»Hallo, Juliane hier. Wir kennen uns vom Lehrgang Beziehungsgewalt. Erinnerst du dich?«

Ich muss ein bisschen überlegen, denn ich habe in den letzten drei Monaten mehrere Lehrgänge zu dem Thema abgehalten. Aber dann kommt mir eine vage Erinnerung an eine schlanke, etwas nervöse junge Frau mit einem Pferdeschwanz. Ihre hektische Art zu sprechen, hat mich an sie erinnert.

»Also, ich bin hier auf der Wache als Beziehungs-Sachbearbeiterin eingesetzt. Und jetzt habe ich eine Frau vor mir sitzen, die sagt, dass sie von ihrem Ehemann bedroht wird. Die beiden haben drei Kinder. Zwei davon sitzen auch hier. Das dritte ist wohl in der Schule. Ja, jedenfalls hat der Mann gesagt, dass er sie umbringen wird. Und ich hab dann ins polizeiliche Auskunftssystem geguckt und gesehen, dass er schon mal wegen unerlaubtem Waffenbesitz mit uns zu tun hatte. Das ist doch ... also ... Was würdest du denn jetzt machen?«

Juliane hat am Ende immer schneller geredet, so dass ich Schwierigkeiten hatte, sie zu verstehen. Deshalb brauche ich eine Weile, bis ich begriffen habe, was sie mir da gesagt hat. Dann aber springen alle Alarmlampen an.

»Und warum will er sie umbringen? Weiß sie das?« Ich ertappe mich dabei, dass ich jetzt selbst so schnell spreche. Ich muss aufpassen, dass ich die hektische Art von Juliane nicht übernehme. Das Wichtigste ist, jetzt ruhig zu bleiben. Es ist ja noch gar nicht sicher, ob wirklich Gefahr von dem Mann ausgeht.

»Ja, sie will sich von ihm trennen. Schon lange, sagt sie. Aber sie hat es ihm erst jetzt gesagt. Und da hat er gesagt: ›Wenn du gehst, bring ich dich und die Kinder um.‹«

»Wohnen sie denn noch zusammen?«

»Ja. Die Frau sagt, sie will ausziehen, aber sie weiß nicht, wohin.«

Für einen Moment muss ich an Frau Schmied denken und an Timo. Unwillkürlich muss ich mich schütteln. Ich will nicht, dass jemand verletzt wird. Erst recht nicht die Kinder, die ja nun gar nichts für den Streit der Eltern können.

»Und war er schon mal gewalttätig gegenüber der Frau oder den Kindern?«, will ich wissen.

»Das ist ganz eigenartig, die Frau, also Frau Kemper, widerspricht sich da selbst immer wieder. Erst sagt sie, dass er sie ständig geschubst und beschimpft hat, dann wieder behauptet sie, dass vorher nie was war. In jedem Fall hat er sie schon öfter bedroht, das sagt sie ganz klar. Und dann hat sie gesagt, dass er ihr Handy kontrolliert, weil er wissen will, mit wem sie telefoniert. Und er verbietet ihr manchmal wegzugehen.«

Ich zögere. »Und was ist dein Eindruck?«

»Ich weiß nicht. Frau Kemper wirkt schon sehr aufgebracht. Sie fühlt sich auf jeden Fall eingeengt und auch bedroht, sonst wäre sie wohl nicht hier. Na ja, und wenn der Mann schon mal illegal Waffen besessen hat, dann wird er sich noch einmal welche beschaffen können. Ach so, das hab ich ganz vergessen: Einmal soll er die ganze Wohnungseinrichtung zerstört haben, aus Wut.«

195

Für mich hört sich das so an, als wäre durchaus Gewaltpotential da, aber ich kann noch nicht einschätzen, ob tatsächlich Gefahr für die Frau und die Kinder besteht. Kann sein, dass sich die Frau widerspricht, weil sie Angst hat, aber es ist durchaus auch möglich, dass sie die ganze Sache aus Wut dramatisiert.

»Hast du schon irgendetwas in die Wege geleitet?«

»Nein, ich wollte erst mit dir sprechen.«

»Also, zuerst sollte das Kind, das noch in der Schule ist, irgendwie zu euch, also zur Mutter.«

Das ist mein erster Gedanke. Ich will auf jeden Fall verhindern, dass es ein Familiendrama gibt wie damals bei Frau Schmied und dem kleinen Timo. Wie immer in solchen Fällen ist es Freitag. Das Wochenende steht bevor. Das heißt, wir müssen, falls Gefahr besteht, jetzt dafür sorgen, dass die Familie das Wochenende unbeschadet übersteht. Nach meiner Erfahrung häufen sich die Straftaten, wenn es auf das Wochenende zugeht. Samstag und Sonntag passiert immer am meisten.

»Vielleicht sollte die Frau mit den Kindern zunächst ins Frauenhaus gehen«, überlege ich laut. »Da ist sie erst mal sicher. Und ich bespreche die Sache hier mit meiner Kollegin und dann noch mal mit der Kriminalpsychologin.«

Juliane verspricht, sich um das Schulkind und das Frauenhaus zu kümmern. Danach will sie sich erneut melden, oder ich mich bei ihr, je nachdem.

Ich lege auf und gehe rüber zu Beate, um ihr den Fall zu schildern. Beate sitzt im Büro nebenan und ist die Kollegin, mit der ich hier am engsten zusammenarbeite. Sie ist klein und rund und kann sehr ansteckend lachen. Außerdem ist sie genauso eine unverbesserliche Raucherin wie ich. Ich lege großen Wert auf ihre Meinung, denn sie arbeitet schon zwei Jahre länger hier als ich und hat bisher immer die richtige Intuition gehabt. Gemeinsam sehen wir uns auch noch mal den Eintrag über Herrn Kemper im polizeilichen Auskunftssystem an. Dunkle Augen stieren uns aus einem runden Gesicht an. Kein Mensch sieht auf diesen erkennungsdienstlichen Fotos freundlich aus. Eingetragen ist bei ihm unerlaubter Waffenbesitz. In seinem Fall war es ein Messer. Außerdem steht da noch etwas von Körperverletzung. Wir lassen uns die Handakte des zuständigen PKs faxen. Darin ist zu lesen, dass er einen Arbeitskollegen verprügelt hat. Der Kollege hat die Anzeige später wieder zurückgezogen. Juliane sagte mir, Herr Kemper sei jetzt arbeitslos. Möglich, dass er durch diese Aktion seinen Job verloren hat.

»Also, ein Messer kann er sich überall besorgen«, sagt Beate. »Das muss ja nicht heißen, dass er auch an Schusswaffen rankommt. Das Messer hat er in der Auseinandersetzung mit dem Kollegen zumindest gezogen. Darüber, ob er zugestochen hat, steht hier nichts. Wir können zumindest sagen, dass er mit seinen Drohungen sehr weit geht.«

Ich schlucke. Arbeitslos, vorbestraft wegen Körperverletzung und wütend, weil seine Frau sich von ihm trennen will: Das ist keine gute Mischung. Trotzdem bin ich noch nicht überzeugt, dass er tatsächlich seiner Familie etwas antun würde.

»Wie ernst müssen wir seine Drohung nehmen? Was meinst du?«, frage ich Beate.

»Ich würde sagen, ernst. Der Mann hat kein Problem, etwas mit Drohungen durchzusetzen, und er würde auch eine Waffe dazu einsetzen. Ob er die Waffe dann tatsächlich gebraucht, ist eine andere Sache. Lass uns jetzt erst einmal mit Frau Herrmann sprechen.«

Zwei Stunden später sitzen wir in einem Besprechungsraum zusammen mit Frau Herrmann, der Kriminalpsychologin, und warten auf Juliane, die auch dazukommen soll. Nachdem ich Frau Herrmann von dem Fall erzählt habe, hat sie uns alle hier zusammengetrommelt. Wenn es um Beziehungsgewalt geht, ist es immer besser, sich den Einzelfall sehr genau anzusehen. Es spielen zu viele Faktoren eine Rolle und wir wollen nicht riskieren, durch pauschales Vorgehen einen Fehler zu machen, der womöglich einem Menschen das Leben kostet. Wir müssen alles, was wir wissen, zusammentragen und dann überlegen, welcher Schritt in dieser Situation der beste wäre.

Endlich kommt Juliane, zieht umständlich eine Mappe und einen Ordner aus ihrer Tasche und setzt sich. Dann schildert sie uns noch einmal die Situation.

»Ich habe Frau Kemper noch einmal etwas intensiver zu früheren Gewaltausbrüchen ihres Mannes befragt. Das hörte sich dann etwas drastischer an: Er hat sie an den Haaren gezogen, er hat ihr den Arm verdreht, einmal konnte sie ihn danach einige Tage lang nicht richtig benutzen. Und dann hat er mal ihren Kopf gegen die Wand geschlagen.«

»Wie lange geht das schon so?«, will ich wissen.

»Sie sagt, seit die Kinder da sind. Und die Älteste ist acht.«

Ich schüttle den Kopf, weil ich wie immer nicht glauben kann, dass jemand solch ein Martyrium derartig lange mitmacht.

»Und das hat sie alles erst jetzt erzählt, nachdem sie vorher gesagt hatte, dass es vor den Drohungen keine oder so gut wie keine Übergriffe gab?«, will Frau Herrmann wissen.

»Na ja, sie sagte, dass er das ja alles nicht so böse gemeint hätte. Und sie hat sich auch selbst die Schuld an den Übergriffen gegeben. So, als hätte er ein Recht, so zu ihr zu sein, weil sie mal zu langsam mit dem Essen war oder die Kinder nicht richtig angezogen hat und so weiter. Und dann kam heraus, dass er sich auch immer sehr lieb danach entschuldigt hat. Mit Blumen und Geschenken, und er soll auch geweint haben.«

»Waren die Kinder bei den Übergriffen dabei? Haben sie gesehen, was da passiert ist?«, fragt Frau Herrmann.

»Das war auch ganz schwierig aus Frau Kemper herauszubekommen. Nachher hat sie gesagt: Manchmal.«

»Und wurden die Kinder auch misshandelt?«

»Mal ne Ohrfeige, hat Frau Kemper gesagt. Ich konnte schlecht einschätzen, ob sie das bagatellisiert hat.«

Juliane raschelt ein wenig mit den Papieren in ihrem Ordner. »Was meint ihr … also was meinen Sie denn?«, fragt sie in die Runde.

Ich blicke von Juliane zu Beate und bleibe an Frau Herrmanns ernstem Gesicht hängen. Sie ist etwas jünger als ich. Sie nimmt ihre Brille ab, als könnte sie sich so besser konzentrieren, und setzt sie gleich wieder auf. »Kann ich noch mal die Akte von Herrn Kemper sehen?«, fragt sie. Juliane schiebt sie ihr rüber. Eine Weile studiert sie die Akte, blättert hin und her, bis sie sie von sich wegschiebt und sagt: »Ich würde sagen, es geht eine konkrete Gefahr von Herrn Kemper aus. Er hat durchaus das Potential auszurasten. Vielleicht geht auch alles gut, aber das Risiko würde ich nicht eingehen wollen. Ich würde ihm gegenüber eine Wegweisung aussprechen und ein Kontaktverbot.«

Beate nickt dazu, auch sie ist dafür, hier das Gewaltschutzgesetz anzuwenden. Eine Wegweisung bedeutet, dass Herr Kemper die gemeinsame Wohnung bis zu zehn Tage lang verlassen muss, er muss die Schlüssel abgeben und er muss uns sagen, wie wir ihn erreichen können. Im schlimmsten Fall muss er in einer Übernachtungsstätte für obdachlose Männer schlafen oder er nimmt am Winternotprogramm teil. Und es ist möglich, dass wir den Zeitraum, in dem er nicht in seine Wohnung darf, nochmals um einige Tage (höchstens zehn) verlängern. Dahinter steht der Grundsatz: »Wer schlägt, muss gehen.« Das heißt, dass nicht das Opfer die Wohnung verlassen muss, um sich aus seiner Lage zu befreien, sondern der Aggressor.

Jetzt sehen alle mich an. Ich glaube eigentlich auch, wie unsere Psychologin, dass dieses Vorgehen hier angebracht wäre. Viele Aggressoren kommen zur Vernunft, wenn sie so sanktioniert werden und sehen, dass die Polizei auf der Seite des Opfers ist, aber es gibt auch Fälle, in denen genau das Gegenteil mit einer Wegweisung bewirkt wird.

»Was ist, wenn ihn das noch aggressiver macht, weil er sich dadurch in die Enge gedrängt und in seiner Ehre verletzt fühlt? Es könnte ja sein, dass so eine Maßnahme für ihn das Fass zum Überlaufen bringt, dass ihn das erst recht zum Ausrasten bringt?«, frage ich in die Runde.

»Vielleicht müssen wir dann den Kollegen vom Schutz Bescheid sagen, dass sie ab und zu am Haus der Kempers vorbeifahren sollen. Wir sollten jetzt aber nicht einfach abwarten«, sagt Beate ernst.

Ich gebe ihr recht. Eine Alternative habe ich auch nicht.

»Dann sollten wir gleich Kollegen rausschicken, die Herrn Kemper die Wegweisung aussprechen. Wir sollten jetzt nicht bis Montag warten.« Allgemeines Nicken.

»Welche Körpermaße hat Herr Kemper?«, fragt Frau Herrmann weiter und zieht die Akte wieder zu sich.

»Alter: 36, Größe: 1,79, kurzes Haar, kräftig«, antwortet sie sich selbst. »Dann sollten wir vielleicht Kollegen hinschicken, die etwas größer sind und auch kräftig, das macht sicher Eindruck auf den. Lieber keine Kollegin.«

Wieder nicken alle.

»Juliane, nimmst du das in die Hand?«

Juliane nickt und rafft ihre Papiere zusammen. »Also: Wegweisung, Kontaktverbot und auch Aufenthaltsverbot?«

Frau Herrmann überlegt. Sie hat das Aufenthaltsverbot nicht vorgeschlagen, aber es ist durchaus sinnvoll. Für Herrn Kemper bedeutet das, dass er sich auch in einem bestimmten Umkreis der Wohnung nicht aufhalten darf, und es verbietet ihm zum Beispiel das Auftauchen am Arbeitsplatz seiner Frau oder in der Schule der Kinder.

»Äh ja, hab ich ja gesagt«, höre ich sie dann antworten.

Heute im Laufe des Tages werden also zwei hochgewachsene, kräftige Kollegen an der Wohnungstür der Kempers stehen. Sie werden mit drei Zetteln ausgerüstet sein und Herrn Kemper eine Wegweisung aussprechen, das heißt, sie werden ihn zunächst freundlich bitten, die eigene Wohnung für 10 Tage zu verlassen. Außerdem wird ihm für den gleichen Zeitraum die Kontaktaufnahme zu seiner Frau und den Kindern untersagt, und er darf sich auch nicht in der Nähe der Wohnung oder an anderen Orten, wo sich seine Familie befinden könnte, aufhalten. Und wenn er sie zufällig irgendwo sehen sollte, darf er sie nicht ansprechen, sondern muss sich schnellstmöglich verziehen.

Das alles steht auch auf den Zetteln, die Herrn Kemper in die Hand gedrückt werden, und zwar in verschiedenen Sprachen. Das klingt vielleicht etwas hart, aber es soll die gepeinigte Ehefrau eine Weile zumindest schützen. Sie soll die Möglichkeit erhalten, zur Ruhe zu kommen und, wenn sie möchte, alles in die Wege zu leiten, was für eine Trennung getan werden muss. Nach meiner Erfahrung verstreicht die Zeit oft, ohne dass die Frauen etwas unternehmen. Manchmal müssen wir noch ein paar Mal mit unterschiedlichen Maßnahmen eingreifen, bis die Frauen in der Lage sind, sich zu trennen. Nur ganz selten schaffen es die Frauen, die Trennung sofort und ohne Wenn und Aber durchzuziehen. Dass Partner nach einer Wegweisung wieder in eine harmonische Beziehung finden, habe ich noch nie erlebt. Ausgeschlossen ist es aber nicht, schließlich werden wir nur in Fällen kontaktiert, in denen es zu Gewalt und Bedrohung kommt.

Nach der Besprechung gehen Beate und ich noch schnell in den Aufenthaltsraum, der so kahl und ungemütlich ist, dass er nur von ein paar verzweifelten Rauchern genutzt wird. Manchmal rauche ich am geöffneten Fenster in meinem Büro, aber bei dem heutigen Wetter ist das keine gute Idee. Die Luft in dem kleinen Aufenthaltsraum ist zum Schneiden, die Heizung ist voll aufgedreht, die Fenster verschlossen. Alter Zigarettenrauch hängt in der Luft. Wir lassen uns auf zwei der Plastikstühle fallen und sehen hinaus in den Regen, der wie ein grauer Vorhang vom Himmel fällt.

Fälle wie dieser, in denen die Gewalt beinahe schon greifbar ist, lösen bei mir immer dieses Unbehagen aus, das ich auch hatte, als ich mich vor zwei Jahren mit dem Fall Pohl beschäftigen musste. Und jedes Mal denke ich: Das will ich auf jeden Fall verhindern!

Mit Fällen von Beziehungsgewalt setze ich mich lange und gründlich auseinander. Gerade in Trennungssituationen eskaliert die Gewalt oft. Entscheidend ist zudem, wie die Partner vor dem Bruch miteinander umgegangen sind. Wenn physische oder auch nur verbale Gewalt bereits zur Tagesordnung gehörte, dann wird eine Trennung die Bereitschaft, einander zu verletzen, noch erhöhen. Es gibt zudem eine ganze Reihe von Verhaltensweisen, die dazu beitragen, eine solche Situation zu verschärfen: zum Beispiel Alkohol und mangelndes Selbstbewusstsein, das durch Arbeitslosigkeit in der Regel verstärkt wird.

Um Beziehungsgewalt zu verhindern, muss man meiner Meinung nach schon in der Kindererziehung ansetzen. Ein Kind muss lernen, sich im Streit mit dem Gegenüber fair auseinanderzusetzen. Eltern, die Konflikte gewalttätig lösen, sind keine guten Vorbilder. Aber auch Erzieher und Lehrer sollten die Sensibilität und das Selbstbewusstsein eines Kindes so fördern, dass es lernt, sich auch ohne Gewalt zu behaupten.

Es ist Wochenende. Das Erste, was ich am Sonntagmorgen höre, ist das Trommeln des Regens gegen die Fensterscheibe. Genervt ziehe ich mir die Decke über den Kopf. Das geht jetzt schon seit Tagen so. Wenn es mal zufällig nicht regnet, dann ist die Luft so feucht, dass die Kleidung auf der Stelle klamm wird, sobald man das Haus verlässt. Tony kommt ans Bett und winselt. Er will frühstücken. Die Bettdecke meines Mannes hebt und senkt sich gleichmäßig, und von unserem Sohn ist nichts zu hören. Offenbar bin ich die Einzige, die Tony hört. Eine Weile versuche ich noch, ihn zu ignorieren, dann steige ich mit steifen Beinen aus dem Bett und stelle ihm sein Fressen hin. Es ist noch früh am Morgen, draußen beginnt es gerade erst zu dämmern. Deswegen klingt das Telefonläuten auch viel zu laut und schrill.

»Reimann?«

»Birgit? Hast du heute Bereitschaft? Das ist gut!«

Daggi spricht ganz ruhig, trotzdem höre ich ihrer Stimme an, dass es ernst ist. Ich habe sie schon länger nicht mehr gesehen. Aber ich weiß, dass sie inzwischen zur Mordkommission gewechselt ist. »Ein Mann hat seine Lebensgefährtin umgebracht«, fährt sie fort. »Es gibt drei Kinder, um die ihr euch kümmern müsst. Kommst du?«

Ich bin mit einem Schlag hellwach. An diesem Sonntag habe ich von null Uhr nachts bis 23:59 Uhr Bereitschaft, aber nicht als Kriminalbeamtin, sondern als ehrenamtliches Mitglied des Kriseninterventionsteams beim DRK. Ich mache das seit vier Jahren. Das heißt, ich betreue Opfer von Straf- und Gewalttaten direkt im Anschluss an die Tat. Jetzt, da ich als Polizistin einen mehr oder weniger bequemen Schreibtischjob habe, befasse ich mich in meiner Freizeit mit Menschen, mit denen ich zurzeit als Polizistin eher theoretisch zu tun habe. Es hat mich lange gestört, dass ich als Polizistin den Menschen, die gerade etwas Schlimmes erlebt haben, nicht die Zeit und die Aufmerksamkeit geben konnte, die sie meiner Meinung nach brauchten, zum Beispiel beim Überbringen von Todesnachrichten. Obwohl es schon sehr lange her ist, muss ich in solchen Situationen immer noch daran denken, wie ich Frau Ohlsen mitteilen musste, dass ihr Mann bei einem Unfall gestorben ist. Da kam es mir so absurd vor, einfach zu gehen, nachdem ich die Nachricht überbracht hatte. Als Polizistin kann ich eine längere Betreuung einfach nicht leisten. Als Ehrenamtliche im Kriseninterventionsteam kann ich aber so lange bleiben, bis ich das Gefühl habe, guten Gewissens gehen zu können. Wir betreuen die Menschen direkt nach der Tat einige Stunden lang. Wir hören zu, trösten und sind einfach da. Auf diese Weise versuchen wir zu verhindern, dass sich

Traumata verfestigen. Danach muss diese Arbeit von Angehörigen und von Psychologen oder anderen Fachleuten aus professionellen Einrichtungen übernommen werden. Mein Mann hat mich auf die Idee gebracht, er arbeitet auch dort mit. Es ist zwar schade, dass ich dafür einen Tag des Wochenendes opfern muss, den ich auch gerne mit meiner Familie verbringen würde, aber ich habe das Gefühl, etwas sehr Sinnvolles zu tun. Und ich finde, es ergänzt sich sehr gut mit meiner Arbeit als Polizistin. Bevor wir mitarbeiten durften, haben wir eine umfassende Fortbildung bekommen. Darin ging es in der Hauptsache um Traumata. Was ich dort gelernt habe, kann ich auch als Polizistin wunderbar gebrauchen; andererseits ist meine Arbeit als Polizistin für das Ehrenamt von Vorteil, weil ich die Abläufe am Tatort kenne.

Schnell springe ich in meine Klamotten, verabschiede mich von meinem inzwischen auch wachen Mann und streiche meinem noch schlafenden Sohn über das Haar. Dann schlüpfe ich in die signalgelbe Einsatzjacke mit der Aufschrift »Kriseninterventionsteam«, die selbst für mich etwas groß geraten ist, kippe schnell einen Schluck Kaffee hinunter und laufe durch den Regen zum Auto. In meiner Tasche befinden sich ein paar geschmierte Brote. Das wird sicher ein längerer Einsatz.

Bevor ich zum Tatort fahre, hole ich Karen ab, die Frau, die an diesem Sonntag mit mir zusammen Bereitschaft hat. Wir fahren immer in Zweierteams an den Tatort. Karen wartet schon in der leuchtend gelben Jacke vor ihrer Haustür. Sie ist etwa 15 Jahre älter als ich. Als sie einsteigt, schüttelt sie ihr kurzes, graues Haar und schimpft: »Scheißwetter!« Dann lächelt sie und nimmt mich über den Schaltknüppel hinweg zur Begrüßung in den Arm. Karen hat mal eine Ausbildung zur Krankenschwester gemacht, dann bekam sie drei Kinder und hörte auf zu arbeiten, aber jetzt, da die Kinder groß sind, will sie sich nach all den Jahren als Hausfrau und Mutter auch wieder für andere engagieren. Ich habe gerne mit ihr Bereitschaft, und auch mit den anderen Ehrenamtlichen vom KIT arbeite ich gerne. Das Bedürfnis, für andere da zu sein, verbindet uns. Sie sind mir alle ans Herz gewachsen.

Ich lenke meinen Wagen zur angegebenen Adresse. Karen nestelt an ihrer Jacke herum, während sie nach meinem Mann, meinem Sohn und dem Hund fragt. Ihre Kinder sind schon eine Weile aus dem Haus. Stolz erzählt sie mir, dass sie bald Oma wird. Dann zieht sie eine große Dose aus ihrer Tasche und öffnet sie. »Ich habe wieder Kekse gebacken«, erklärt sie lächelnd und hält mir einen hin. – Auch das ist ein Punkt, weswegen ich gerne mit Karen zum Einsatz fahre.

Um diese Zeit am Sonntagmorgen sind alle Straßen beinahe leer. Selbst die mehrspurigen Ausfallstraßen, auf denen der Verkehr sonst ohne Unterbrechung vorbeirauscht, sind beinahe ausgestorben. Die Tatortwohnung liegt in Altona. Vor dem etwas heruntergekommenen Klinkerbau stehen zwei Streifenwagen und ein Rettungswagen. Die Streifenwagen sind hier in Hamburg seit etwa drei Jahren silberblau, die Uniformen der Schutz-Kollegen sind längst nicht mehr grün und schlammfarben, sondern ebenfalls blau, aber sehr dunkel, beinahe schwarz. Am Anfang war das ein sehr ungewohntes Bild für mich. Das Grün/Beige war bei mir so fest mit dem Polizeidienst verbunden, dass ich Mühe hatte, mich daran zu gewöhnen. Aber inzwischen ist mir die neue Farbgebung ganz vertraut. Nur manchmal, wenn Schutz-Kollegen aus Berlin oder NRW hierher kommen, werde ich ein bisschen wehmütig. Denn die tragen noch die alten Farben.

Neben den Streifenwagen erkenne ich einen silbernen Passat als weiteres Dienstfahrzeug, möglich, dass die Mordkommission damit gekommen ist. Ich parke etwas abseits. Es ist schon irgendwie merkwürdig, nicht als Polizistin an einen Tatort zu kommen. Aber es ist kein schlechtes Gefühl. In gewisser Weise bin ich so freier, ich muss mich nicht an einen bestimmten Ablauf halten und habe die Möglichkeit, mich ganz auf die Menschen, die betroffen sind, einzulassen. Ich bin in anderer Stimmung, wenn ich mit dem KIT zu einem Einsatz fahre.

Durch unsere Jacken erkennt uns der Polizist, der am Eingang des Hauses steht, schon von weitem und winkt uns zu. Wir kennen uns noch nicht. Er ist gut einen Kopf größer als ich und sehr schmal.

»Gut, dass ihr da seid«, begrüßt er uns. Ich muss ausnahmsweise zu ihm hochblicken, um ihm ins Gesicht zu sehen. Wie immer, wenn wir vom Kriseninterventionsteam kommen, werden wir von den Kollegen von der Polizei sehr freundlich und meistens auch erleichtert empfangen. Ich selbst wäre auch das eine oder andere Mal froh gewesen, wenn jemand extra gekommen wäre, um die Opfer zu betreuen. Aber Einrichtungen wie das Kriseninterventionsteam gab es noch nicht, als ich bei der Schutzpolizei war.

»Was ist denn passiert?«, will ich wissen.

»So wie es aussieht, ist der Täter der Exfreund des Opfers. Er hat sie im Streit erschossen. Ihr elfjähriger Sohn hat es mit angesehen. Der Täter hat ihm dann die Waffe in die Hand gedrückt und ist geflohen. Aber da sind noch zwei andere Kinder: ein Baby und ein Mädchen, das ist vielleicht sechs ist oder so. Die haben geschlafen, als es passiert ist.«

Ich atme tief durch.

»Okay – und wo sind die Kinder jetzt?«

»Die sind bei der Nachbarin, die ist auch eine Freundin des Opfers. Die Wohnung rechts im ersten Stock. Wegener heißt sie.«

Hinter der Tür von Frau Wegener fängt sofort ein Hund zu bellen an, als wir den Klingelknopf drücken. Ein kleiner Spitz schießt aus der Wohnung, als die Tür geöffnet wird, und springt bellend um unsere Beine.

»Bella! Du kommst sofort hierher! Bella!«

Eine blonde Frau steht in der Tür. Ihre Stimme überschlägt sich fast, als sie ihren Hund ruft. Auf dem Arm trägt sie ein Baby, das bei ihrem Geschrei zu wimmern anfängt. Abrupt wechselt die Frau den Tonfall. »Ist ja gut, mein Schatz!«, säuselt sie, während sie dem Baby sachte über den Rücken streichelt. Wir lassen uns währenddessen ausgiebig von Bella beschnüffeln. Irgendwann flitzt die Hundedame kläffend zurück in die Wohnung. Ich sehe im Flur hinter Frau Wegener Daggi mit einem Kollegen stehen. Außerdem höre ich eine Kinderstimme. Hier scheint ganz schön was los zu sein.

Die blonde Frau steht noch immer vor uns im Türrahmen und mustert uns.

»Und wer sind Sie?«, fragt sie schließlich, als sich das Baby beruhigt hat. Es müssen heute früh schon etliche Menschen bei ihr geklingelt haben. Frau Wegener sieht müde aus. Ihr Gesicht ist grau und furchig. Die Augen sind dick mit schwarzem Kajal umrandet.

Wir erklären ihr, wer wir sind, und dass wir zu den Kindern

wollen, um sie in den nächsten Stunden zu unterstützen. »Na dann hereinspaziert«, sagt Frau Wegener und tritt zur Seite. Sie klingt resigniert und gleichzeitig aufgekratzt.

»Gut, dass ihr da seid!«, begrüßt uns Daggi. Auch sie scheint erleichtert zu sein, als sie uns sieht. Die meisten Kollegen wissen, dass ich mich beim KIT ehrenamtlich engagiere. Vor allem die Kollegen von der Mordkommission treffe ich öfter, wenn ich Bereitschaft habe. Daggis Kollegen kenne ich daher auch schon flüchtig. Freundlich lächelt er mich und Karen an.

»Seid ihr wegen der Kinder hier?«, fragt er uns.

»Ja. Der Kollege unten hat gesagt, dass sie hier sind.«

Daggi nickt ernst und deutet auf eine offenstehende Tür. Aus den Augenwinkeln sehe ich, wie eine Kollegin mit einem kleinen Mädchen spricht. »Der Älteste hat die Waffe in der Hand gehabt. Die SpuSi wird noch kommen, weil sie untersuchen müssen, ob Schmauchspuren an seinen Fingern sind.«

Ich schlucke. Das wird für den Jungen nicht einfach sein. Erst wird seine Mutter vor seinen Augen umgebracht, und dann wird er noch behandelt, als wäre er verdächtig. Aber ich weiß auch, dass das gemacht werden muss.

»Gut, wir gucken mal, wie die Stimmung ist. Vielleicht können wir ihn schon mal vorbereiten.«

»Okay, wir haben noch ein paar Fragen an Frau Wegener, dann lassen wir euch hier erst mal in Ruhe«, verspricht Daggi und wendet sich Frau Wegener zu, die ein bisschen verloren neben uns steht.

»Fühlen Sie sich wie zu Hause. Ich komme auch gleich«, sagt sie. Ihre Stimme klingt hektisch. Sie wird heute auch schon einiges durchgemacht haben.

Das Zimmer, das wir betreten, ist hell erleuchtet. Ein breites Sofa, ein Sessel und ein Fernseher fallen mir ins Auge. Auf dem Sofa liegt eine schmale Gestalt. Davor hockt ein Kollege. Auf dem Teppich sitzt ein kleines Mädchen mit dichten Locken im Schneidersitz und unterhält sich mit einer Kollegin, die ebenfalls auf dem Boden sitzt. Ein langer geflochtener Zopf ragt aus ihrer Mütze heraus. Dazwischen läuft Bella herum und beschnüffelt aufgeregt einen nach dem anderen.

Als der Kollege uns kommen sieht, richtet er sich auf. »Gut, dass ihr da seid. Ich bin jetzt auch fertig.« Er betrachtet kurz seinen kleinen Block und steckt ihn dann weg. Mit seinem Vollbart und dem massigen Körper erinnert er mich etwas an Eddi, meinen Bärenführer im Praktikum. »Der Junge ist ziemlich fertig mit den Nerven, er hat vom Notarzt eine Beruhigungsspritze bekommen«, erklärt er uns, tippt sich an die Mütze und verlässt den Raum.

»Hallo, wir sind vom Kriseninterventionsteam. Ich bin Birgit und das ist Karen. Wir wollten mal sehen, wie es euch geht«, stellen wir uns vor.

Die Kollegin winkt uns zu, und das Mädchen sagt: »Dann könnt ihr euch ja zu uns setzen.«

Karen und ich müssen unwillkürlich lächeln. So eine freundliche Begrüßung bekomme ich als Polizistin selten.

»Wie heißt du denn?«, fragt Karen, als wir uns neben die beiden auf den Boden setzen.

»Nina. Und das ist Mareike.«

Die Kollegin mit dem Zopf lächelt verlegen und reicht uns die Hand.

»Ich habe gerade die Personalien von Nina aufgenommen und mich noch ein bisschen mit ihr unterhalten«, sagt sie.

»Und wer ist das?«, frage ich und deute auf das Sofa.

»Das ist Marcel«, erklärt Nina. »Aber der ist jetzt ganz kaputt.«

Wir drehen uns um und betrachten die schmale, liegende Gestalt. Das Gesicht kann ich nicht erkennen, nur die dichten braunen Locken. Er sollte eine Decke bekommen, denke ich und nehme mir vor, Frau Wegener gleich danach zu fragen.

Vom Flur hört man jetzt deutlich Babygeschrei.

»Das ist Nicole«, erklärt uns Nina.

Mit einem Blick verständigen Karen und ich uns. Ich springe auf, um zu sehen, ob ich Frau Wegener helfen kann, Karen bleibt hier.

Im Flur bemüht sich Frau Wegener vergeblich, das Baby zu beruhigen. Sie wiegt es und singt und streichelt es, ohne Erfolg. Daggi und ihr Kollege stehen etwas hilflos daneben. Die kleine Nicole schreit so laut, dass ein Gespräch unmöglich ist.

»Wir sind jetzt eigentlich auch fertig.« Daggi brüllt fast, damit wir sie verstehen können. Sie winkt mir zu und macht ihrem Kollegen ein Zeichen. Seine Verabschiedung geht in Nicoles Gebrüll unter. Ich strecke beide Arme in Nicoles Richtung, um Frau Wegener zu bedeuten, dass ich bereit wäre, die Kleine zu nehmen. Erleichtert übergibt sie mir das Baby. Für einen Moment beruhigt es sich sogar. Ich nutze den Moment, um sie schnell nach einer Decke für Marcel zu fragen. Eine zusätzliche Sitzgelegenheit wäre auch toll. Frau Wegener verschwindet in einem der beiden anderen Zimmer. Sie scheint froh zu sein, etwas zu tun zu haben.

Mit dem Baby auf dem Arm gehe ich zurück ins Wohnzimmer. Die Kleine beginnt schon wieder zu jammern, ich wiege sie in meinem Arm und komme mir etwas unbeholfen vor. Nicole ist vielleicht ein halbes Jahr alt, es ist Ewigkeiten her, dass ich so ein kleines Baby auf dem Arm hatte. Schließlich lehnt sie ihren kleinen Kopf mit dem seidenen Haarflaum doch an meine Schulter und wird ruhig. Ich vermute, sie ist einfach erschöpft. Sicher vermisst sie ihre Mutter.

Hinter mir kommt Frau Wegener mit einer Decke in der einen Hand, mit der anderen zerrt sie eine Matratze hinter sich her.

»Ich hab jetzt nichts anderes zum Sitzen gefunden«, sagt sie entschuldigend.

»Das geht doch auch gut.« Karen steht auf und hilft Frau Wegener, die Matratze ins Wohnzimmer zu tragen.

»Ja, legt die doch hier hin«, ruft Nina begeistert und zeigt auf den Platz vor dem Sofa. »Und dann könnten wir doch fernsehen, oder?«

»Klar, Mäuschen«, sagt Frau Wegener automatisch. Karen und ich sehen uns an und heben die Schultern. Wenn Nina sich dabei wohl fühlt, gibt es nichts dagegen einzuwenden.

»Du, Nina, ich muss jetzt leider gehen«, sagt Mareike.

»Aber warum bleibst du denn nicht hier und guckst mit uns Fernsehen?«, fragt Nina enttäuscht.

»Weil ich noch arbeiten muss«, erklärt Mareike verlegen.

»Wir sind ja jetzt auch hier«, sagt Karen. »Wir gucken mit dir fern, wenn du willst. Wir können aber auch was spielen oder uns unterhalten.«

Mareike verabschiedet sich von uns allen und nimmt Nina in den Arm. Eine Weile legt sie noch die Hand auf Marcels Schulter, dann geht sie leise. Bella rennt hechelnd hinter ihr her. Wieder bellt sie im Flur, als sich die Wohnungstür hinter Mareike schließt.

»Bella!«, schimpft Frau Wegener so laut, dass Nicole wieder anfängt zu weinen.

»Ach entschuldige, Mäuschen!« Frau Wegeners Stimme hört sich an, als gäbe sie sich alle Mühe, sanft zu klingen.

Karen nimmt Frau Wegener vorsichtig die Decke aus der Hand.

»Marcel?«, fragt sie leise. »Möchtest du eine Decke haben?« Offenbar hat er ihr irgendwie bedeutet, dass er die Decke möchte, denn Karen breitet sie sanft über den ruhig daliegenden Jungen. Seine Augen sind geschlossen, sein Atem geht gleichmäßig, aber ich bin sicher, dass er nicht schläft.

Während ich versuche, Nicole wieder zu beruhigen, legen Karen und Frau Wegener die Matratze so vor das Sofa, wie Nina es sich wünscht. Frau Wegener schaltet den Fernseher ein und knipst endlich den grellen Deckenstrahler aus. Der Ton ist abgedreht, was ich sehr angenehm finde. Aus irgendeinem Grund beschwert sich Nina nicht darüber.

Einen Moment lang starren wir alle im Halbdunkeln auf den Bildschirm, auf dem ein Zeichentrickbär gerade eine Zeichentrickkatze verdrischt.

Mit einem Seufzer lässt sich Frau Wegener in den Sessel fallen. Für Bella offenbar ein Zeichen, aufgeregt schnüffelnd zwischen uns herumzulaufen.

Ich sitze inzwischen mit Nicole auf dem Arm neben Nina auf der Matratze. Karen hat sich auf die andere Seite von Nina gesetzt. Vorsichtig drehe ich mich um und werfe einen Blick auf die Gestalt auf dem Sofa, die nach allem, was ich erkennen kann, noch immer unbeteiligt wirkt.

Als ich mich gerade zurücklehnen möchte, beginnt Nicole wieder zu weinen. Wieder wiege ich die Kleine hin und her.

»Wie alt ist sie denn?«, frage ich Frau Wegener etwas lauter, damit sie mich trotz Geschrei versteht.

»Nicole? Die ist gerade mal acht Monate. Stellen Sie sich das mal vor. Und jetzt ist sie schon ein Waisenkind.«

»Gibt es denn Angehörige?«, fragt Karen.

»Also mit dem Vater von Marcel und Nina hatte die Lucie schon lange keinen Kontakt mehr. Keine Ahnung, was mit dem ist. Der hat auch keinen Unterhalt mehr gezahlt, soweit ich weiß. Und der Robert, der Vater von der Nicole, der hat die Lucie ja wohl jetzt … Mist!« Frau Wegener stockt, dann zieht sie geräuschvoll die Nase hoch. Es dauert eine Weile, bis sie bereit ist weiterzusprechen. »Die Polizei hat die Oma verständigt, also die Mutter von der Lucie. Die will die Kinder holen kommen. Aber sie wohnt in Bremen oder etwas außerhalb davon. Jedenfalls muss sie jetzt erst mal einen Wagen organisieren, dann kommt sie. Aber sie kann auch nicht von jetzt auf gleich eben mal drei Kinder bei sich aufnehmen. Kann ich auch verstehen. Also ich könnte das ja auch nicht. Ich muss auch arbeiten und ich hab ja auch noch Bella. Ich wüsste gar nicht, wie das gehen sollte.« Frau Wegeners Stimme hört sich kehlig an.

»Da wird sich schon etwas finden. Machen Sie sich keine Gedanken«, versuche ich sie zu beruhigen. Sie muss offenbar erst mal begreifen, dass niemand von ihr erwartet, dass sie die Kinder bei sich aufnimmt. Eine Weile schweigen wir. Auf dem Bildschirm stürzt die Katze gerade eine steile Klippe runter. Als sie unten ankommt, bleib ihr Kopf im Boden stecken. Der Körper wackelt hin und her.

»Ich kann das immer noch nicht glauben«, jammert Frau Wegener auf ihrem Sessel. »Mein Gott. Das hätte ich dem Arschloch echt nicht zugetraut.«

»Arschloch sagt man nicht«, meldet sich Nina, ohne den Blick vom Bildschirm zu wenden. Der Zeichentrickbär überfährt gerade die Katze mit einer Dampfwalze. »Guck mal«, ruft sie, »jetzt ist die Katze ganz platt.«

»Ja, du hast recht, Süße. Arschloch sagt man nicht«, seufzt Frau Wegener.

Wieder ist es eine Weile ruhig. Der Film ist zu Ende. Die Namen der Mitwirkenden ziehen über den Bildschirm. Außer Bellas Schnaufen, die schnüffelnd von einem zum anderen läuft, ist es still im Raum.

»Tante Wegener, wann können wir wieder nach Hause?«, fragt Nina plötzlich.

»Ach Süße, das habe ich dir doch schon erklärt. Ihr könnt jetzt nicht wieder in die Wohnung zurück.« Frau Wegeners Stimme schwankt bedenklich, als würde sie gleich in Tränen ausbrechen.

»Aber warum denn nicht?«, bohrt Nina weiter.

»Weil da etwas Schlimmes mit deiner Mama passiert ist. Ich hab dir das doch schon gesagt. Jetzt kommt gleich eure Oma, und dann fahrt ihr erst mal mit zu ihr.«

»Aber warum können wir denn nicht in unsere Wohnung?«

»Ach Mausi …« Frau Wegener bricht ab.

»Aber was ist denn mit der Mama? Warum kommt die denn nicht wieder?« Nina blickt zu Frau Wegener, und als die nur stumm auf den Bildschirm starrt und sich auf die Lippe beißt, sieht sie mich und Karen an.

»Nina, in der Wohnung oben arbeiten jetzt die Polizisten. Und deine Mama, die kommt leider nicht wieder. Aber wir werden einen Platz für euch finden, an dem ihr euch wieder ganz zu Hause fühlt. Okay? Jetzt warten wir erst mal auf eure Oma«, erklärt Karen sanft. Sie streicht ihr dabei über den Rücken. Ich bewundere sie dafür, dass sie es schafft, diese Worte so klar und gleichzeitig mitfühlend über die Lippen zu bringen. Ich hätte mich da schwerer getan.

Nina schweigt eine Weile, als müsste sie diese Nachricht erst einmal verdauen. Aber dann kommt sie gleich mit der nächsten Frage: »Die Mama ist tot, oder?«

»Ja«, bestätigt Karen.

Frau Wegener zieht geräuschvoll die Nase hoch.

»Ist sie gestorben, als es so geknallt hat?« Nina wirkt eher neugierig als traurig. Sie scheint begriffen zu haben, dass etwas sehr Schlimmes passiert ist, aber was das nun für sie bedeutet, ist ihr offenbar noch nicht klar.

»Ich glaube schon«, sagt Karen.

Auf dem Bildschirm flackert der nächste Zeichentrickfilm, aber Nina nimmt davon nur am Rande Notiz.

»Aber warum hat der Marcel gesagt, dass ich nicht da rein darf, in das Zimmer, wo die Mama war?«

Mit einem Mal fällt mir auf, wie schlecht die Luft in diesem Raum ist. Am liebsten würde ich das Fenster aufreißen, obwohl es draußen kühl und feucht ist. Offenbar hat Marcel seine Schwester davon abgehalten, in das Zimmer mit der toten Mutter zu gehen. Während ich noch angestrengt nach einer passenden Antwort suche, regt sich etwas auf dem Sofa. Ich höre es wimmern, dann weint der Junge deutlich vernehmbar. Nina steht auf, stellt sich neben das Sofa und streichelt mit ihrer kleinen Hand Marcels Locken. »Ist doch nicht so schlimm«, flüstert sie. Es hört sich schon so erwachsen an, wie sie das sagt. Ich stelle mir vor, dass die Mutter der beiden immer so mit ihnen geredet hat, wenn sie traurig waren. Prompt schluchzt Marcel noch mehr. Nina streichelt einfach weiter und summt eine beruhigende Melodie dazu.

In meinem Hals wird es eng. Weder Karen noch ich schalten uns ein. Wir haben den Eindruck, dass sich Marcel sehr gut von seiner Schwester trösten lässt.

»Das ist alles so schrecklich«, jammert Frau Wegener wieder. »Die arme Lucie. Das hat sie nicht verdient.«

»Waren Sie auch dabei?«, erkundige ich mich.

»Nein, ich hab aber den Schuss gehört. Das ist ja genau hier drüber passiert. In der Wohnung hier drüber. Die Lucie hat mir erzählt, dass der Robert manchmal so durchdreht. Aber ich hab doch nicht geglaubt, dass so etwas passieren kann.«

Marcel hat sich wieder etwas beruhigt. Nur hin und wieder höre ich ihn noch schluchzen. Vorsichtig drehe ich mich zum Sofa um, das ich vorher als Rückenlehne benutzt habe.

»Marcel? Kann ich etwas tun, damit es dir bessergeht?«, frage ich den Jungen leise. Er weint jetzt wieder ein bisschen mehr. Dann zieht er die Nase hoch und sagt: »Nein.«

»So, ich koche jetzt Kaffee und für die Kinder Kakao«, sagt Frau Wegener und steht abrupt auf.

Bella, die eine Weile zusammengerollt neben Frau Wegeners Füßen gelegen hat, läuft hinter ihr her. Ich lehne mich wieder an das Sofa und lausche den Atemzügen des Babys. Es ist schon eine ganze Weile ruhig.

»Sie ist eingeschlafen«, flüstert Karen mir zu.

Warm und schwer liegt der Körper des kleinen Mädchens auf mir. Eigentlich ein schönes Gefühl, aber heute macht es mich traurig. Ich streichle ihm sanft den Rücken. Nina hat ihren Blick wieder auf den glücklicherweise stummen Fernseher gerichtet. Ein quietschbunter Drache läuft feuerspuckend durch das Bild.

»Ich wollte nicht, dass Nina in das Zimmer geht, wo die Mama liegt.« Marcel hört sich an, als würde er im Schlaf reden. »Da war alles voller Blut und die Mama war … Und Nicole hat geweint, weil sie immer zur Mama wollte, aber ich hab sie nicht gelassen. Das ging doch nicht.«

Er liegt noch immer seitlich zusammengerollt auf dem Sofa, aber seine Augen sind offen.

Ich bekomme eine Gänsehaut, obwohl der Raum gut geheizt ist.

»Das war richtig tapfer von dir«, sagt Karen. »Da hast du gut auf deine Schwestern aufgepasst. Das war sicher sehr anstrengend für dich.«

»Und ich wusste ja gar nicht, wohin ich die Pistole legen soll. Ich wollte ja nicht, dass aus Versehen wieder ein Schuss losgeht.«

»Warum hattest du die denn in der Hand?«, will Karen wissen.

»Robert hat sie mir gegeben. Und dann ist er weggegangen.« Der Junge liegt immer noch ganz ruhig unter der Wolldecke. Karen hat sich inzwischen so umgedreht, dass sie mit Marcel auf Augenhöhe ist. Aufmerksam blickt sie Marcel an.

»Der hat gesagt, dass ich ja die Polizei rufen kann. Aber ich sollte erst noch warten. ›Sonst geht's dir schlecht‹, hat er gesagt.«

Unwillkürlich drücke ich das Baby ein bisschen fester an mich. Dabei müsste eigentlich Marcel mal dringend in den Arm genommen werden.

»Hat er dir damit Angst gemacht?«, fragt Karen.

»Mhmh.«

»Jetzt ist es vorbei. Hier kannst du dich ausruhen«, sagt Karen leise und streicht dem Jungen vorsichtig über den Kopf.

Die Tür geht auf und in das bläuliche Fernsehbild mischt sich gelbliches Licht aus dem Flur. Frau Wegener kommt mit einem Tablett voller Tassen herein. Sie riecht nach Zigarettenrauch. »Milch und Zucker?«, fragt sie uns und stellt jedem eine Tasse auf einen niedrigen Tisch zwischen Matratze und Fernseher. Sogar Marcel richtet sich auf. Karen gibt ihm eine Tasse mit Kakao. Nina schlabbert ein bisschen, als sie trinkt. Auf der Matratze bildet sich eine kleine Kakaolache, die langsam einsickert.

»Ach, das ist jetzt auch egal«, jammert Frau Wegener. Schweigend trinken wir. Man hört unser Schlucken und Bellas Hecheln, außerdem ein paar schwere Schritte aus der Wohnung über uns.

»Direkt hier drüber ist es passiert«, flüstert Frau Wegener und schlürft einen Schluck Kaffee. Sicher hat sie vergessen, dass sie das schon erwähnt hat. »Ich darf gar nicht dran denken.«

Nina und Marcel blicken automatisch nach oben.

»Das hat so geknallt. Ich war sofort wach und Bella auch. Und danach war es wieder ruhig da oben. Ich habe gar nichts mehr gehört, keinen Schrei, nichts. Und da bin ich wieder eingeschlafen. Aber dann klopfte es an meiner Tür, wie verrückt haben die dagegengehaun. Bella ist fast durchgedreht. Das war die Polizei und die haben mir die Kinder gebracht. Ich sag: ›Natürlich können die erst mal hierbleiben.‹ Aber wie lange denn? Na ja, jetzt kommt die Oma ja. Freuste dich auf die Oma, Nina?«

»Ja«, sagt Nina und wendet ihren Blick wieder dem Fernseher zu. Der Drache speit gerade Feuer. Der Bildschirm ist für eine Sekunde grellrot-orange. Als sich der Rauch verzogen hat, sieht man eine verkohlte Ruine. Marcel gibt Karen seine halb ausgetrunkene Tasse und rutscht wieder in eine liegende Position.

»Pass auf, Marcel«, ich möchte schnell mit ihm reden, solange er einen wachen Moment hat. »Da kommen gleich noch mal Polizisten, die deine Hand abwischen müssen. Du hast ja die Tatwaffe in der Hand gehabt, und die Polizei wischt allen, die die Waffe in der Hand hatten, die Hand ab.«

»Warum denn?« Seine Stimme ist ganz leise.

»Das ist deren Arbeit. Die müssen das machen, damit sie genau wissen, dass die Spuren an der Waffe von dir sind und nicht von dem, der deine Mutter erschossen hat.« Das Wort Mörder bekomme ich einfach nicht über die Lippen.

»Mein Gott, muss das denn wirklich sein?«, fragt Frau Wegener. »Ist doch klar, dass er seine Mutter nicht erschossen hat.«

Dieser Gedanke ist mir ja auch gekommen, aber ich weiß durch meine Polizeiarbeit, dass es absolut notwendig ist. Wenn in der Gerichtsverhandlung der Nachweis fehlt, dass der Junge nicht geschossen hat, dann wird es kompliziert. Es kann sogar dazu führen, dass der Junge seine Unschuld beweisen muss.

»Ja«, sage ich deshalb. »Das muss leider sein.«

»Ich begreife das nicht«, sagt Frau Wegener vorwurfsvoll, so als hätte ich mir diese Vorgehensweise ausgedacht. Dann lässt sie sich wieder nach hinten in den Sessel fallen und stöhnt leise vor sich hin. »Ach, das ist alles so schrecklich.«

Da hebt das Baby seinen Kopf von meiner Schulter und beginnt von einer Sekunde zur nächsten so bitterlich zu weinen, dass es mir das Herz zerreißt. Nina streckt ihre Hand aus und streicht damit über den Rücken der Kleinen, dabei summt sie wieder dieselbe Melodie wie vorhin, als sie ihren Bruder getröstet hat. Sie tut das, ohne ihren Blick vom Bildschirm zu nehmen. Der Drache hat jetzt eine rosa gekleidete Prinzessin in den Krallen und öffnet sein Maul, um sie zu fressen. Dieses Mal ist Ninas Singsang erfolglos. Nicole brüllt immer lauter. Schließlich zieht Nina ihre Hand wieder zurück und verstummt. Die Prinzessin im Fernsehen stemmt sich mit aller Macht gegen die Kiefer des Drachen, der noch immer versucht, sie zu verschlingen.

Ich stehe auf und gehe ein paar Schritte auf und ab, und das Baby beruhigt sich wieder. Doch im nächsten Moment heult es gleich wieder los.

»Ich glaube, die Kleine hat Hunger«, sagt Frau Wegener in ihrem jammrigen Tonfall.

»Haben Sie was da, womit ich eine Flasche oder einen Brei machen kann?« Die Kleine schreit immer eindringlicher. Wir müssen schon etwas lauter reden, damit wir einander verstehen.

Frau Wegener schüttelt nur bedauernd den Kopf.

»Bananen, Milch oder so etwas in der Art?«

Frau Wegener nickt nun doch und geht aus dem Zimmer. Bella folgt ihr schwanzwedelnd. Nach einer Weile kommt sie mit einer Milchtüte und einer Banane wieder. Bella läuft vor ihr her und schnüffelt wieder jeden der Reihe nach an.

»Ich habe aber keine Flasche«, sagt Frau Wegener. »Die ist noch oben.«

Ich nehme mir vor, Daggi zu bitten, ob ich ein paar Dinge aus der Tatortwohnung holen darf. Zumindest Nina trägt noch einen Schlafanzug, ich nehme an, dass Marcel seinen auch noch anhat. Jedenfalls brauchen die Kinder etwas zum Anziehen für die nächsten Tage.

»Die Banane ist erst mal super«, sage ich. »Wenn ich darf, hole ich eine Gabel und einen Teller aus der Küche, damit wir sie für Nicole zermatschen können.«

Verwirrt starrt Frau Wegener mich an. Für sie war es heute auch viel. »Nein, ach ja, klar. Das mache ich schon«, sagt sie.

Wieder hängt der Geruch von Zigarettenrauch in der Luft, als sie wiederkommt.

Ich füttere Nicole den Bananenmatsch von einem Plastiklöffel, während Frau Wegener die Kleine hält. Für eine Sekunde muss ich daran denken, dass es schon ganz schön lange her ist, dass mein eigener Sohn so gefüttert werden musste. Nicole macht den Mund weit auf, sie scheint tatsächlich Hunger zu haben. Aber ungefähr nach der Hälfte dreht sie ihr Köpfchen zur Seite und hält den Mund fest geschlossen.

»Sonst isst sie immer ganz ganz viel«, erklärt uns Nina, die zufällig mal nicht auf den Fernseher starrt. Das Baby ist auch so proper, dass ich keine Bedenken habe, ihr das zu glauben.

Es klingelt an der Tür. Bella flitzt bellend in den Flur. Frau Wegener reicht mir Nicole und folgt ihr. Wenig später sehe ich Daggis schmale Gestalt im Türrahmen. Sie betritt mit einer Kollegin und einem Kollegen den Raum. Bella springt aufgeregt um sie herum und bellt aus Leibeskräften.

»Pst, Bella! Sei still! Sitz!«, schreit Frau Wegener. Das Baby zuckt auf meinem Arm zusammen. Bella winselt.

»Hallo!«, begrüßt uns Daggi, als es etwas ruhiger geworden ist. »Na, ihr habt's ja gemütlich hier. Entschuldigt, dass wir noch mal stören müssen. Ich komme hier mit Charlotte und Eberhard von der Spurensicherung. Können wir mal kurz mehr Licht machen?« Marcel reagiert nicht, und Nina zuckt nur die Schultern. Sie blickt neugierig auf die neu Dazugekommenen. Wir müssen alle eine Weile die Augen zukneifen, als Frau Wegener den Deckenstrahler anknipst. Charlotte und ich kennen uns von der Gewerkschaft, auch an Tatorten sind wir uns schon das eine oder andere Mal begegnet. Eberhard scheint neu dabei zu sein, ihn habe ich bisher noch nicht kennengelernt.

»Marcel? Da sind jetzt die Polizisten, die deine Hände mal abwischen müssen«, sage ich. Der Junge hat seinen Kopf kurz unter der Wolldecke versteckt, jetzt guckt er vorsichtig darunter hervor.

Zum ersten Mal sehe ich seine Gesichtszüge richtig. Er ist auffallend hübsch, mit warmen, braunen Augen und einer schmalen, geraden Nase in einem ovalen Gesicht. Er richtet sich ein wenig auf und blinzelt Daggi, Charlotte und Eberhard an. Seine Locken stehen ihm wild vom Kopf ab. Er sieht verschlafen aus. Karen und ich machen Platz, damit die Kollegen von der Spurensicherung zu Marcel können. Charlotte kniet sich auf die Matratze neben den Jungen.

»Ist auch gar nicht schlimm«, sagt sie. »Wir müssen nur deine Hände ein bisschen abtupfen, und dann sind wir schon fertig.«

Eberhard öffnet in der Zeit einen kleinen Metallkoffer und holt einen Gegenstand heraus, der wie eine etwas zu groß geratene Schraube aussieht. Mit einer Pinzette zieht er eine Folie von der größeren runden Fläche ab und reicht den Gegenstand vorsichtig Charlotte.

Nina steht daneben und staunt. Marcel hat sich aufgesetzt und betrachtet das Ding ebenfalls interessiert.

»Das ist ein Stiftprobenteller, also so eine Art Stempel«, erklärt Charlotte. »Damit drücke ich jetzt ein paar Mal in deine Handflächen, und dann bin ich schon fertig.«

Nina sieht mit offenem Mund zu, wie Charlotte das Ding in die Handfläche ihres Bruders drückt. Marcel blickt ebenfalls konzentriert auf seine Handfläche. Dafür, dass er eine Beruhigungsspritze bekommen hat, wirkt er jetzt erstaunlich wach. Als Charlotte fertig ist, gibt sie den Stiftprobenteller wieder an Eberhard, der ihn vorsichtig in einen kleinen durchsichtigen Zylinder legt und wegpackt. Dann kommt die andere Handfläche dran. Die Kinder sehen immer noch zu, ohne ein Wort zu sagen.

»Kann ich auch mal?«, fragt Nina schließlich, als Charlotte fertig ist und Eberhard den zweiten Zylinder in seinen Koffer packt.

»Äh, hast du denn auch … ich meine … hattest du denn auch eine Pistole in der Hand?«

»Ne«, gibt Nina zu. Aber als sie merkt, dass das die falsche Antwort war, sagt sie schnell. »Ne, doch ich hatte schon mal eine Pistole.«

»Ehrlich?«, fragt Charlotte für einen Moment irritiert. Und blickt von einem zum anderen.

Wir heben die Schultern. Frau Wegener ergreift das Wort. »Nein, Nina, jetzt nicht lügen. Du musst bei der Polizei ganz ehrlich sein.

Das ist jetzt ganz wichtig.« Frau Wegeners Ton ist sehr scharf. Nina blickt zu Boden und sieht aus, als wollte sie gleich weinen.

»Weißt du, was, wir können das bei dir auch noch machen, okay. Aber du musst uns ganz ehrlich sagen, ob du eine Pistole in der Hand hattest oder nicht. Also: Hattest du heute eine Pistole in der Hand?«

»Nein«, sagt sie ganz kleinlaut. Aber als Charlotte ihr die Handflächen abtupft, wirkt sie schon wieder ganz zufrieden.

»Na, wollt ihr später vielleicht auch Polizisten werden?«, fragt Eberhard. Marcel und Nina lassen sich keinen Handgriff der beiden Spurensicherer entgehen. Selbst als Eberhard alles wieder zurück in den Koffer legt, wenden sie ihre Augen keine Sekunde ab.

»Weiß nicht«, sagt Nina und hebt ihre Schultern. »Vielleicht ja.«

»Und du?«, wendet er sich an Marcel.

Aber der schüttelt nur den Kopf, als wäre er an etwas sehr Unangenehmes erinnert worden, und kuschelt sich wieder auf das Sofa.

Daggi hat die ganze Zeit im Türrahmen gelehnt, während Charlotte und Eberhard ihre Arbeit gemacht haben. Als sie sich verabschiedet, um mit den beiden die Wohnung zu verlassen, schlüpfe ich hinter ihr in den Flur. Bella will mir schwanzwedelnd folgen, da höre ich aus dem Wohnzimmer Frau Wegeners Stimme: »Bella, du bleibst hier!«, woraufhin die Hündin tatsächlich umdreht und ins Wohnzimmer tappst.

»Warte mal, Daggi. Ich weiß ja, dass es eigentlich nicht geht, aber ich würde gerne ein paar Sachen für die Kinder aus der Wohnung holen. Die Kleine braucht Windeln und Babynahrung, und Kleidung bräuchte ich für alle drei Kinder. Sie sind ja noch im Schlafanzug.«

Daggi sieht mich einen Moment an. »Ist gut«, sagt sie dann. »Vielleicht können die Kollegen von der SpuSi dir einen Schutzoverall geben.«

Eigentlich darf niemand außer der Spurensicherung und der Mordkommission an einen Mordtatort. Aber Daggi weiß, dass ich mich korrekt verhalten werde. Ich werde nur das Allernötigste anfassen und natürlich werde ich Handschuhe dabei tragen. Aber etwas möchte ich vorher schon wissen: »Und äh, ist die … ist der Leichnam noch da?«

Daggi nickt bedauernd. »Wir warten noch auf den Transport in die Rechtsmedizin. Der Wagen müsste jeden Moment hier sein. Die Leiche liegt im Wohnzimmer, die erste Tür links, aber da musst du ja gar nicht rein, oder?«

Ich schlucke. »Ne, ich muss nur in die Küche und dahin, wo die Kinder ihre Klamotten aufbewahren. Vielleicht noch ins Badezimmer.«

»In Ordnung, bis gleich dann!«, grinst Daggi und geht zur Tür.

Nicole wird wieder unruhig auf meinem Arm. Ich bringe sie schnell zurück ins Wohnzimmer und übergebe sie Frau Wegener, die bereits die Arme nach der Kleinen ausstreckt. Nina zeigt Karen gerade ein paar Turnübungen, die sie schon kann. Marcel liegt wieder unbeweglich unter der Decke auf dem Sofa.

»Ich gehe hoch und hole ein paar Dinge aus der Wohnung«, flüstere ich Karen zu. Ich will es lieber nicht so laut sagen, dass Nina es hören kann. Sie würde sicher mitkommen wollen.

Die Tür zur Tatortwohnung steht offen. Daggi und Charlotte stehen davor und unterhalten sich. Charlotte hält mir einen dieser weißen Schutzoveralls der SpuSi hin. »Daggi hat uns Bescheid gesagt. Der hier ist für dich.«

Umständlich steige ich in das Ding und ziehe den Reißverschluss zu. Charlotte wedelt mir noch mit Überziehern für die Schuhe zu und drückt mir Einmalhandschuhe in die Hand. Bevor ich so eingepackt reingehe, zögere ich.

»Ist da noch jemand drin?«, will ich wissen.

»Wir sind gerade fertig«, erklärt Charlotte.

»Die Kollegen warten unten auf den Leichentransport«, ergänzt Daggi. »Du hast die Wohnung also ganz für dich.« Sie hebt die Augenbrauen.

Ich spüre, wie mir heiß wird. Es ist mir ein bisschen peinlich, dass ich mein Unbehagen gegenüber Leichen nicht besser verbergen kann.

Die Wohnung ist genauso geschnitten wie die von Frau Wegener. Schwach dringt graues Tageslicht durch die Fenster. Die Lampen sind aus. Überall liegen Klamotten herum, Schuhe und Spielzeug. Von unten dringt leises Hundegebell hier herauf, ansonsten höre ich nur das leise Rascheln meines Anzugs. Die Tür zum Wohnzimmer ist offen. Rasch gehe ich daran vorbei, ohne einen Blick hineinzuwerfen. Ich weiß genau, dass meine Neugierde siegen würde, wenn ich etwas langsamer ginge.

In der Küche finde ich eine Packung Babynahrung und eine Flasche für Nicole. Das Zimmer, das offensichtlich als Kinderzimmer genutzt wird, sieht aus, als hätte eine Bombe darin eingeschlagen. Ich frage mich, ob diese Unordnung ein Ausnahmefall ist oder die Regel. Auf dem Boden ist kaum ein Fleckchen Platz, um die Füße darauf zu setzen. So schnell ich kann, suche ich für jedes der Kinder eine kleine Auswahl an Kleidungsstücken zusammen. Einiges finde ich auf dem Fußboden, anderes im Schrank. Auch dort herrscht ein heilloses Durcheinander. Ich stopfe alles in einen Plastiksack, den ich in der Küche gefunden habe. Aus dem Bad schnappe ich mir noch eine angebrochene Packung mit Windeln. Als ich so bepackt die Wohnung verlassen will, fällt mein Blick doch durch die Wohnzimmertür auf die leblose Gestalt am Boden. Ich sehe dunkle Locken und viel helle Haut. Rasch wende ich den Blick ab und eile aus der Wohnung. Vor der Tür steht Daggi, Charlotte ist schon gegangen. Während ich mich aus dem weißen Anzug pelle, erzähle ich Daggi, in welchen Zimmern ich war und was ich dort genommen habe. Dann drücke ich ihr den Overall in die Hand.

»Wie geht's den Kindern?«, fragt sie, als ich wieder nach unten will.

»Die Kleine ist ganz aufgedreht, und der Große würde sich am liebsten irgendwo verkriechen. Das Baby ist etwas unruhig.«

»Die Armen …« Für einen Moment habe ich den Eindruck, dass Daggis Augen feucht werden. Vielleicht bilde ich mir das auch nur ein.

»Ja, die Armen«, sage ich und spüre einen Kloß im Hals. Eine Weile stehen wir stumm im Treppenhaus, als könnten wir jetzt, nachdem wir festgestellt haben, wie schlimm das Schicksal der Kinder ist, nicht einfach zur Tagesordnung übergehen.

»Ich muss wieder«, breche ich das Schweigen. »Bis bald, Daggi!«

Dann laufe ich die Treppen runter, den Plastiksack unter den Arm geklemmt.

Bella springt wieder bellend an mir hoch, als ich die Wohnung betrete. Aus dem Wohnzimmer höre ich Nicole weinen.

»Ihre Kollegin hat die Kleine. Ich musste mal kurz eine rauchen«, sagt Frau Wegener und deutet auf die Küche.

»Tun Sie das«, sage ich beruhigend. »Wir sind ja da, um uns um die Kinder zu kümmern. Ich mache jetzt schnell eine Flasche für die Kleine.«

Ich setze Wasser auf und schaufle Pulver in die Flasche. Dann zögere ich. »Darf ich auch in Ihrer Küche rauchen?«, frage ich etwas verschämt. Ich habe jedes Zeitgefühl verloren. Wenn ich jetzt schätzen müsste, würde ich sagen, es ist mindestens Mittag. Jedenfalls kann ich dieser Chance, eine Zigarette zu rauchen, nicht widerstehen.

»Klar!« Zum ersten Mal sehe ich Frau Wegener lächeln. Sie deutet auf einen gut gefüllten Aschenbecher. Ihre Gesichtszüge wirken beinahe entspannt.

Kurz später trinkt Nicole mit geschlossenen Augen und voller Hingabe. Einen Moment blicken alle auf das Baby und lauschen den glucksenden Geräuschen.

»Habt ihr auch Hunger?«, fragt Karen in die Stille hinein.

Nina hebt die Schulter.

Ich denke an mein Brot, das noch immer im Wagen liegt. Seit heute am frühen Morgen habe ich nichts mehr gegessen. Die Küchenuhr hat Viertel nach zwölf angezeigt.

»Wollt ihr vielleicht ein paar Kekse?« Karen gibt mir Nicole, die inzwischen die Flasche geleert hat, und holt die Keksdose aus ihrer Tasche.

»Ja!«, ruft Nina.

Marcel reagiert nicht.

Frau Wegener nickt dankbar.

Eine Weile kauen wir andächtig Karens Gebäck. Es ist süß und gehaltvoll und es tut gut, etwas im Magen zu haben.

Nina verschlingt einen Keks nach dem anderen. Frau Wegener langt ebenfalls zu und sogar Marcel nimmt ein paar Kekse. Dann lehnt sich Nina wieder mit dem Rücken gegen das Sofa und heftet ihren Blick auf den Bildschirm. Ein Auto mit Gesicht rast darüber hinweg. Ich bin froh, dass zumindest der Ton nicht an ist. Frau Wegener verlässt kurz den Raum, Bella flitzt hinter ihr her.

»Guckt mal, was ich hier habe«, sagt sie, als sie zurückkommt, und winkt mit einem großen Fotoalbum. »Da sind Bilder von euch drin, als ihr noch kleiner wart. Und ganz viele von eurer Mama.«

Nina löst ihren Blick vom Fernseher. »Mit Mama? Wollen wir uns das angucken?«

Karen und ich rücken zur Seite, damit Frau Wegener neben Nina Platz nehmen kann. Sie setzt sich so hin, dass Marcel auch etwas sehen kann, wenn er möchte.

»Da waren wir zusammen im Urlaub auf Mallorca. Wisst ihr das noch?«

»Ja«, sagt Nina, ihre Stimme klingt aber unsicher.

Frau Wegener schlägt das Buch auf.

»Ich weiß das noch«, höre ich es plötzlich sehr klar von Marcel. Er hat sich etwas aufgerichtet, um besser mit in das Buch gucken zu können.

»Das ist schon drei Jahre her«, erklärt Frau Wegener. »Nicole war da noch gar nicht da.«

Ich blicke auf die Kleine auf meinem Arm und da sehe ich erst, dass sie wieder schläft.

»Guck mal, das bist du, Nina«, erklärt Frau Wegener. »Und das ist Marcel, in Badehose. Da waren wir am Strand. Und da bin ich. Und da ist eure Mama.«

Für einen Moment herrscht Stille. Die Kinder betrachten das Bild. Ich habe mich mit Nicole in den Sessel gesetzt. Von dort sehe ich nur helle Bilder, auf denen Blau dominiert, die Personen auf den Fotos kann ich nicht erkennen. Karen sitzt noch immer auf der Matratze und sieht den Kindern und Frau Wegener ebenfalls zu.

»Und wo ist da jetzt die Mama?«, fragt Nina bei jedem Bild. Die Kleine kann gar nicht genug von den Bildern mit ihrer Mutter kriegen. Sogar in Marcel kommt etwas Leben, während er die Bilder betrachtet.

»Das weiß ich noch, danach haben wir Pommes gegessen!«, ruft er und deutet auf ein Foto. »Und da habe ich eine Arschbombe von da oben gemacht.« Er hört sich fast begeistert an.

Frau Wegener blättert weiter, und der Junge erstarrt, Frau Wegener braucht etwas länger, um zu begreifen, was los ist.

»Guck mal, da ist ja auch Robert«, ruft Nina, und ich begreife, dass Robert der mutmaßliche Mörder der Mutter der Kinder ist. Marcels Körper verliert von einen Moment auf den anderen alle Spannung. Ich kann zusehen, wie er in sich zusammenfällt.

»Was haltet ihr davon, wenn wir was spielen?«, ruft Karen schnell. Ich signalisiere Frau Wegener, dass es besser ist, wenn wir mit dem Bilderansehen aufhören. Zum Glück versteht sie schnell. Energisch klappt sie das Buch zu. »So, das war's«, sagt sie entschieden.

»Aber wir waren doch noch gar nicht fertig«, beschwert sich Nina.

»Doch, wir sind fertig«, sagt Frau Wegener eine Spur zu laut.

Marcel kauert wieder auf dem Sofa. Hin und wieder geht ein Ruck durch seinen Körper. Ich sehe es durch die Wolldecke hindurch. Er schluchzt lautlos. Das Bild des Mörders seiner Mutter hat ihn wieder an das Schreckliche erinnert, das er heute erlebt hat.

Ich spüre, wie mir eng im Hals wird. Und mir fällt nichts ein, wie ich dem Jungen helfen kann. Ich strecke die Hand aus und streiche ihm über den Rücken, ohne zu wissen, ob ihm das wirklich gefällt. Karen schlägt vor, »Mensch ärgere dich nicht« zu spielen. Aber Nina hat keine Lust. Außerdem fängt Nicole wieder an zu weinen.

Als es an der Tür klingelt, bin ich beinahe dankbar. Ich hoffe nur, es sind keine Journalisten.

»Ich mach das schon«, sagt Karen und geht von Bella gefolgt zur Tür.

Die Kinder fahren hoch, als sie die gedämpfte Frauenstimme hören, die die Hündin im Flur begrüßt. Eine Sekunde später steht eine kleine, kräftige Frau im Türrahmen. Sie blickt wortlos von einem zum anderen.

»Oma!«, ruft Nina und läuft ihr in die Arme. Nachdem die beiden sich ausgiebig umarmt haben, tätschelt die kleine Frau der noch immer schlafenden Nicole das Köpfchen. Tränen stehen in ihren Augen. Sie zieht geräuschvoll die Nase hoch und wendet sich dann zum Sofa.

»Marcel!«, flüstert sie.

Sie setzt sich neben ihn auf die Sofakante und streichelt sein wirres Haar. Als hätte er auf diese Berührung gewartet, geht ein Ruck durch den Körper des Jungen. Er richtet sich auf und rutscht viel schneller, als ich es von dem schlappen Kind erwartet hätte, auf den Schoß seiner Oma. Er legt die Arme um ihren Hals, vergräbt sein Gesicht an ihrer Brust und wimmert, als wäre er viel jünger als elf Jahre. Es wirkt so, als hätte ihn seine Oma von einer schweren Last erlöst. Nina klettert auch auf das Sofa und umarmt ihre Oma von hinten, so dass die kleine Frau beinahe umkippt.

»Vorsicht, Kinder, werft mich nicht um!«, ruft sie und muss sogar ein bisschen lachen, obwohl ihr Tränen über die Wangen laufen.

Karen und ich bleiben noch eine Weile, bis wir den Eindruck haben, dass sich die Kinder gut an ihre Oma gewöhnt haben. Schließlich helfen wir noch, alles in das kleine Auto der Frau zu packen. Eine Babyschale für Nicole hat sie zum Glück dabei. Ich gebe ihr noch einen Zettel mit einer Liste von Opfer-Hilfe-Einrichtungen. Von diesen Stellen können sie und die Kinder weitere Unterstützung bekommen. Ich biete ihr an, dass ich eine der Organisationen schon mal informiere, damit die sich bei der Familie melden. Die Frau nimmt das dankbar an. Dann umarme ich Marcel und Nina und streichle der kleinen Nicole die Wange. Sogar Frau Wegener drückt mich und Karen noch einmal an sich.

»Vielen Dank, dass Sie hier waren. Wenn ich mir vorstelle, ich wäre alleine mit den Kindern gewesen ...«, sagt sie zum Abschied.

Es dämmert schon, als wir zu meinem Auto gehen. Feiner Nieselregen benetzt unsere riesigen gelben Jacken. Die Oma der Kinder nimmt erst einmal alle mit zu sich. Sie hat zwar geklagt, dass sie keinen Platz hat und zudem ja noch arbeiten muss, aber sie möchte die Kinder auch nirgendwo anders hingeben oder trennen.

»Das ist sicher gut für die Kinder, wenn sie jetzt erst mal raus aus allem sind«, sagt Karen, als ich den Wagen wieder Richtung Heimat lenke.

Nach so einem Einsatz sprechen wir häufig noch einmal ausgiebig über das Erlebte, um runterzukommen. Mir geht Marcel nicht aus dem Kopf, wie er, nachdem gerade wieder Leben in ihn gekehrt war, beim Anblick des Fotos, das den Mörder seiner Mutter zeigte, völlig zusammenbrach. Ich wünsche mir so, dass die Kinder es gut haben.

Zu Hause sitzt mein Sohn mit meinem Mann in seinem Zimmer. Die beiden bauen etwas Kompliziertes aus Lego und versuchen gleichzeitig, Tony davon abzuhalten, alles wieder kaputt zu machen. Sie bemerken mich erst, als ich mich dazusetze.

Auch bei dem Mord an der dreifachen Mutter handelt es sich um Beziehungsgewalt. Ich finde es gut, diese Fälle mal ganz anders zu begleiten, vor allem mit Zeit für die betroffenen Menschen. Die ehrenamtliche Arbeit beim Kriseninterventionsteam ist eine gute Ergänzung zum Polizeidienst. Ich fühle mich dabei immer sehr sicher, weil ich die Abläufe kenne und den Betroffenen erklären kann, was noch auf sie zukommen wird. Außerdem bekomme ich hier eine professionelle Ausbildung im Umgang mit Opfern am Tatort. Das hilft mir sehr bei meiner Arbeit als Polizistin. Und ich lerne, mit den eigenen Ressourcen sorgsam umzugehen – meistens jedenfalls.

Einige Tage später. Die Zeitung will ich nur rasch überfliegen, bevor ich mich den E-Mails widme. Aber dann stolpere ich über eine Nachricht: »Tödliches Familiendrama! Opfer hinterlässt drei Waisen!« Die fetten schwarzen Buchstaben der Überschrift sind rot unterstrichen. Irgendwoher haben die Redakteure Bilder der Kinder aufgetrieben. Immerhin haben sie schwarze Balken über die Augen gelegt. Ich erkenne die drei trotzdem. Sogar ihre Vornamen stehen da – unverfremdet. Der Nachname mit einem Buchstaben abgekürzt. Und dann wird da die Nachbarin Frau W. zitiert: »Die armen Kinder! Ich kann immer noch nicht glauben, dass das Schwein der Lucie das angetan hat.« Ich verdrehe die Augen. Das darf doch wohl nicht wahr sein. Offenbar hat Frau Wegener mit Journalisten über den Fall gesprochen. Genervt schlage ich die Zeitung zu. Ich nehme mir vor, Frau Wegener noch einmal anzurufen, um mit ihr über den Umgang mit den Medien zu sprechen. Zum Schutz der Kinder sollte sie da diskreter sein. Ich habe auch den Verdacht, dass Frau Wegener der Presse die Bilder zur Verfügung gestellt hat, Marcel und Nina sehen darauf noch sehr jung aus und tragen Badekleidung. Die Bilder könnten aus dem Urlaubsalbum stammen, das sie am Sonntag hervorgeholt hatte.

Ich lege die Zeitung mit einem Schwung zur Seite und wende mich meiner Post zu. Mit der Hauspost ist ein schmaler, brauner Umschlag gekommen. Ich ahne schon, was darin ist. Ein neuer Entwurf zu einem Gesetz, das Opfer vor »unzumutbarer Nachstellung«, also »Stalking« schützen soll. Damit ist das unerwünschte, beharrliche Aufsuchen der räumlichen Nähe gemeint, aber auch die Belästigung durch Anrufe, E-Mails, SMS usw. Unzumutbare Nachstellung ist auch, wenn man Dritte veranlasst, Kontakt mit dem Opfer aufzunehmen, oder wenn man zum Beispiel etwas im Namen des Opfers und mit seinen Daten bestellt. Konkretes Bedrohen gehört natürlich auch zum Stalking. Ich habe schon etliche dieser Entwürfe durchgesehen und kommentiert. Dieser hier ist in Ordnung. Gut finde ich, dass hier nicht nur die Bedrohung des Opfers unter Strafe gestellt wird, sondern auch die Bedrohung einer dem Opfer nahestehenden Person. Ich muss wieder an den Fall Pohl denken. Herr Pohl hat ja nicht nur Frau Becker bedroht, sondern auch ihre Kinder. Ich mache mir Notizen zu dem Entwurf. Später will ich ihn noch mit Beate durchsprechen, bevor wir unser Statement dazu abgeben.

Das Klingeln des Telefons reißt mich aus den Gedanken.

»Birgit? Ich bin's, Juliane.«

»Ach ja, hallo. Gibt es was Neues bei dir?«

»Ja, also der Herr Kemper hat sich ohne Widerstand aus der Wohnung weisen lassen, und die Frau hat die drei Kinder jetzt erst mal für sich alleine.« Juliane klingt trotzdem nicht glücklich, als sie das sagt.

»Das ist ja toll. Und hat Herr Kemper sich an die Wegweisung gehalten?«

»Bisher schon.« Sie zögert.

»Aber?«

»Ja also, ich habe Frau Kemper geraten, bei einem Zivilgericht zu beantragen, dass ihr die Wohnung jetzt erst mal für ein halbes Jahr zugesprochen wird. Und das hat sie auch gemacht. Aber der Richter hat jetzt eine Einstweilige Anordnung ausgesprochen.«

»Oh!« Das ist schlecht, denn eine Einstweilige Anordnung ist nicht strafbewährt. Das heißt, wir, also die Polizei, dürfen nicht tätig werden, wenn Herr Kemper gegen diese Anordnung verstößt. Wenn der Richter sich allerdings auf das Gewaltschutzgesetz berufen hätte, dann gäbe es für uns sehr wohl die Möglichkeit einzugreifen, wenn Herr Kemper sich nicht an die Anordnung hält. Denn das Gewaltschutzgesetz beinhaltet eine Strafandrohung bei Verstoß.

»Aber warum hat er sich nicht auf das Gewaltschutzgesetz berufen?«, frage ich, aber ich ahne die Antwort schon. Wahrscheinlich hat der Richter einfach das getan, was er seit Jahren tut. Das Gewaltschutzgesetz, das es immerhin schon seit fast drei Jahren gibt, hatte er wahrscheinlich gar nicht im Kopf.

Als ich auflege, betrachte ich noch eine Weile stumm das Telefon, bis ich merke, dass ich auf meiner Lippe herumbeiße. Ganz dunkel hinten in meiner Erinnerung taucht ein Schreiben auf, das ich vor ein paar Tagen in der Hand hatte. Darin hieß es, unsere Dienststelle solle eine Fortbildung zum Thema Beziehungsgewalt für Richter organisieren. Dann gebe ich mir einen Ruck und gehe rüber zu Beate. Ich muss jetzt eine rauchen und mit jemandem reden.

Am 31. März 2007 tritt § 238 (StGB) in Kraft. Damit wird »Stalking« beziehungsweise »beharrliche Nachstellung« zum Straftatbestand. Es ist das Gesetz, dessen Entwürfe ich und meine Kollegen im Präventions-Team regelmäßig gelesen und kommentiert haben. Der Weg vom ersten Entwurf bis zur Verabschiedung in Bundestag und Bundesrat und schließlich zum Inkrafttreten war lang. Und es braucht auch einige Zeit, bis alle Menschen in der Republik solch ein Gesetz kennen und die entsprechenden Instanzen es auch anwenden.

Die Richter in Deutschland sind unabhängig und nur an Recht und Gesetz gebunden. Sie treffen selbst die Entscheidung, ob sie nach dem Gewaltschutzgesetz oder nach Verwaltungsrecht entscheiden.

Die bloße Veröffentlichung eines neuen Gesetzes in den einschlägigen Medien für Juristen reicht vielleicht nicht immer aus, um die Anwendungsmöglichkeiten ins Bewusstsein zu rücken. Zum Gewaltschutzgesetz zum Beispiel werden deshalb auch Kampagnen von Behörden und Opferhilfeeinrichtungen gestartet, um das Gesetz und die Rechte der Opfer bekanntzumachen. Das Anti-Stalking-Gesetz scheint mir inzwischen gut etabliert zu sein, aber damit ist das Problem Beziehungsgewalt natürlich nicht aus der Welt. Den ersten Schritt aus der Gewaltspirale müssen immer die Betroffenen selbst tun.

Kinderpornographie – Die Augen nicht verschließen

2009

Der Mann zieht seinen Slip aus. Man sieht seinen Hintern, vor ihm die gespreizten Beine einer Frau. Der Hintern bewegt sich darauf zu. Beide stöhnen. Ich gähne und drücke auf Schnelldurchlauf. Die beiden vollziehen ihren Akt jetzt mit grotesk ruckelnden Bewegungen. Bärbel, die neben mir am Rechner sitzt und ebenfalls beschlagnahmte DVDs durchsieht, schielt rüber und grinst. Auf ihrem Bildschirm sehe ich zwei unbekleidete Männer und eine Frau ebenfalls im Schnelldurchlauf ruckeln. Inzwischen bin ich Kriminalhauptkommissarin und arbeite jetzt schon seit zwei Jahren im Bereich Kinderpornographie. Hier im Auswerteraum sitze ich heute schon seit zwei Stunden. Susanne kam vor einer Stunde dazu. Ich denke an die große Menge Datenträger, die ich noch ansehen muss. Möglichst schnell. Denn falls wir darin auf den dokumentierten Missbrauch eines Kindes stoßen, der vielleicht sogar noch andauert, soll dem Kind schnell geholfen werden. Manchmal vergeht ein Tag, an dem ich mir einen Film, eine Fotoserie nach der anderen ansehe, ohne auf etwas, das einen Straftatbestand darstellt, zu stoßen. Oft genug aber finden wir etwas. Dann hat sich der Aufwand gelohnt.

Ich habe in den letzen Jahren so ziemlich alles gesehen, was es an sexuellen Variationen gibt. Nach meiner kurzen Hospitation vor zwei Jahren habe ich mich dafür entschieden, bei der Sitte im Bereich Kinderpornographie zu bleiben. Die Bilder, die ich an meinem ersten Tag gesehen habe, haben mich nicht verfolgt. Und irgendwie mag ich diesen Bereich sogar. Wir sind eine kleine Gruppe, die sehr gut miteinander arbeitet und wir tun eine Arbeit, die absolut sinnvoll und notwendig ist. Das Paar auf dem Bildschirm vor mir hat inzwischen zum dritten Mal die Stellung gewechselt. Ich sehe fleischige

Nahaufnahmen, hin und wieder das Gesicht der Frau, sie leckt sich die Lippen. Der Kopf des Mannes war bisher noch gar nicht sichtbar. »Gehen wir rauchen?«, fragt Bärbel. »Ich bin gerade mit einer DVD fertig und könnte eine Pause vertragen.« Sie schielt auf meinen Bildschirm. »Die sind doch bestimmt auch gleich fertig.«

»Ich glaube auch«, gebe ich zurück. Man sieht eine Großaufnahme des Glieds direkt vor dem Gesicht der Frau. Diese Szenen habe ich inzwischen schon tausendmal gesehen. Als Nächstes läuft der Frau dann Sperma über das Gesicht oder aus dem Mund, dann ist der Film vorbei. Manchmal bin ich nicht sicher, ob ich einen dieser Filme schon kenne. Trotzdem müssen wir uns alles Material, das wir beschlagnahmen, ansehen. Es könnte ja sein, dass ein Film, der als »normaler« Porno anfängt, sich als deliktisch entpuppt. Entweder, weil erst später kinderpornographisches Material ins Spiel kommt, oder weil ein Kinderporno zwischen den Anfang und den Schluss des Film montiert wurde.

Erleichtert schalte ich den Bildschirm aus, als der Film zu Ende ist, und folge Bärbel auf den Flur. Im Auswerteraum darf man inzwischen nicht mehr rauchen. Deshalb gehen wir runter ins Untergeschoss des Präsidiums, wo die Dienstwagen parken. Wie immer ist es zugig. Hier fängt sich der Wind und macht es zur echten Herausforderung, sich eine Zigarette anzuzünden. Offiziell ist es noch Sommer, aber es ist so kalt, dass wir eigentlich dicke Jacken tragen müssten, um nicht zu frieren. Der Himmel ist seit Tagen von einer dicken Wolkenschicht bedeckt, durch die sich nur ganz selten mal ein Sonnenstrahl verirrt. Auf dem Weg zurück begegnen wir Pitt, der inzwischen bei der Mordkommission arbeitet.

»He, Birgit, wie geht's?«

Ich hebe müde die Schultern. »Weiß auch nicht, ich hab den ganzen Morgen Material ausgewertet.«

»Euer Material würde ich auch gerne auswerten«, grinst er. Er weiß natürlich, dass wir auch viele Erwachsenenpornos ansehen müssen.

»Willst du das wirklich?«, frage ich ihn zweifelnd, denn die wenigsten Kollegen wollen sich den Bildern aussetzen, die wir ansehen müssen, wenn uns tatsächlich kinderpornographisches Material in die Hände kommt. Und bei Pitt kann ich mir das nun wirklich nicht vorstellen.

»Äh ne, also geht so«, macht Pitt einen Rückzieher. »Also ich muss weiter. Bis bald, Big B.«

Bärbel und ich sehen uns stumm an. Es ist nicht ungewöhnlich, dass die Kollegen ihre Witze darüber machen, dass wir manchmal tagelang im Auswerteraum sitzen und uns Pornos ansehen. Mit uns tauschen wollen dann aber die wenigsten. Ist ja auch in Ordnung. Ich möchte auch nicht mit den Kollegen von der Mordkommission tauschen.

2010

Rasch trete ich von der Tür zurück und lasse den Mann vom Schlüsseldienst seine Arbeit tun. Wir haben schon Sturm geklingelt, geklopft und gerufen, aber niemand hat geöffnet. Es ist kurz nach sieben Uhr früh. Normalerweise ist das eine gute Zeit, um jemanden zu Hause anzutreffen. Aber die Menschen, die hier wohnen, sind offenbar nicht da oder tot. Wenn jemand zu Hause wäre, würde er oder sie sich spätestens dann melden, wenn sich der Schlüsseldienst lautstark an der Wohnungstür zu schaffen macht. Wir haben überlegt, ob wir noch mal wiederkommen, aber weil wir schon einmal erfolglos hier waren, haben wir uns entschieden, die Durchsuchung jetzt gleich durchzuführen. Wir wollen nicht noch mehr Zeit verstreichen lassen. Denn die Staatsanwaltschaft Hamburg hat den Hinweis bekommen, dass von dem Internetanschluss in dieser Wohnung bestimmte kinderpornographische Bilder heruntergeladen wurden. Daraufhin hat sie uns einen Durchsuchungsbeschluss zukommen lassen mit der Bitte um Vollstreckung. Die Mieterin der Wohnung ist eine Frau Weber. Wir wissen auch, dass sie eine kleine Tochter hat. Ich blicke mich im Treppenhaus um und wundere mich, dass nicht einmal ein Nachbar erscheint, um nachzufragen, was der Krach soll. Der Hausflur ist sauber, graues Laminat auf dem Fußboden, weiße Wände. Es riecht nach Putzmittel und ein bisschen nach Farbe.

Es rumst einmal kräftig, dann springt die Wohnungstür auf.

»Voilà«, sagt der Mann vom Schlüsseldienst und weist mit einer einladenden Geste auf den Spalt, der sich vor uns aufgetan hat. »Dann mal hereinspaziert«, brummt er.

Ich mache ihm ein Zeichen, dass er gehen kann. Er nickt und hebt die Hand zum Abschied.

Dann blicke ich zu Michael, der ebenso wie ich in angespannter Haltung neben der Wohnungstür steht. Er hält seine Dienstwaffe in den Händen, und auch ich ziehe meine aus dem Holster an meinem Gürtel.

»Hier ist die Polizei. Wir kommen jetzt rein!«, ruft Michael.

Stille.

Mit einem energischen Schritt tritt er über die Schwelle, ich schiebe mich hinter ihm durch die Tür. Es dauert eine Weile, bis sich meine Augen an das Halbdunkel gewöhnen. Ein wenig Licht fällt vom Hausflur in die Wohnung, ansonsten ist es irgendwie dämmrig hier drin. Michael ist bereits in einem Zimmer verschwunden, das offenbar das Bad ist. Ich kann eine Toilette erkennen. Vorsichtig öffne ich eine andere Zimmertür. Meine Hände sind um die P6 geschlossen, der Lauf der Pistole ist auf den Boden gerichtet. Puppen, Pferde und ein Bett mit einer rosa Decke darüber. Der Raum ist leer.

»Frei!«, rufe ich Michael zu.

»Frei!«, sagt auch er. Er nuschelt mal wieder so, dass ich ihn nur verstehe, weil ich nichts anderes erwartet habe. Wieder verschwindet er in einem Raum, offenbar die Küche. Meine Augen haben sich inzwischen an die neuen Lichtverhältnisse gewöhnt. Ich sehe den Herd und die Spüle.

»Frei!«

Es gibt noch drei weitere Türen. Eine steht offen, ich kann den Raum hier vom Flur aus schon einigermaßen einblicken und habe nicht den Eindruck, dass dort jemand ist. Eine andere Tür ist geschlossen und eine ist angelehnt. Ich deute mit dem Kopf auf die angelehnte Tür. Ich weiß nicht, warum, aber irgendwie denke ich, dass wir hinter dieser Tür etwas finden können, vielleicht ist dort sogar jemand. Michel blickt ebenfalls auf diese Tür, er scheint ein ähnliches Gefühl zu haben wie ich. Er ist etwas jünger als ich, aber auch er ist ein sehr erfahrener Kollege. Doch bevor wir in diesen Raum gehen, sehen wir noch in den anderen Zimmern nach. Michael verschwindet kurz durch die offene Tür. Ich sehe mir das Zimmer mit der verschlossenen Tür an. Langsam schiebe ich mich in den Raum. Ich spüre den Abzugshahn an meinem Zeigefinger. Es riecht komisch, süß wie Kaugummi. Die Jalousien sind halb heruntergelassen, graues Tageslicht sorgt immerhin dafür, dass ich alles erkennen kann. Hier ist niemand, das sehe ich gleich. Auf dem Schreibtisch neben der Tür steht ein Computer, ein Stift liegt daneben. Außerdem sehe ich eine Schlafcouch mit einer zusammengefalteten Decke darauf, einen Schrank und eine Kommode. Auf dem Boden liegt nichts herum, nur ein paar Turnschuhe stehen ordentlich nebeneinandergestellt vor dem Schrank. Ich trete wieder zurück in den Flur.

»Frei!« Meine Stimme hört sich merkwürdig an.

Michael bedeutet mir, dass das andere Zimmer ebenfalls leer ist. Gleichzeitig fällt unser Blick auf die angelehnte Tür.

Mit einem Ruck beginnt mein Herz zu hämmern.

Ich gehe rasch auf die Tür zu und schiebe sie vorsichtig mit dem Fuß auf. Wie immer in solchen Situationen verbiete ich mir, mir vorzustellen, was dahinter sein könnte. Ich umfasse meine Waffe fester und trete in das Zimmer. Es riecht muffig, als wäre hier lange nicht gelüftet worden, und ein bisschen nach Menthol. Mein Blick fällt auf ein großes Bett, in dem unter Decken verkrochen drei Gestalten liegen. Ein Mann, eine Frau und ein Kind. Der Mann sitzt von einer Sekunde auf die andere aufrecht im Bett und starrt uns an. Gleichzeitig zerrt er an den Kopfhörern, die er auf den Ohren hat. Sein Haar ist mausfarben und schulterlang, sein Oberkörper ist nackt. Mir fällt auf, dass seine Haut sehr hell ist, seine linke Schulter ist tätowiert, sie ist komplett mit einem bläulichen, wellenförmigen Muster bedeckt. Die Frau öffnet träge die Augen und blickt uns ungläubig an. Das kleine Mädchen drückt sich an sie und vergräbt den Kopf an ihrer Schulter. Ich lasse meine Waffe sinken. Michael tut es mir gleich. Die drei haben uns offenbar einfach nicht gehört, weil sie geschlafen haben.

»Was machen Sie denn hier?«, fragt die Frau, die offenbar am schnellsten die Sprache wiedergefunden hat. Ihre Stimme klingt rau, als würde sie zu viel rauchen, dabei riecht es hier gar nicht nach Zigaretten.

»Wir sind von der Polizei. Ich bin Birgit Reimann und das ist mein Kollege Michael Schröder. Sind Sie Frau Weber?«, frage ich.

»Ja?« Sie muss sich räuspern, bevor sie etwas sagen kann. Ihr Gesicht ist verquollen, aber es ist hübsch, es hat noch etwas Kindliches, obwohl die Frau ungefähr vierzig sein müsste.

»Wir haben den Hinweis erhalten, dass kinderpornographisches Material von Ihrem Internetanschluss heruntergeladen wurde. Nutzen Sie diesen Anschluss alleine?«

Die Frau richtet sich mühsam auf. Jetzt sehe ich, dass sie einen dicken Schal um den Hals trägt. Das Mädchen rollt sich so zusammen, dass sein Kopf auf ihrem Schoß liegt. Es vermeidet jeden Blickkontakt mit uns, und es sieht so aus, als würde es sein Gesicht vor uns verbergen wollen. Ich sehe von ihm nur einen Schopf blondes Haar und ein pinkfarbenes Nachthemd, das ihm etwas zu kurz zu sein scheint; es zerrt an der Decke, um seine dünnen Beinchen darunter verstecken zu können. Der Mann sitzt die ganze Zeit gerade im Bett und sieht mit aufmerksamen Augen von einem zum anderen. Er müsste ungefähr in Frau Webers Alter sein.

»Entschuldigen Sie, ich habe eine Mandelentzündung und meine Tochter auch. Wir haben Fieber und wollten einfach nur schlafen.« Die Frau wirkt irritiert. Ihre Augen sehen entzündet aus und ihre Wangen haben rote Flecken.

»Wie sind Sie denn hier hereingekommen?«, fragt sie, nachdem sie sich geräuspert hat.

»Der Schlüsseldienst hat uns geöffnet, nachdem wir Sturm geklingelt haben«, erkläre ich. »Haben Sie denn nichts davon gehört?«

Die Frau schüttelt nur den Kopf und blickt fragend den Mann neben ihr an. Der aber bemerkt ihren Blick gar nicht, vielleicht tut er auch nur so, jedenfalls reagiert er nicht im mindesten darauf, sondern sieht uns weiter an, als wären wir Marsmenschen oder sehr seltene Tiere, oder irgendetwas anderes Merkwürdiges.

»Wir haben einen Durchsuchungsbeschluss für Ihre Wohnung«, sagt Michael, wedelt mit einem Zettel herum und reicht ihn Frau Weber. Darauf steht unter dem Wappen der Stadt Hamburg, dass dies ein richterlicher Beschluss ist, des Weiteren, was wir hier suchen und was ihr vorgeworfen wird.

Frau Weber studiert das Papier und stutzt.

»Was? Aber warum? Moment, das geht doch gar nicht ...« Ihr

bleiben die Worte weg. Wieder blickt sie den Mann neben sich an, der uns aber unbeirrt weiter anstarrt.

»Und wer sind Sie?«, fragt Michael den Mann. Ich merke seiner Stimme an, dass er dieses Schauspiel nicht leiden kann. Michael mag es einfach nicht, wenn jemand vor seinen Augen respektlos behandelt wird. Das kann ihn richtig wütend machen.

Endlich kommt Leben in den Mann.

»König«, antwortet er. Er sagt das betont ruhig. Aber irgendwie nehme ich ihm diese Ruhe nicht ab. Mit einer abgehackten Bewegung streicht er sein Haar zurück. Dann greift er sich vom Nachttisch einen Haargummi und bindet sich einen Zopf.

»Er ist mein Freund«, erklärt Frau Weber krächzend.

»Wohnen Sie auch hier?«, wende ich mich wieder an den Mann.

Seelenruhig nestelt er weiter an seinem Zopf herum. Erst als ich mich schon frage, ob er wohl verstanden hat, nickt er leicht mit dem Kopf.

»Ja, er wohnt momentan hier«, antwortet Frau Weber schließlich für ihn. Das Mädchen liegt immer noch zusammengerollt mit dem Kopf in ihrem Schoß. Wenn ich ihr Alter schätzen müsste, würde ich sagen: acht Jahre, vielleicht etwas älter. Ich bin mir nicht sicher, was sie von dem Ganzen hier mitbekommt. Sie vermeidet noch immer jeden Blickkontakt zu uns. Ihre großen, hellen Augen sind zwar offen, aber sie blicken einfach nur ins Leere, fast so, als würde sie uns gar nicht wahrnehmen.

»Darf ich den Durchsuchungsbeschluss mal sehen?«, fragt Herr König plötzlich.

Frau Weber zuckt die Schultern und reicht ihm den Zettel. Der Mann nimmt ihn in die Hand und studiert ihn so eingehend, als wollte er eine Kopie davon anfertigen. Schließlich reicht er ihn seiner Freundin zurück.

»Na dann los«, sagt er an uns gewandt.

Ich mag den Typen nicht, denke ich.

»Wir hätten gerne von Ihnen Ihre Computer und alle Datenträger, die sich in der Wohnung befinden. Also CDs, DVDs, externe Festplatten, USB-Sticks, und wenn Sie haben, auch die Speicherkarten von Ihren Kameras. Ach ja und Video-Kassetten nehmen wir auch.«

»Äh ja, dann muss ich mal gucken.«

»Warten Sie. Wir sehen lieber selber nach. Wo stehen denn Ihre Computer?«

»Also nebenan steht der Rechner von Stefan. Der hat da sein äh … Arbeitszimmer.« Frau Weber sagt das zögernd, als würde sie, während sie spricht, begreifen, weswegen wir diese Dinge überhaupt haben wollen. »Und dann steht da noch einer im Wohnzimmer«, fährt sie etwas flüssiger fort. »Das ist meiner, aber die Lara sitzt da auch manchmal davor.«

»Ist das Lara?«, frage ich und deute auf das Mädchen, das sich noch immer an Frau Weber geschmiegt unter der Bettdecke verkriecht.

»Ja, das ist meine Tochter Lara«, sagt sie und tippt auf das pinkfarbene Stück Stoff, das von der Kleinen zu sehen ist.

Michael bleibt im Schlafzimmer und nimmt die Personalien der drei auf. Und natürlich passt er auf, dass nicht noch schnell Beweismaterial versteckt wird.

Ich sehe mir zuallererst das Zimmer von Herrn König an. Wieder fällt mir dieser Geruch auf. Süß und eindringlich, wie eine Mischung aus billigem Parfüm und Kaugummi. Ich ziehe erst einmal die Jalousien ganz hoch, damit ich etwas mehr Licht habe, dann beginne ich, den Rechner abzubauen. Nachdem ich fertig bin, sehe ich mir die Kommode an. Sie ist weiß lackiert und hat drei nicht abschließbare Schubladen. Als ich die oberste Schublade aufziehe, stöhne ich erst einmal. Dort liegen schön akkurat aufeinandergestapelt Mappen: ein Stapel mit roten Mappen, einer mit blauen und einer mit gelben, insgesamt sind es vielleicht 20 Stück. Diese Dinger müssen wir jetzt alle öffnen und durchsehen. Super, denke ich, das wird richtig viel Arbeit.

»Ich habe gerade wieder eine neue Ausbildung angefangen. Das sind meine Unterlagen fürs Studium.« Herr König steht in der Tür und sieht mir zu, wie ich jede Mappe öffne und sie durchsehe. Bei den ersten Durchsuchungen, die ich mitgemacht habe, kam ich mir erst ein bisschen komisch dabei vor, in fremden Sachen herumzuwühlen, aber jetzt stört es mich nicht einmal mehr, wenn ich dabei von den Besitzern der Sachen beobachtet werde. Ich mache hier meinen Job, und wenn das, was wir tun, dabei hilft, dass auch nur ein Kind weniger missbraucht wird, dann lohnt es sich schon. Inzwischen hat sich Herr König ein T-Shirt übergezogen, seine Beine stecken in einer Jeans. Offenbar sagt er die Wahrheit, denn die Blätter, die ich hier finde, sehen tatsächlich aus wie Arbeitsblätter, wie man sie in der Ausbildung oder im Studium bekommt. Trotzdem möchte ich Herrn König lieber nicht hier im Raum haben, während ich ihn durchsuche, denn es kann gut sein, dass er mich ablenken will, um noch schnell ein paar Beweise verschwinden zu lassen.

»Vielen Dank für den Hinweis. Und jetzt möchte ich Sie bitten, mich meine Arbeit tun zu lassen. Gehen Sie bitte wieder zurück zu meinem Kollegen. Wir wenden uns an Sie, wenn wir Fragen haben«, sage ich betont freundlich, aber so nachdrücklich, dass Herr König verstehen muss, dass es mir ernst ist.

»Herr König?«, höre ich da auch schon Michaels Stimme aus dem Schlafzimmer. »Kommen Sie bitte hierher, Sie stören sonst die Ermittlungsarbeiten.«

Herr König nestelt ungerührt an seinem Zopf herum und lässt mich nicht aus den Augen.

»Herr König, bitte tun Sie, was wir Ihnen sagen. Wir müssen sonst noch ein paar Kollegen anfordern.« Michael ist jetzt auch in das Zimmer gekommen und baut sich vor dem Mann auf. Er ist etwa genauso groß wie er, aber ein gutes Stück breiter.

»Ist ja gut«, sagt Herr König und hört sich plötzlich an wie ein bockiger Teenager.

Ich widme mich wieder den Mappen, öffne eine nach der andern, lasse die Zettel darin durch meine Finger laufen und prüfe, ob dazwischen nicht doch noch eine DVD oder etwas in der Art versteckt ist.

»Herr König, bitte bleiben Sie hier!«, höre ich Michael brüllen. Wenn er sauer ist, kann er ganz schön laut werden.

»Das können Sie sich wirklich sparen.« Herr König ist wieder im Türrahmen aufgetaucht.

Ich spüre, wie mein Herz klopft. Der Typ legt es echt darauf an, Ärger mit uns zu bekommen.

»Schön, dann sagen Sie mir, wo wir die Datenträger finden, und dann gehen Sie bitte sofort wieder zu meinem Kollegen.«

»Im Schreibtisch«, sagt er und blickt auf seinen Rechner, der bereits fertig für den Abtransport ins Präsidium auf dem Tisch steht.

»Gut, da sehe ich mal nach.« Ich wende mich dem Schreibtisch zu. »Und hatte ich Sie nicht gebeten, bei dem Kollegen zu warten?«

»Ich wollt ja nur helfen«, meckert Herr König und geht endlich.

Immerhin hat er die Wahrheit gesagt. Ich finde dort auch eine Kamera und eine Tasche mit Bildern. Beides fische ich aus der Schreibtischschublade. Die Bilder sehe ich mir gleich an. Ein paar Bilder von Frau Weber sind dabei, aber auffällig viele von Lara. Lara beim Eisessen, beim Puppenspielen, bei Mama auf dem Arm. Die Bilder scheinen schon etwas älter zu sein, jedenfalls sieht Lara darauf etwas jünger aus. Auf einem Bild trägt sie nur eine Unterhose. Sie sieht irgendwie verloren darauf aus. Offenbar ist das Bild hier im Zimmer aufgenommen worden. Auf einem anderen Bild liegt Lara auf dem Sofa, ebenfalls nur im Schlüpfer und hält sich die Hände vor das Gesicht. Ihr kleiner, schmaler, weißer Körper ist ganz gerade ausgestreckt. Ich bekomme eine Gänsehaut. Plötzlich muss ich an all die Bilder und Filmchen denken, die ich mir schon ansehen musste, und ich bete, dass wir hier nichts in der Art finden, in dem Lara vorkommt. Wenn wir eine Wohnung durchsuchen, in der auch Kinder leben, prüfen wir natürlich immer, ob diese Kinder auch von einem Missbrauch betroffen sind. Zum Glück sind die meisten Täter im Bereich Kinderpornographie »nur« Konsumenten. Aber auch das ist schon schlimm genug.

Als Nächstes sehe ich mir den Schrank an. Ich nehme Klamotten heraus und fühle mit der Hand nach festen Gegenständen. Als ich die Socken durchsuche, ertaste ich eine Schachtel. Ich ziehe sie heraus und halte die Originalverpackung eines Dildos in der Hand. Unwillkürlich muss ich grinsen über meinen Fund, aber gleich darauf bleibt mir mein Grinsen im Hals stecken, als ich daran denke, dass der Typ ja auch sehr wahrscheinlich auf Kinderpornos steht.

Ich lege die Verpackung zu dem Computer auf den Schreibtisch, dann wende ich mich wieder der Kommode zu, die ja schließlich noch zwei Schubladen hat, die ich noch nicht durchgesehen habe. In der mittleren liegen Kabel, Adapter und Netzteile, wild durcheinander. Ich muss alles komplett ausräumen, um einen Überblick zu bekommen, was alles darin ist. Endlich ist die unterste Schublade an

238

der Reihe. Aber irgendwie scheint sie zu klemmen. Sosehr ich auch daran ziehe und zerre, das blöde Ding bewegt sich einfach nicht.

»Und, hast du noch was gefunden?«, höre ich Michael fragen.
»Bisher nur das.« Ich zeige auf den Dildo und die Bilder.
Michael zieht die Augenbrauen hoch, als er den Dildo sieht.
»Was ist mit Herrn König?«
»Der sitzt mit Frau Weber und der Kleinen im Wohnzimmer. Ich gehe gleich wieder hin. Wollte nur sehen, ob alles klar ist.«
»Na ja, äh, ich kriege die Schublade hier nicht auf«, sage ich verlegen und zeige auf die Kommode.
»Lass mich mal.« Michael macht sich gleich daran zu schaffen. Ich komme mir ja schon ein bisschen blöd vor, dass ich einen Mann bitten muss, mir eine klemmende Schublade zu öffnen, deshalb bin ich fast ein bisschen beruhigt, als Michael das Ding auch nicht aufbekommt.
»Das kann gar nicht sein«, schnauft er schließlich. »Da ist irgendein Trick dran, den ich nicht verstehe. Normalerweise würde ich das hier aufkriegen.«
»Lass uns mal die obere Schublade rausnehmen, irgendwie müssen wir da ja drankommen«, schlage ich vor.
Aber auch das will nicht so richtig funktionieren. Irgendetwas hält das Ding von innen fest. Schließlich nehmen wir die oberste Schublade heraus und hebeln so lange an der darunter herum, bis sie sich mit einem Knacken löst und sich aus der Fassung schieben lässt. Und dann sehen wir, dass von innen ein kleines Holzstück so zwischen die unterste Schublade und die Kommode gekeilt ist, dass wir sie von außen gar nicht hätten öffnen können. In dieser Schublade liegt eine große Holzkiste, die sie fast ganz ausfüllt. Schon als ich das Ding vorsichtig öffne, ahne ich, was wir darin finden werden. Massenweise DVDs, eine externe Festplatte, zwei USB-Sticks und eine zweite Kamera. Wortlos stelle ich die Holzkiste neben den Rechner, die Bilder und den Dildo. Ich sehe mich schon wieder tagelang im Auswerteraum sitzen und eine Bilderfolge nach der anderen ansehen. Michael geht wieder zurück ins Wohnzimmer, während ich mir den Rest des Zimmers vornehme. Ich sehe hinter und unter das Sofa, untersuche noch einmal den Schreibtisch und

den Stuhl, aber ich bin mir eigentlich sicher, dass wir jetzt das haben, wonach wir gesucht haben. Dann nehme ich mir noch die anderen Räume vor, aber bis auf eine CD finde ich nichts mehr. Michael hat den Laptop, der im Wohnzimmer steht, schon zusammengepackt.

Bevor wir uns verabschieden, mache ich noch Fotos von den Räumen. Wir machen das, um den Ort gegebenenfalls später identifizieren zu können – wenn wir auch nur den kleinsten Verdacht haben, dass in diesen Räumen ein Missbrauch stattgefunden haben könnte.

»Wann bekommen wir die Sachen denn jetzt wieder?«, fragt Frau Weber mit ihrer Krächzstimme. Sie sitzt inzwischen mit einem Bademantel bekleidet, der ebenso pink ist wie das Nachthemd ihrer Tochter, auf dem Sofa im Wohnzimmer und guckt irritiert von einem zum anderen, als könnte sie immer noch nicht fassen, was hier passiert. Neben ihr sitzt Lara in eine Decke eingepackt, und auf einem Stuhl daneben sitzt Herr König und blickt grimmig auf den Boden.

»Wir melden uns bei Ihnen«, sage ich beruhigend. »Wenn wir nichts finden, bekommen Sie alles wieder zurück. Wenn wir aber auf einem Rechner deliktisches Material finden, behalten wir ihn ein und laden Sie alle zur Vernehmung aufs Präsidium.«

Ich habe mich um einen freundlichen Tonfall bemüht. Wir müssen das Material ja erst einmal auswerten, und das kann bei der Menge dauern.

»Puh, das ging ja noch«, sagt Michael, als er sich auf den Beifahrersitz fallen lässt.

»Mhm«, grunze ich nur und starte den Wagen.

»Da haben wir schon schlimmere Wohnungen gesehen, oder?«

Ich weiß, dass Michael grinst, während er das sagt. Er spielt auf eine Wohnung an, die wir vor ein paar Monaten durchsuchen mussten. Die war so vollgemüllt, dass wir einen ganzen Tag gebraucht haben. Die Wände waren bis zur Decke mit Kartons vollgestellt und auch der Fußboden war voll von Papier- und Bücherstapeln. Ich weiß noch, dass es roch, als wäre dort die letzten dreißig Jahre nicht gelüftet worden, der Geruch hatte schon fast etwas Beißendes. Der Besitzer der Wohnung hat auch noch Kette geraucht, so dass ein klebriger, gelblich brauner Film über allem lag, an dem sich der Staub festsetzen konnte. Ich schüttle mich.

»Ohne Handschuhe hätte ich da nichts angefasst«, höre ich Michael sagen und denke daran, wie ich nach der Durchsuchung meine Hände ausgiebig mit Desinfektionsmittel eingerieben habe.

»Und was der alles gesammelt hat«, murmelt Michael.

In dieser Wohnung gab es von allem viel, unter anderem auch kinderpornographische Bilder. Der Mann hatte auch einen ganzen Stapel ausgedruckt. Wir haben sie erst ziemlich am Schluss entdeckt. Er hat offensichtlich alles gesammelt, was ihm in die Finger kam, je kurioser, desto besser. Ich bin mir gar nicht sicher, wie sehr ihn die Kinderpornos wirklich interessiert haben. Es schien ihm vor allem darum zu gehen, alles zu besitzen. Das hatte schon einen pathologischen Zug.

»Ich hab mich gefragt, was er mit dem ganzen Kram macht?«, überlegt Michael mit einem wohligen Grausen.

Es ist schon früher Nachmittag, als wir wieder ins Präsidium kommen. Die Speichermedien bringen wir in den Auswerteraum, die Computer und die Festplatten werden an eine externe Firma verschickt, die sie für uns untersucht. Vorher erhalten alle Sachen einen Barcode. Wenn alles ausgewertet ist, kommen die deliktischen Datenträger in den Asservatenraum, von wo aus sie dann der Staatsanwaltschaft übermittelt werden. Als ich die vielen DVDs, die Speicherkarten und die Festplatten sehe, kann ich ein Stöhnen nicht unterdrücken. Das sieht mal wieder danach aus, als müssten wir sehr viel Zeit im Auswerteraum verbringen. Dabei ist das ja nicht unser einziger Fall. Auf den Tischen stehen mehrere Spindeln DVDs aus anderen Fällen, beschlagnahmte Rechner und so weiter. Allein mit dem Material, das hier liegt, könnte eine Person ein ganzes Jahr ununterbrochen vor dem Bildschirm hängen. Zum Glück muss das hier nicht eine einzige Person machen und zum Glück gibt es die Vorspultaste. Nur die deliktischen Sachen müssen wir uns in voller Länge ansehen.

Eigentlich wollte ich heute früh nach Hause, aber ich habe noch eine Vernehmung. Ein fünfzehnjähriges Mädchen möchte einen sexuellen Missbrauch melden. Vor zwei Tagen rief mich eine Frau von einer Einrichtung für psychisch kranke Menschen an, um einen Termin zu vereinbaren. Der Missbrauch liegt offenbar schon ein paar

Jahre zurück, aber das Mädchen hat jetzt erst darüber gesprochen. Vielleicht hat man ihr auch erst jetzt geglaubt.

Ich habe gerade noch Zeit, meine Tasche ins Büro zu bringen und abzuklären, ob der Videovernehmungsraum frei ist, da klopft es schon an meine Tür. In der Tür steht eine Frau in meinem Alter. Mir fallen ihre dunklen, warmen Augen auf.

»Frau Reimann?«

»Ja.«

»Mein Name ist Hausmann, wir hatten telefoniert. Ich bin mit der Vanessa da.« Frau Hausmann geht einen Schritt zur Seite und gibt den Blick auf ein blasses Mädchen frei, das einen riesigen dunkelblauen Pullover trägt, der ihr fast bis zu den Knien reicht.

»Hallo Vanessa«, sage ich, »komm doch rein.«

Das Mädchen macht einen unsicheren Schritt nach vorne. Für eine Sekunde wirkt sie so, als hätte sie es sich anders überlegt, aber hinter ihr drängt sie Frau Hausmann jetzt sanft in mein kleines Büro. Ich deute auf zwei Stühle. Vanessa lässt sich gleich in einen reinfallen und sinkt darin in sich zusammen, so als hätte der Weg hier herein sie schon alle verfügbare Energie gekostet. Sie hat dunkle Locken, die eigentlich schön sein könnten, aber sie wirken fusselig und hängen schlaff von ihrem Kopf herunter.

»Soll ich jetzt gehen?«, fragt Frau Hausmann unsicher.

»Ich schlage vor, dass wir in den Video-Vernehmungsraum gehen, und da würde ich dann gerne alleine mit Vanessa sprechen.«

Frau Hausmann nickt. Sie hat mir bei unserem Telefonat schon etwas von Vanessas Störung erzählt. Das Mädchen hat eine multiple Persönlichkeit. Das wirke dann so, als seien mehrere Persönlichkeiten in dem Kind, die abwechselnd zum Vorschein kommen, hat mir Frau Hausmann erklärt. Solche Phänomene sind scheinbar selten, häufig haben diese Menschen in ihrer Kindheit ein sehr schlimmes Ereignis überstehen müssen. Ich habe davon schon gehört, aber ich kenne mich mit solchen Krankheiten nicht aus.

Ich betrachte das Mädchen, das noch immer zusammengesunken auf dem Stuhl neben meinem Schreibtisch sitzt. Ihre Hände hat sie im Schoß gefaltet. Ihre Fingernägel sind schwarz lackiert. Auf ihren Handrücken sind deutlich parallel verlaufende Narben zu sehen, und ich vermute, dass das Mädchen sich diese Verletzungen selbst zugefügt hat. Als sie meinen Blick bemerkt, schiebt sie rasch die Ärmel ihres XL-Pullovers weiter über die Handgelenke. Dann fällt sie wieder in ihre zusammengesunkene Haltung zurück.

»Und, Vanessa«, frage ich das Mädchen, »wollen wir mal in einen anderen Raum gehen, um uns zu unterhalten? Ich würde unser Gespräch nämlich gerne auf Video aufnehmen. Soll ich dir den Video-Vernehmungsraum mal zeigen?«

Vanessa hebt die Schultern.

»Okay«, sagt sie schließlich. Ihre Stimme klingt schlapp und müde, so als müsste sie sich Mühe geben, nicht einzuschlafen.

Der Video-Vernehmungsraum ist ein funktionaler, eher kahler Raum. Die Wände sind weiß, in der Mitte befindet sich ein Tisch, auf dem ein Mikrophon steht. Es riecht hier immer ein bisschen muffig, weil es kein Fenster gibt, das man öffnen könnte, sondern nur eine Lüftungsanlage, die so unauffällig ist, dass man sie gar nicht bemerkt. Zwei Sessel stehen am Tisch, neben der Tür noch ein dritter. An der Decke ist eine Kamera angebracht, dann hängt noch eine zweite an der Wand. Dahinter ist ein weiterer Raum, in dem manchmal Kollegen sitzen und zuhören, und seit einiger Zeit können sie auch Fragen stellen, die dann auf einem Bildschirm erscheinen, der auf der einen Seite des Tisches im Vernehmungsraum eingelassen ist. Heute sitzt niemand in dem Raum nebenan. Die Kollegen sind im Auswerteraum, Bärbel ist schon nach Hause gegangen. Manchmal denke ich, man müsste diesen Raum etwas freundlicher gestalten, aber dann geht dieser Gedanke im Alltag doch immer wieder unter.

Ich bitte Vanessa, Platz zu nehmen. Frau Hausmann wartet auf einem Stuhl im Flur.

»Guck mal, Vanessa, hier ist eine Kamera und da an der Wand ist noch mal eine. Ich habe dir ja gerade schon erklärt, dass ich unser Gespräch gerne auf Video aufzeichnen würde. Bist du damit einverstanden?«, frage ich Vanessa.

»Kommt das dann im Fernsehen?« Die Stimme des Mädchens wirkt jetzt etwas wacher und lebendiger.

Ich muss lächeln. »Nein, auf keinen Fall. Es könnte nur sein, dass die Staatsanwaltschaft sich das später mal ansehen will. In Ordnung?«

Vanessa nickt.

Ich schalte die Kameras und das Mikrophon ein und blicke Vanessa an, die jetzt etwas weniger zusammengesunken, wenn auch immer noch in schlaffer Haltung mir gegenübersitzt.

Ich fange wie immer mit dem Datum an, dann fahre ich fort: »Wir befinden uns im Videovernehmungsraum des Landeskriminalamts. Ich sitze hier mit Vanessa und werde sie jetzt zu einem sexuellen Missbrauch befragen.«

Vanessa zieht die Bündchen ihres Pullovers noch weiter über ihre Hände. Jetzt muss ich die Gesprächssituation erst einmal ein bisschen auflockern. Ich frage sie nach ihrem vollen Namen und ihrem Geburtsdatum, dann nach der Schule, in welche Klasse sie geht und was ihre Hobbys sind. Vanessa erzählt, dass sie sich mit einem anderen Mädchen aus der Einrichtung, in der sie lebt, einen Hasen teilt.

»Wie heißt der denn?«, will ich wissen.

»Fips«, für einen kurzen Moment zieht so etwas wie ein Lächeln über ihr Gesicht. »Der ist ganz schwarz, nur über der Nase hat er so einen kleinen weißen Fleck.« Sie deutet sich dabei selbst mit dem Finger auf die Nase und scheint ganz zu vergessen, dass dadurch der Blick auf ihre vernarbten Handrücken frei wird.

Vanessa taut auf, und das ist gut. Vor mir auf dem Tisch liegt ein Zettel mit ein paar Stichpunkten. Gleich werde ich ihr Fragen stellen müssen, die ihr unangenehm sind.

»Du weißt ja, warum du jetzt hier bist, oder?«

»Ja, also, ich soll erzählen, was die Männer mit mir gemacht haben.«

»Ja und du weißt auch, dass du hier nicht lügen darfst. Du darfst hier nur die Wahrheit sagen.«

»Mhm.«

Von Frau Hausmann weiß ich, dass Vanessa ihren Stiefvater beschuldigt, sie mehrfach sexuell missbraucht zu haben; er soll sie auch an andere Männer weitergereicht haben. Wieder frage ich erst nach den Namen der Männer. Vanessa sitzt auf ihrem Sessel und starrt ihre Hände an.

»Vanessa?«, frage ich irritiert.

»Das darf keiner wissen«, sagt das Mädchen ganz leise.

Ich atme tief durch. Es kommt manchmal vor, dass ein Opfer in der Vernehmung nicht mehr weitererzählen kann, weil es sich plötzlich wieder daran erinnert, was der Täter ihm eingeimpft hat.

»Ist es ein Geheimnis?«, frage ich ebenfalls sehr leise.

Vanessa deutet ein Nicken an.

»Weißt du, dass es einen Unterschied gibt zwischen einem guten Geheimnis und einem schlechten Geheimnis?«

Vanessa schüttelt den Kopf, ohne mich anzusehen.

»Ein gutes Geheimnis ist zum Beispiel ein Geburtstagsgeschenk. Das darf nicht verraten werden, bis der, der das Geschenk bekommen soll, Geburtstag hat und es auspacken darf. Aber ein schlechtes Geheimnis, das macht schlechte Gefühle im Bauch, darüber darfst du immer sprechen, mit deiner Mama oder Frau Hausmann oder mit mir, oder wem du es sonst noch erzählen magst.«

Vanessa blickt mich an, aber ich kann nicht erkennen, ob sie verstanden hat, was ich meine. Ich sehe sie aufmunternd an und warte ab. Es dauert eine Weile, dann beginnt Vanessa zu erzählen. Aber irgendwann muss ich ins Detail gehen. Es ist wichtig, dass ich ganz genau erfahre, was die Männer mit ihr gemacht haben. Ich frage Vanessa, was sie mit dem Geschlechtsteil ihres Stiefvaters machen musste, wo er sie angefasst hat, was sie dabei gemacht hat und so weiter. Und dann muss ich wissen, was die anderen Männer mit ihr gemacht haben, wenn ihr Stiefvater dabei war. Vanessas Augen sind wieder stumpf und müde. Sie antwortet mit ihrer kraftlosen Stimme, manchmal ist es etwas wirr, was sie sagt. An mache Dinge kann sie sich schlecht oder gar nicht erinnern. Aber das, an was sie sich erinnert, reicht völlig, um traumatisiert zu werden. Und offenbar war niemand da, der ihr geholfen hat. Als sie vor einem Jahr versuchte, sich das Leben zu nehmen, kam sie in die Psychiatrie. Von ihren Peinigern weiß sie, wenn überhaupt, nur Vornamen. Der Stiefvater lebt inzwischen nicht mehr bei der Mutter, sein Wohnort ist unbekannt.

»Wann hat das denn angefangen, dass du sexuell missbraucht wurdest?«, frage ich.

Vanessa zuckt die Schultern.

Ich versuche, deutlicher zu werden: »Wann hat das denn angefangen, dass dein Stiefvater wollte, dass du sein Geschlechtsteil anfasst oder dass er dich angefasst hat? Weißt du das noch?«

245

Vanessa sieht mich noch immer an, als würde sie mich nicht verstehen.

»Ich weiß nicht.« Sie macht den Eindruck, als würde sie sich sehr anstrengen, um sich zu erinnern. »Ich weiß das nicht mehr«, wiederholt sie noch einmal. Ihre grauen Augen werden wässrig. »Das war, glaube ich, immer schon so. Ich kann mich gar nicht erinnern, dass das mal nicht war.«

In meinem Hals wird es eng. Ich sehe, wie Vanessa noch mehr in sich zusammensinkt. Eine Weile sehe ich sie an und merke, dass ich keine Vorstellung davon habe, was dieses Kind durchgemacht hat, seit sie denken kann. Warum kommt sie erst jetzt?, frage ich mich. Vanessa scheint nun ganz versunken, ihre Augen sind auf ihre vernarbten Hände gerichtet. Plötzlich finde ich es furchtbar stickig in diesem Raum.

»Ich hole uns mal ein Glas Wasser«, sage ich und bin, während ich das sage, schon fast bei der Tür. Richtig frische Luft wäre jetzt zwar besser, aber die Flurluft hilft wenigstens ein bisschen. Als ich eine Minute später mit einer Flasche und zwei Gläsern wiederkomme, fällt mir schon beim Eintreten auf, dass etwas anders ist. Vanessa sitzt etwas aufrechter auf ihrem Stuhl, sie hat die Ellenbogen auf den Tisch gestützt und sieht mir aus weit offenen Augen zu, wie ich die Gläser auf den Tisch stelle und uns beiden Wasser eingieße.

»Was machst du da?«, fragt sie.

Irritiert sehe ich sie an, denn ihre Stimme klingt mit einem Mal anders, mehr wie ein kleines Kind und nicht mehr so müde. Außerdem hat sie mich gesiezt, bevor ich rausgegangen bin.

»Ich hab doch gesagt, dass ich uns was zu trinken hole«, erinnere ich sie.

»Ne, zu mir hast du das nicht gesagt«, antwortet sie etwas störrisch. Vanessa wirkt jetzt deutlich jünger. Ich betrachte das Mädchen und seine veränderte Körperhaltung und erinnere mich daran, was mir Frau Hausmann über Vanessas Persönlichkeiten erzählt hat. Sie sagte nämlich auch, dass diese unterschiedliche Namen hätten.

»Moment«, erwidere ich einem plötzlichen Einfall folgend. »Wer bist du denn eigentlich?«

»Ich bin die Martha und du?«

»Ich bin die Birgit. Kennst du mich nicht?«

»Ne«, kommt es von Martha, die gerade noch Vanessa war.

Ich sehe ihr genau in die Augen, die jetzt viel wacher und lebendiger wirken, und überlege, was ich tun kann, um die Vernehmung fortzusetzen.

»Eigentlich habe ich gerade mit der Vanessa gesprochen«, sage ich schließlich. »Kannst du … kann die nicht noch mal kommen, ich habe nämlich noch ein paar Fragen an sie.«

Das Mädchen blickt mich wieder aus weit offenen, grauen Augen an, dann sackt sie von einem Moment auf den anderen in sich zusammen. Ich fahre hoch, weil ich nicht sicher bin, ob ich jetzt ganz schnell einen Notarzt holen muss.

»Hallo?«, frage ich ängstlich. »Alles in Ordnung?«

Als sie endlich wieder das Gesicht hebt, fällt mir ein Stein vom Herzen. Ich blicke wieder in die vertrauten wolkig grauen Augen von Vanessa.

»Vanessa?«, frage ich und kann irgendwie nicht richtig glauben, was ich da gerade gesehen habe.

»Ja, was ist denn?«, höre ich ihre müde Stimme sagen.

Zögernd setze ich die Vernehmung fort. Immer wieder muss ich in Vanessas Augen gucken, um mich zu vergewissern, dass sie es auch wirklich ist. Das Mädchen spricht jetzt wieder mit dem gleichen schläfrigen Tonfall, in dem sie unser Gespräch begonnen hat, und ihre Körperhaltung ist wieder so schlaff und kraftlos, wie ich sie kennengelernt habe. Ich mache weiter, ohne zu begreifen, was hier geschieht.

Nachdem ich mich von Vanessa und Frau Hausmann verabschiedet habe, archiviere ich die Videoaufzeichnung und gebe die Tonaufnahmen an unsere Schreibdamen weiter, damit sie die Vernehmung verschriftlichen. Dann nehme ich mir Vanessas Akte vor. Ich sehe das Mädchen schlaff vor mir sitzen, während sie mir erzählt, was ihr, seit sie denken kann, zugefügt worden war. Mir ist ganz flau. Wir werden gegen ihren Stiefvater ermitteln und versuchen herauszufinden, wer noch an dem Missbrauch beteiligt war. Vanessa sagte, dass der Missbrauch zum Teil gefilmt worden sei. Natürlich suchen wir jetzt auch nach den Filmen. Vanessa wird uns Fotos zukommen lassen, auf denen sie jünger ist, damit wir sie gegebenenfalls identifizieren können.

Ich klappe den Aktendeckel zu und stelle das graue Ding in den Aktenschrank. Dann schließe ich den Aktenschrank, und als ich mit meiner Tasche und meiner Jacke über dem Arm mein Büro verlasse, schließe ich auch noch die Bürotür ab. So mache ich das immer. Vanessas Geschichte bleibt jetzt hier, und ich fahre nach Hause und morgen, wenn ich wiederkomme, dann kümmere ich mich wieder darum.

Als ich das Gebäude durch die Sicherheitsschleuse in der Eingangshalle verlasse, liegt ihre Geschichte hinter mir, aber irgendwie ist Vanessa noch da und ihr anderes Ich auch, diese Martha. Mir geht einfach nicht aus dem Kopf, wie plötzlich in dem gleichen Körper, den ich gerade noch als Vanessa kannte, ein anderes Mädchen war. Es kommt mir nun ganz unwahrscheinlich vor, dass ich das wirklich erlebt habe.

Aber später sehe ich mir das Band der Vernehmung noch einmal an und bin fasziniert davon, dass man hier beobachten kann, wie aus dem gleichen Menschen eine andere Person wird, wie aus den schläfrigen Augen von Vanessa die offenen Kinderaugen von Martha geworden sind. Es ist ein bisschen geisterhaft. Das Phänomen einer multiplen Persönlichkeit kenne ich bis dahin nur aus Lehrbüchern, ich habe nicht damit gerechnet, dass ich eine solche Verwandlung selbst einmal mit eigenen Augen miterleben würde. Es überrascht mich, als Vanessa plötzlich Martha ist, aber es erschreckt mich nicht, sondern weckt meine Neugierde. Nach dem Erlebnis beschäftige ich mich etwas intensiver mit dem Thema. Vanessa hat nach allem, was ich von ihr erfahren habe, mein ganzes Mitgefühl.

Eine Woche später. Eine Zeichentrickdame läuft mit einem kleinen Vögelchen im Käfig über den Bildschirm, dahinter schleicht eine Katze, die sich schon die Lippen leckt. Ich schalte auf schnellen Vorlauf. Auf Susannes Bildschirm sehe ich, wie eine Frau abwechselnd an zwei männlichen Geschlechtsteilen leckt; auf Michaels Bildschirm sieht man Herrn König mit Frau Weber beim Geschlechtsverkehr. Alle diese Filme laufen im Schnelldurchlauf, sonst kommen wir nie durch. Michael stützt den Kopf in beide Hände und stöhnt theatralisch.

»Das halte ich nicht mehr aus. Kommt ihr mit rauchen?«

Ich werfe einen Blick auf die Uhr. Es dauert bei den Lichtverhältnissen eine Weile, bis ich die Stellung der Zeiger erkenne. Wir waren eigentlich erst vor 50 Minuten rauchen. Die Kollegen lachen schon immer, wenn sie uns jede Stunde runterpilgern sehen. Sie fragen sich, ob wir eigentlich noch was anderes machen, außer Filme angucken und rauchen.

»Noch eine DVD, dann gehen wir.«

Susanne wirft einen Blick auf den Stapel DVDs neben sich auf dem Tisch und verdreht die Augen.

»Okay, noch eine, sonst kommen wir nie durch.«

Ich richte meinen Blick wieder auf meinen Bildschirm. Die Katze paddelt mit einem Floß auf ein Boot zu, auf dem sich das Vögelchen befindet. Kurz bevor sie es erreicht, taucht hinter ihr eine Haifischflosse im Wasser auf. Der Film ist zu Ende. Ich reibe mir die Augen und tausche die DVDs aus. Der Stapel mit den bereits angesehenen DVDs ist winzig klein gegenüber dem Stapel, den wir noch ansehen müssen. Es hilft nichts. Wieder ein Zeichentrickfilm. Er beginnt ganz harmlos wie Schneewittchen, aber die Frauen haben alle sehr knappe Kostüme mit Ausschnitten, die nur mit Mühe die Brüste bedecken. Irgendwann holt einer der männlichen Figuren ein riesiges Geschlechtsteil aus der Hose, und dann geht es so weiter wie in den ganzen Pornos, die ich hier schon gesehen habe, nur dass nebenbei noch so eine ähnliche Geschichte wie Schneewittchen erzählt wird. Plötzlich richtet sich Michael in seinem Stuhl auf.

»Ist das die Kleine von letzter Woche?«

Auf seinem Bildschirm ist Herr König mit einem kleinen Mädchen zu sehen. Ich bin mir nicht ganz sicher, aber das könnte das Zimmer sein, aus dem wir Herrn Königs Computer geholt haben. Das Sofa ist zum Bett ausgeklappt, darauf liegt ein blondes Mädchen. Wir haben hier ein Foto von Lara, um sie gegebenenfalls identifizieren zu können. Michael hält es neben den Bildschirm und geht mit dem Gesicht ganz nah daran. Um sicher zu sein, schaltet er noch seine Taschenlampe an und hält sie auf das Foto.

»Die ist nur etwas jünger, aber das muss sie sein«, bestätigt er.

Lara ist nackt, ebenso wie Herr König, der neben ihr liegt. Das wellenförmige Muster, das sich über seine linke Schulter zieht, habe ich noch gut in Erinnerung. In seiner Hand hält er etwas Längliches, Rosafarbenes, und ich brauche eine Weile, bis ich begreife, dass er den Dildo in der Hand hat. Ich halte die Luft an. Plötzlich ist es ganz still im Raum. Aus dem Lautsprecher neben dem Bildschirm raschelt es leise. Michael schaltet den Ton lauter, den wir sonst meist sehr leise oder ganz abgestellt haben. Ich höre das schwere Atmen von Herrn König und das leise Wimmern von Lara, manchmal auch das Kritzeln von Michaels Kugelschreiber auf Papier, er macht sich Notizen. Nachdem wir einige Minuten auf den Film gestarrt haben, flüstert Susanne: »Lass uns sofort hinfahren.«

»Ich komm mit«, ruft Michael und springt auf.

Normalerweise nehmen wir jemanden, bei dem wir deliktisches Material finden, nicht einfach fest. Aber dieser Film ist ein Hinweis darauf, dass ein Missbrauch vorliegt, der noch anhält. Und in diesem Fall müssen wir schnell einschreiten.

»Dann kann ich ja schon mal die Akte so weit zusammenstellen, damit wir Herrn König nachher dem Haftrichter vorführen können«, schlage ich vor.

»Das ist super! Ich spreche mit der Staatsanwaltschaft«, ruft Susanne. Sie ist schon fast aus der Tür raus. Bevor Susanne und Michael Herrn König vorläufig festnehmen dürfen, müssen sie noch die Staatsanwaltschaft informieren, denn die ist die Herrin des Verfahrens.

Nachdem ich alle vorhandenen Ermittlungsergebnisse zusammengesucht und in die Akte gelegt habe, setze ich mich wieder in den Auswerteraum. Ich will sehen, ob ich nicht noch mehr belastendes Material für Herrn König finde. Bärbel hat heute frei, Wilhelm hat gerade mit einem anderen Fall zu tun, und Klaus ist in einer Sitzung. Das heißt, ich bin die Einzige, die momentan Zeit dafür hat. Ich gönne mir nur eine sehr kurze Zigarettenpause, bevor ich mich wieder vor den Rechner setze und eine DVD nach der anderen ansehe. Gleich der nächste Film ist wieder mit Lara. Ich sehe mir das an, dokumentiere gewissenhaft, was ich sehe, und lege die CD zu dem anderen deliktischen Material, das wir als Beweise sammeln. Ich sehe mir Tierfilme, Spielfilme, ganz normale Erwachsenenpornos, etwas extravagantere Pornos und pornographische Bilder an. Bilder von sehr jungen Frauen oder Männern und Kindern, pornographische Filme mit sehr jungen Frauen oder Männern und Kindern und immer wieder Filme und Bilder von Lara. Viele der anderen Kinderpornos kenne ich schon. Einige kursieren schon lange im Netz. Selbstverständlich veranlassen wir, dass sie von den deutschen Servern gelöscht werden, aber sie tauchen immer wieder in einschlägigen Tauschbörsen auf. Kinderpornographie wird im Internet meist über sogenannte Filesharing-Börsen verbreitet. User können dort Dateien hoch- und herunterladen. Wenn nur einer der Tauschwilligen so eine Datei bei sich auf dem Rechner hat, sind sie in null Komma nichts wieder verfügbar.

Die Filme und Bilder mit Lara kenne ich noch nicht. Ich sehe hin und schreibe auf: schwerer sexueller Missbrauch an einem Kind.

Es sind mehr als zwei Stunden vergangen, als ich den Auswerteraum verlasse. Ich schließe kurz die Augen, weil das Licht im Flur unerträglich hell ist für jemanden, der zwei Stunden ununterbrochen im Halbdunkel auf einen Bildschirm gestarrt hat. Wilhelm kommt gerade aus seinem Büro und muss lachen, als er mich blinzelnd vor dem Auswerteraum stehen sieht.

»Na, kleine Pause?«

»Brauche ich dringend. Kommst du mit rauchen?«

»Ja, warte.«

Wilhelm ist schon ewig bei der KiPo. Er ist gut zehn Jahre älter als ich und der Älteste hier. Überhaupt arbeiten hier eigentlich keine richtig jungen Kollegen. Die Jüngste ist mit 39 Jahren Susanne. Karin ist noch ein bisschen jünger, aber sie sieht sich die Filme und Bilder in der Regel auch nicht an. Sie ist Verwaltungsangestellte und keine Vollzugsbeamtin wie wir, deshalb hat sie mit den Ermittlungen nur indirekt zu tun. Sie arbeitet gerne mit uns zusammen, aber um die Materialauswertung beneidet sie uns nicht. Vielleicht ist dieser Job hier nichts für ganz junge Kollegen. Es ist gut, wenn man ein bisschen Lebenserfahrung mitbringt. Die Bilder, die wir hier sehen, und die menschlichen Abgründe, mit denen wir konfrontiert werden, sind nichts für Menschen, die noch auf der Suche nach sich selbst sind. Das ist jedenfalls mein Eindruck.

Wie immer ist es windig im Untergeschoss des Polizeipräsidiums. Wilhelm hält seine Hand schützend um die Flamme, als er mir Feuer gibt. Ich inhaliere tief und lehne mich gegen einen Pfeiler.

»Gerade sind Susanne und Michael mit diesem Typen gekommen, bei dem ihr letzte Woche wart«, murmelt Wilhelm.

»Ah gut, dann haben sie ihn also zu Hause angetroffen und gleich mitgenommen?«

»Ja, hab sie gerade kurz gesprochen.«

»Gut«, sage ich und blicke in den weißen Himmel.

Zwei Tage später. Gelächter auf dem Flur, dann taucht Bärbel mit Susanne im Besprechungsraum auf. Bärbel schwenkt eine Tüte mit Brötchen zur Begrüßung. Klaus, Susanne, Michael, Karin und ich haben schon den Tisch gedeckt. Wenn nichts dazwischenkommt, frühstücken wir hier bei der KiPo jeden Morgen zusammen. Das hat sich so ergeben, weil es praktisch ist und nett, und inzwischen ist es so etwas wie eine Tradition geworden. Ich mag meine Kollegen hier sehr und vielleicht schweißt diese ganz spezielle Arbeit uns auch etwas mehr zusammen. Jedenfalls ist für uns der Austausch sehr wichtig.

»Was ist jetzt mit dem König?«, fragt Klaus, der Sachgebietsleiter, während er sich Butter aufs Brötchen schmiert.

»Haben wir vorläufig festgenommen, wegen Besitz von kinderpornographischen Schriften und schwerem sexuellen Missbrauch eines Kindes. Er hat neben Lara wohl auch ein anderes Mädchen sexuell belästigt. Das ist eine Schulfreundin von Lara. Aber zu mehr ist es in dem Fall offenbar nicht gekommen. Jedenfalls sitzt er jetzt in U-Haft«, erklärt Susanne.

»Wer hat die Vernehmung durchgeführt?«

»Das hab ich mit Susanne gemacht«, erklärt Michael.

»Und?«

»Er hat alles gestanden. Aber schräg war er schon. Er saß die ganze Zeit stocksteif da und hat kein einziges Mal mit der Wimper gezuckt. Man konnte ihm nicht anmerken, ob es ihm leidtut oder ob er vielleicht sogar stolz auf seine Taten ist. Echt sehr seltsam.

Wir haben allerdings genug Beweismaterial. Mit dem Tattoo auf der Schulter konnten wir ihn auch eindeutig identifizieren. Seit drei Jahren ist er mit der Frau Weber zusammen und seit zwei Jahren missbraucht er die Kleine. Die Aufnahmen mit ihr hat er auch ins Netz gestellt. Er war da in verschiedenen Tauschbörsen aktiv.«

»Was ist denn mit dem Mädchen, bestätigt es das?«

»Mit ihr habe ich die Vernehmung durchgeführt«, schaltet sich Susanne ein. »Die Kleine war erst sehr verschlossen und ängstlich. Aber dann hat sie erzählt, wie das alles angefangen hat. Er hat sie in sein Zimmer gelockt, indem er ihr versprochen hat, dass sie dort auf seinem Rechner Filme ansehen darf. Dabei hat er sie dann angefasst und so weiter. Und dann hat er sie unter Druck gesetzt und gesagt, dass sie sich strafbar gemacht hat und dass er alles der Polizei erzählen würde, wenn sie nicht das macht, was er sagt. Es hat ganz schön gedauert, bis ich das herausbekommen habe. Deshalb war sie am Anfang auch so verstört. Sie dachte, dass wir sie oder ihre Mama ins Gefängnis stecken wollen. Jedenfalls hat sie gesagt, dass es seit etwa zwei Jahren so gegangen ist.«

»Und was ist mit der Mutter der Kleinen, was sagt die?«, will Klaus wissen.

»Die hab ich vernommen, die ist völlig verstört«, sage ich. Ich denke an die blonde Frau mit dem Kindergesicht. Ihre großen Augen waren schon ganz rot vom vielen Heulen. »Sie hat angegeben, dass sie gar nichts mitbekommen hat. Sie war ja froh, dass der König ihre Tochter mochte. ›Ist ja nicht so einfach, jemanden zu finden, wenn man schon ein Kind hat‹, meinte sie. Lara hätte ihr ja auch nichts gesagt. Ich habe ihr dann Adressen von Opferhilfe-Einrichtungen gegeben. Deren Hilfe wollte sie in Anspruch nehmen.«

»Ich kann das immer nicht glauben, wenn die Mütter so was sagen«, meint Karin. »Es kann doch nicht sein, dass sie zwei Jahre zusammen in einem Haushalt leben und sie nicht merkt, wie ihre Tochter von ihrem Freund immer wieder … Also ich kann mir das nicht vorstellen.«

»Ja, das ist schon erstaunlich«, sagt Wilhelm. »Du glaubst nicht, wie häufig Mütter behaupten, dass sie nichts bemerkt haben. Ich denke dann auch oft, dass sie das einfach lieber nicht wissen wollten.«

Ich nicke stumm. Mich gruselt es auch immer wieder, wenn ich höre, wie lange ein Kind missbraucht werden kann, ohne dass jemand etwas merkt.

»Kann die Akte dann an die Staatsanwaltschaft?«, will Klaus wissen.

Michael, Susanne und ich nicken.

»Gut!« Klaus nickt zufrieden und schiebt sich den Rest seines Marmeladenbrötchens in den Mund. »Und was ist mit Vanessa?«, wendet er sich an mich.

Damit hat er bei mir einen wunden Punkt erwischt, weil ich da noch nicht viel herausbekommen habe. »Da bin ich noch nicht wirklich weiter«, gebe ich zu. »Den Stiefvater des Mädchens habe ich gefunden, aber der streitet natürlich alles ab, und Filme oder Bilder mit ihr haben wir bisher auch nicht entdeckt. Aber ich bleibe dran.« Klaus nickt, während ich an Vanessa denke und mir vornehme, mich noch intensiver um den Fall zu kümmern.

»Was ist aus dem Mann geworden, der im Chatroom die Kinder belästigt hat?«, fragt er Bärbel und Wilhelm.

»Also wir haben jetzt Hinweise von den Eltern von einem Mädchen, das ist elf, und zwei Jungen, einer auch elf Jahre, der andere ist erst neun. Die Eltern von dem Mädchen haben uns verständigt, und als wir den Chatroom etwas genauer unter die Lupe genommen haben, haben wir die beiden Jungen gefunden, die offenbar mit dem gleichen Täter gechattet hatten. Der Täter hat sie irgendwie dazu gebracht, sich nackt vor die Webcam zu stellen. Die Bilder sind jetzt auch in zumindest einer der einschlägigen Tauschbörsen aufgetaucht.«

Bärbel hat mir von dem Fall erzählt. Der Mann hat sich im Chat als gleichaltriger Junge ausgegeben. Den Jungen hat er einen Penisvergleich vorgeschlagen, auf den sie offenbar eingegangen sind. Das Mädchen hat er gefragt, ob sie ihm mal ihre Brust zeigt. Zum Glück hatte sie ihrer Mutter Bescheid gesagt.

»Und wisst ihr schon, wer der Täter ist?«, fragt Klaus weiter.

»Ja, wir haben über die IP-Adresse herausbekommen, von welchem Anschluss der Täter gechattet hat. Wir wollten gleich mal hinfahren«, erklärt Wilhelm.

»Mhm«, nuschelt Klaus mit vollem Mund. »Heute kommen vier Schüler aus Volksdorf hier vorbei«, sagt er dann, als er zu Ende gekaut hat. »Die sollen sich gegenseitig Pornofilme aufs Handy geschickt haben. Die Schulleitung hat sich an uns gewandt.«

»Ach herrje«, entfährt es Bärbel. »Wie alt sind die denn?«

»Ich glaube so zwölf, dreizehn.«

Ich verschlucke mich an meinem Kaffee und muss husten.

Michael grinst: »Die sind ja ganz schön frühreif.«

»Das kann man wohl sagen. In dem Alter habe ich früher noch mit Puppen gespielt«, sage ich.

Karin grinst jetzt auch. »Ich nicht mehr.«

»Ich auch nicht mehr so richtig, aber ich habe mir auch keine Pornos angesehen«, kommt es von Susanne.

Nach meinem Gefühl werden die Jugendlichen, die wir mit pornographischem Material erwischen, immer jünger, und ich halte das für keine gute Entwicklung. Wenn man noch so jung ist und so gut wie keine Lebenserfahrung hat, dann kann Pornographie einen ganz merkwürdigen Eindruck davon vermitteln, was Sexualität ist. Und meist gibt es eigentlich niemanden, der ihnen erklärt, dass Pornographie nicht unbedingt das Gleiche ist wie Sexualität. Wenn uns solche Dinge gemeldet werden, werden wir auch mit ins Boot geholt, obwohl das ja keine Kinderpornographie ist, sondern Pornographie, die verbotenerweise in die Hände von Kindern gelangt ist.

»Also gut, Birgit, Bärbel, könnt ihr die Kinder übernehmen?«, fragt Klaus, während er sich mit einer Papierserviette die letzten Krümel vom Mund wischt. Ohne unsere Antwort abzuwarten, fährt er fort: »Die Handys der Kinder liegen in der Technik. Sie sind einkassiert worden, die Filme müssten jetzt gelöscht sein. Ihr könnt die Handys den Eltern wiedergeben, die Staatsanwaltschaft hat sie freigegeben.«

Die vier sehen älter aus, als wir erwartet haben. Das Mädchen trägt einen Minirock und hohe Stiefel und die Jungs tiefhängende Hosen und Kapuzenpullover. Bärbel und ich holen sie unten am Empfang ab. Eine Mutter mit hellem Mantel und hohen Schuhen streckt uns schnell die Hand entgegen und lächelt verbindlich, als wolle sie deutlich machen, dass ihr Sohn aus einem Elternhaus mit guten Manieren kommt, dass er also praktisch ganz aus Versehen in diese Sache hineingerutscht ist.

»Das ist Christian«, sagt sie und schiebt einen der Jungen in unsere Richtung. Aber der blickt kaum vom Boden auf, als er uns zunickt und »Hallo« murmelt. Die anderen Mütter und ein Vater reichen Bärbel und mir ebenfalls die Hand. Als das Mädchen uns dann auch noch die Hand reicht und sagt, dass es Laura heißt, hält uns auch einer der Jungen seine Hand hin. Ich versuche mir zu merken, dass er Tim genannt wird. Der einzige Vater in der Runde legt seinem Sprössling die Hand auf die Schulter und sagt: »Das ist Lars.« Aber auch Lars wagt es kaum, uns anzusehen.

Wir fahren mit dem Aufzug und gehen dann noch ein Stück durch den Flur, bevor wir unsere Büros erreichen. Keiner traut sich etwas zu sagen. Im Aufzug meine ich den Angstschweiß der Kinder riechen zu können, vielleicht ist es auch der der Eltern. Bärbel und ich teilen uns auf. Wir wollen mit jedem Kind einzeln sprechen, weil die Erfahrung gezeigt hat, dass das am meisten Eindruck macht. Sogenannte »Normen- und Hilfeverdeutlichende Gespräche« sollen wir durchführen, erst alleine mit den Kindern, danach mit den Eltern. Sie bekommen dann ihre Mobiltelefone wieder, die ihren Kindern abgenommen wurden. Zu mir sollen Laura und Christian kommen. Bärbel nimmt sich Tim und Lars vor. Bärbel und ich haben uns den Film im Vorfeld zusammen angesehen. Es war ein klassischer Porno, in dem zwei Erwachsene, eine Frau und ein Mann, miteinander Sex hatten, und zwar in allen denkbaren Variationen.

»Weißt du, warum du hier bist, Laura?«, beginne ich das Gespräch, als das Mädchen in meinem Büro sitzt. Ihre Mutter ist nur widerwillig im Warteraum geblieben.

»Öh ja, also der Chris hat mir ja diesen Film aufs Handy geschickt. Deswegen bin ich doch hier, oder?«

Ich sehe in ihre schwarz umrandeten Augen. Die Beine schlägt die Kleine übereinander, als wäre sie mindestens zehn Jahre älter.

»Was für einen Film hat dir der Chris denn geschickt?«, will ich wissen.

»Also da waren so zwei, die haben es miteinander gemacht«, druckst Laura herum.

»Das war ein Film, in dem eine Frau und ein Mann Sex haben,

genau. Also, ich würde Porno dazu sagen«, erkläre ich und blicke Laura dabei aufmerksam an.

»Mhm.« Das Mädchen scheint jetzt doch etwas kleinlaut zu sein.

»Pornos darf man eigentlich erst ab 18 haben. Weißt du das?«

»Joa. Also ich wusste das nicht so genau. Der Chris hat gesagt: ›Will'ste ma' welche beim Ficken sehen?‹ Und dann hat er mir das geschickt.«

»Und dann?«

»Dann hatte ich das und ich hab das dann auch mal dem Lars gezeigt.«

»Das heißt, du hast dem das auch aufs Handy geschickt?«

»Ja, weil der das unbedingt wollte«, verteidigt sich Laura.

»Und hast du sonst noch jemandem den Film geschickt?«, frage ich ernst.

»Also äh, eigentlich … nur der Anna. Aber die hat den bestimmt gleich wieder gelöscht. Die ist so ein bisschen verklemmt.«

Ich verdrehe innerlich die Augen. Ich bin genervt davon, dass so ein junges Mädchen es schon verklemmt findet, wenn man mit maximal 13 Jahren keine Lust hat, sich einen Porno anzusehen. Aber ich bleibe ruhig und sage bloß: »Den Namen von Anna musst du mir gleich noch einmal genau sagen. Weißt du eigentlich, dass es strafbar ist, pornographische Filme an Minderjährige zu schicken?«

»Ne, also das weiß ich gar nicht so richtig. Ich wusste doch auch gar nicht, dass das so ein richtiger Porno ist.«

»Ja, aber, was dachtest du denn, was das für ein Film ist?« Das würde mich jetzt echt interessieren.

»Ich weiß nicht, einfach so ein Sexfilm. Pornos sind doch eher so härtere Sachen?«

»Was denn zum Beispiel?« Ich bin richtig gespannt, was dieses Mädchen für einen Porno hält.

»Ja, so mit vielen, mit mehreren Männern und so, SM, Bondage, Gangbang, mit Lack und Leder und so.«

Mir bleibt kurz die Luft weg. Das Mädchen ist 13. Woher weiß die denn überhaupt, dass es so etwas gibt?

»Du kennst dich ja gut aus. Hast du denn schon mal so etwas gesehen?«

»Ja klar!«

»Aha, und wo?«, will ich wissen.

»Ja, also, bei der Kerstin«, sagt die Kleine selbstbewusst.

»Und wer ist Kerstin? Ist das deine Freundin?«, frage ich geduldig.

»Die Kerstin wohnt neben uns. Die ist schon 15 und ihr Bruder ist 17.«

»Ah verstehe, und von denen kennst du diese Filme?«

»Ja, also nein.« Ich kann sehen, wie es in Laura arbeitet. Sie begreift gerade, dass sie ihren Nachbarn jetzt Ärger bereiten kann. »Ne, wir haben das da gar nicht so richtig gesehen, nur mal so … Ne, die hat nur mal gesagt … Nur mal so ganz kurz und dann gleich wieder ausgemacht. Echt!«, windet sich Laura.

»Pass auf Laura, du darfst dir noch keine Pornos ansehen und deine Freundin darf das auch nicht, wenn sie erst 15 ist. Und du darfst auch keine Pornos weitergeben, also anderen aufs Handy schicken. Es gibt Gesetze, die das verbieten. Kannst du dir denken, warum das so ist?«

Laura hebt die Schultern, dann sagt sie: »Weiß nicht, vielleicht weil das irgendwie nicht so gut ist?«

»Ja, genau, weil das nicht gut ist. Du bist noch jung und vielleicht fängst du jetzt schon an, dich für Jungs zu interessieren.« Ich sehe, wie sich der Mund von Laura spöttisch kräuselt, aber ich ignoriere es und spreche weiter. »Wenn du jetzt anfängst, deine Sexualität zu entdecken, dann hast du das Recht, selbst herauszufinden, was du magst. Dabei soll dich niemand beeinflussen. Aber wenn du dir Pornos ansiehst, dann denkst du vielleicht, dass Sex genauso geht, wie du ihn in den Filmen gesehen hast. Aber das sind Pornos, und die zeigen nur eine bestimmte Variante von Sexualität. Deshalb darfst du solche Filme nicht ansehen und nicht besitzen und schon gar nicht weitergeben. Hast du das verstanden?«

Laura fummelt an dem Reißverschluss ihrer Jacke herum und nickt. Ich bin mir nicht sicher, ob sie wirklich versteht, was ich meine.

»Wer ist Kerstin?«, frage ich Lauras Mutter, nachdem ich Laura in den Warteraum gebracht habe. Das Handy ihrer Tochter habe ich der Frau schon überreicht. Jetzt hält sie es in der Hand, als wüsste sie nicht, was sie damit tun soll.

»Das ist die Tochter der Nachbarin. Laura ist da manchmal, wenn ich unterwegs bin. Die passen ab und an auf sie auf«, erklärt die Mutter. »Was ist denn mit ihr?« Ihr schwant schon, dass Kerstin vielleicht einen schlechten Einfluss auf ihre Tochter hat.

»Ihre Tochter hat gesagt, dass sie sich bei Kerstin Pornofilme ansieht.«

»Echt? Die Kerstin, die bei uns nebenan wohnt?« Die Frau wird blass. »Das wusste ich ja gar nicht.«

»Meinen Sie, Sie können mal ein Auge drauf haben, was Ihre Tochter sich da alles ansieht? Es gibt ja auch Kindersicherungen für das Internet. Damit kann man bestimmte Seiten sperren. Vielleicht können Sie das ja auch mal den Nachbarn empfehlen?«

Ich blicke Lauras Mutter forschend an. Sie stellt ihre Ellenbogen auf meinen Schreibtisch und lässt ihren Kopf in ihre Hände fallen. Als sie wieder aufblickt, sieht sie sehr, sehr müde aus.

»Ich bin alleinerziehend«, sagt sie langsam. »Unsere Nachbarn haben mir in den letzten Jahren sehr geholfen, ohne sie hätte ich nichts machen können. Sie haben immer auf Laura aufgepasst und so. Ich weiß jetzt ja gar nicht mehr, ob ich sie da noch hinschicken kann.«

»Können Sie nicht einfach mal versuchen, mit denen zu reden?«

Lauras Mutter hebt matt die Schultern.

»Ja, sicher.« Ihre Stimme klingt kehlig. »Irgendwie hab ich denen so viel zu verdanken. Ich weiß gar nicht, wie ich das sagen soll.«

»Versuchen Sie's«, rate ich ihr und gebe ihr noch eine Broschüre mit, in der beschrieben ist, wie man Kinder und Jugendliche vor Inhalten im Internet schützen kann, die nicht jugendfrei sind.

Sie tut mir leid, aber ich finde es auch alarmierend, wenn Eltern nicht wissen, was sich die Kinder im Internet oder auf DVD ansehen.

Chris ist weniger redselig als Laura. Er gibt schließlich zu, dass er den Film an Laura und an noch ein anderes Mädchen geschickt hat. Als ich ihn frage, woher er den Film hat, sagt er nur: »Weiß nicht.« Die Fransen seines Ponys hängen ihm bis zur Nase, so dass ich seine Augen kaum sehen kann. Manchmal schiebt er sie mit einer hektischen Bewegung zur Seite, aber kurz darauf rutschen sie ihm wieder ins Gesicht.

»Überleg mal genau. Das fällt dir bestimmt noch ein«, sage ich zuversichtlich und bestimmt. Ich bin mir ganz sicher, dass er weiß, woher er den Film hat.

»Ne, ich weiß echt nicht. Ich glaube, der war im Internet.«

»Ja, und da hast du dir einfach so einen Film angesehen?«

»Ja.«

»Und dann auf's Handy gezogen?«

»Mhm.«

Wieder erkläre ich, dass Pornos für Kinder oder Jugendliche unter 18 Jahren verboten sind und warum. Chris starrt die ganze Zeit auf den Boden, während ich spreche. Er lässt meine Rede über sich ergehen, aber auch bei ihm kann ich nicht erkennen, ob er versteht, was ich ihm sagen will.

»Wussten Sie denn, dass sich Ihr Sohn Pornos im Internet ansieht?«, frage ich seine Mutter, als sie bei mir im Büro sitzt. Die Frau hat bisher einen eher entspannten Eindruck auf mich gemacht, vielleicht war sie auch zerstreut. Das Handy ihres Sohnes hat sie kommentarlos in ihrer Handtasche verschwinden lassen. Mir fallen die winzigen Glitzersteine auf ihren professionell manikürten Fingernägeln auf.

»Ne, aber ehrlich gesagt, ich finde das nicht so schlimm«, sagt sie lapidar. »Ich steh ja nicht die ganze Zeit hinter ihm, wenn er im Internet ist. Das muss er ja auch selber wissen.«

»Aber Sie haben schon gesehen, was Ihr Sohn da auf dem Handy hatte?«

»Ne, hab ich nicht. Aber Sie haben doch gesagt, das war ein Porno, oder?«

»Ja, genau.«

»Also wie gesagt, ich find das nicht so schlimm. Das kann der doch ruhig sehen. Dann sieht der schon mal, wie das geht. Ist doch nicht verkehrt, oder? Ich hab mal gehört, dass Kinder sich das ansehen dürfen, wenn die Eltern das wissen.«

Ich stöhne innerlich. Pornos sind meiner Ansicht nach nicht geeignet zur Aufklärung, aber die Frau hat nicht ganz unrecht.

»Sie dürften Ihrem Sohn einen Pornofilm zeigen, wenn es zur Aufklärung dient. Dann muss er aber mindestens 14 Jahre alt sein, und wenn ich das richtig gesehen habe, ist er gerade erst 13 geworden. Außerdem dürfen Sie dabei Ihre Aufsichtspflicht nicht verletzen. Das bedeutet, dass Sie schon wissen müssen, was sich Ihr Sohn ansieht.«

»Soll ich dann mit dem die Pornos gucken?«

»Nein, Sie sollen nur wissen, was Ihr Sohn sich ansieht.«

»Wie soll ich das denn machen? Dann müsste ich ja die ganze Zeit hinter ihm stehen, wenn er am Rechner sitzt.« Die Frau, die bisher auf mich so einen entspannten Eindruck gemacht hat, wirkt jetzt plötzlich schlechtgelaunt.

»Es gibt auch Kindersicherungen fürs Internet.«

Die Frau ignoriert das einfach, ihr ist gerade etwas eingefallen. »Also mein Mann hat ja sowieso gesagt, dass er sich mit dem Chris mal einen Porno ansehen will, wenn er alt genug ist«, überlegt sie laut.

»Und finden Sie, er ist alt genug?« Ich gebe mir große Mühe, nicht zu zeigen, wie daneben ich das finde.

»Ja also, sieht ja so aus, als würde er sich schon dafür interessieren.«

Von so viel Gleichgültigkeit bin ich erst einmal geplättet. Ihr Sohn kann nicht kapieren, was er falsch gemacht hat, wenn seine Eltern der Ansicht sind, dass alles so seine Richtigkeit hat.

»Was passiert denn jetzt noch, kriegen wir eine Anzeige? Muss der Chris irgendwas machen, als Strafe, meine ich?« Christians Mutter umfasst die Henkel ihrer Handtasche, als ob sie sich schon mal auf den Aufbruch vorbereiten will. Die Steine auf ihren Fingernägeln funkeln dabei.

»Ihr Sohn hat eine Straftat begangen. Wir haben eine Anzeige geschrieben, diese Akte hier geht jetzt an die Staatsanwaltschaft und die entscheidet dann, was weiter passiert.«

»Und dann?«, fragt die Frau nun doch etwas unsicher.

Etwas in mir würde sie gerne noch eine Weile in dieser Unsicherheit lassen, ich begreife einfach nicht, dass man nicht bereit sein kann, sein Kind vor Pornographie zu schützen. Ich gebe mir einen Ruck und sage: »Normalerweise wird das Verfahren eingestellt. Ich denke, dass sie dann nichts mehr von uns hören.«

Bevor die Frau mein Büro verlässt, kläre ich Christians Mutter noch über die Funktion eines Kinderschutzes auf und drücke ihr eine Broschüre in die Hand. Sie nickt abwesend und gähnt unterdrückt.

Als ich später mit Bärbel eine Zigarette rauche, stellen wir fest, dass Lars und Tim gesagt haben, dass sie den Film noch an mindestens drei andere Kinder weitergeschickt haben. Christian hat mir noch ein anderes Mädchen genannt, der er den Film weitergeleitet hat, und Laura hat es auch noch jemand anderem geschickt.

»Pass auf, das zieht immer weitere Kreise, und nachher haben wir die ganze Schule hier sitzen«, scherzt Bärbel. Aber als sie den Satz zu Ende gesprochen hat, merkt sie, dass sie wahrscheinlich nicht weit von der Wahrheit entfernt ist mit ihrem Scherz.

2011

»Hier ist es«, Michael zeigt mit dem Finger auf das kleine Einfamilienhaus. Ich lenke den Wagen in die Einfahrt und stelle den Motor ab. Ein schmaler gepflasterter Weg führt zur Haustür, daneben ordentlich geharkter Kies, in dem ein Buchsbaum, Tulpen und Maiglöckchen stehen. Es ist halb neun Uhr morgens. Ein Nachbar steigt in seinen Wagen und guckt dabei neugierig zu uns herüber.

Ich ziehe die Jacke etwas fester um mich. Es ist schon Mitte Mai, ein bisschen frühlingshafter dürfte es schon sein. Immerhin regnet es nicht.

Gleich nachdem wir geklingelt haben, hören wir Schritte hinter der Tür. Eine kleine Frau mit dunklen Locken öffnet und blickt uns erwartungsvoll an.

»Guten Tag, ich bin Birgit Reimann vom Landeskriminalamt. Das hier ist mein Kollege Michael Schröder. Wir haben den Hinweis erhalten, dass von Ihrem Internetanschluss kinderpornographisches Material heruntergeladen wurde. Der Anschluss läuft auf Herrn Schneider, ist er zu Hause?«

Während uns die Frau noch unschlüssig anstarrt, höre ich Schritte.

»Guten Tag, mein Name ist Schneider. Was kann ich für Sie

tun?« Vor uns steht ein Mann etwa in meiner Größe. Seine Stirn ist schon sehr hoch geraten und das verbleibende braune Haupthaar nur noch mit Mühe so gekämmt, dass der obere Teil des Schädels nicht vollkommen kahl liegt. Ich stutze, irgendwie kommt mir der Mann bekannt vor. Aber ich komme absolut nicht darauf, woher. Mir fällt nicht einmal ein, ob es einen beruflichen oder einen privaten Zusammenhang gibt. Während ich mir den Kopf darüber zerbreche, wo und wann ich schon mal mit diesem Mann zu tun hatte, lächelt er mich an. Seine braunen Augen wirken nicht unfreundlich. Aber in diesem Lächeln liegt nichts Zutrauliches. Er scheint sich nicht an mich zu erinnern. Das ist mir auch erst einmal lieber so. Zumindest bis ich weiß, woher ich ihn kenne. Endlich fange ich mich wieder und erkläre Herrn Schneider, warum wir hier sind. Sein Gesichtsausdruck wird dabei deutlich ernster, aber er bleibt freundlich und sagt: »Kommen Sie erst einmal rein.«

Seine Frau reicht ihm den Durchsuchungsbeschluss, und er studiert ihn, während Michael und ich im Flur auf den sauber glänzenden Fliesen stehen und warten. Frau Schneider holt eilig die Ausweise. Eine Treppe windet sich nach oben, in die nächste Etage. Die Tür zum Wohnzimmer steht offen, ich sehe durch eine Terrassentür in einen kleinen Garten.

»Leben noch Kinder hier im Haushalt?«, frage ich in die Stille.

»Nein.« Frau Schneider scheint aufgewühlt zu sein.

Wieder Stille. Herr Schneider raschelt mit dem Papier. Schließlich räuspert er sich.

»Ja, also gut, ja. Ich habe mir da so etwas angesehen. Ja, ich weiß ja auch, dass man das nicht soll, aber dass da gleich die Polizei anrückt, das wusste ich nicht.«

»Aber Sie wissen schon, dass es verboten ist, sich kinderpornographisches Material zu beschaffen und zu besitzen und weiterzugeben?«, frage ich.

Herr Schneider windet sich. »Ja, na ja, ich dachte, das wäre nicht so schlimm.«

»Schlimm ist gar kein Ausdruck für das, was den Kindern dabei angetan wird«, entfährt es Michael. Er reagiert immer allergisch auf diese Ahnungslosigkeitsmasche. Ich finde es auch unmöglich, aber ich tröste mich damit, dass wir dazu beitragen, diesen Menschen, die

Kinderpornographie konsumieren, verbreiten und womöglich selber herstellen, das Handwerk zu legen.

Herr Schneider wird blass. »Sie haben ja recht. Ich wollte ja nicht ... Warten Sie, ich gebe Ihnen alles.« Er dreht sich um und will gerade die Treppe hochlaufen, da tritt ihm Michael in den Weg.

»Sie bleiben erst einmal hier. Sie können uns gerne sagen, wo Sie das alles aufbewahren, aber wir sehen in jedem Fall selber nach. Haben Sie das verstanden?«

Herr Schneider tritt einen Schritt von Michael zurück und nickt.

»Wo stehen Ihre Computer?«, frage ich Frau Schneider. Sie blickt nur unsicher zu ihrem Mann.

»Oben steht einer und dann ist hier unten noch einer, das ist aber der von meiner Frau.« Herr Schneider deutet auf die Wohnzimmertür.

Mit einem Blick signalisiert mir Michael, dass er oben anfängt, und geht die Treppe hoch.

»Gut, dann gucken wir mal«, wende ich mich an das Ehepaar Schneider. »Leisten Sie mir doch Gesellschaft«, fordere ich sie auf. Ich möchte sie während der Durchsuchung gerne im Blick behalten.

Nach drei Stunden fahren wir zurück zum Präsidium. Ich bin froh, dass Herr und Frau Schneider so kooperativ waren. Sie haben keinen Widerstand geleistet, und Herr Schneider hat uns sogar noch Tipps gegeben, wo wir weitere Datenträger finden können. Wir haben zwei Computer, zwei Festplatten, diverse DVDs und ein paar Speicherkarten in den Kofferraum unseres Dienstwagens geräumt.

Wilhelm sitzt mit Astrid, die uns gerade als Hospitantin unterstützt, im Auswerteraum, als wir die beschlagnahmten Datenträger dort abliefern.

Verzweifelt blickt sie zu Wilhelm.

»Müssen wir uns das auch noch alles ansehen?«

Wilhelm lächelt mild. »Ja, aber nicht alleine, die Kollegen helfen uns natürlich. Lass uns jetzt erst einmal eine Pause machen. Das war auch schon ganz schön harter Stoff.«

Auf dem Bildschirm ist ein Mädchen zu sehen, das nackt auf einen Stuhl gefesselt ist. Ich kenne das Bild schon. Es gehört zu einer ganzen Serie, die wir immer wieder zu sehen bekommen. Das Mädchen ist neun und kommt aus Belgien. Das heißt, damals war sie neun, inzwischen ist sie wahrscheinlich 20 oder so. Die belgischen Kollegen haben ihren Peiniger vor ein paar Jahren geschnappt. Ich versuche mir nicht vorzustellen, was für ein Leben das Mädchen heute führt. Wilhelm schaltet den Bildschirm ab.

»Kommt ihr mit rauchen?«, fragt er in die Runde.

Ein Tag später. »Dann mal los«, sagt Bärbel lahm. Wir haben beide keine große Lust, uns wieder in den Auswerteraum zu setzen. Aber es hilft nichts, das Material, das wir gestern beschlagnahmt haben, muss so schnell es geht ausgewertet werden. Wir kommen gerade von einer Rauchpause, bereits eine Stunde haben wir uns durch etliche pornographische Bilder geklickt. Dort wo der Stapel für deliktisches Material entstehen soll, liegt erst eine DVD. Auf der waren ausschließlich Bilder, die wir schon kannten, zum Glück kein neues Material. Ich greife mir eine neue DVD von der Spindel und schiebe sie in den Rechner. Ein Amateurvideo, das sehe ich gleich. Die Kamera zeigt wackelnd einen Schrank und richtet sich dann auf den Boden. Dort liegt auf einer Decke ein Säugling, ein winziges Würmchen, das noch ganz unkoordiniert mit den Ärmchen und Beinchen herumwedelt. Es ist nackt. In mir verkrampft sich etwas. Bitte nicht, denke ich. Ich habe schon einmal sehen müssen, wie ein Baby missbraucht wurde. Und das war schrecklich. Ich habe zwar einen Weg gefunden, damit umzugehen, aber so etwas sehe ich mir nicht gerne an. Und dieses Baby hier ist vielleicht noch ein bisschen kleiner und jünger. Ich halte den Atem an, während ich zusehe, wie die Kamera näher an das Kleine heranzoomt. Es ist ein Mädchen, sein Geschlecht ist jetzt in Nahaufnahme zu sehen. Die Kleine strampelt. Endlich sieht man wieder den ganzen Körper des Babys. Die Tonqualität des Videos ist schlecht, ich höre nur ein leises Rascheln und Rauschen. Daran, wie die Kleine das Gesicht verzieht, kann ich erkennen, dass sie weint. Und dann höre ich ein regelmäßiges, pulsierendes Geräusch. Die Kamera wird ganz nah vor das Gesicht des Babys gehalten. Sein Mund ist weit geöffnet, die Augen geschlossen, einmal öffnen sie sich zu schmalen Schlitzen. Irgendetwas ist komisch am rechten Auge des Mädchens, ein großer, dunkler Fleck, der knapp über dem Auge beginnt und bis zur Schläfe reicht, ein Hämatom vermute ich. Ich nehme es ins Protokoll auf und mag mir gar nicht vorstellen, wie sie dazu gekommen ist. Das Weinen des Babys wird kräftiger. Jetzt schreit das Kleine aus Leibeskräften. Dann erscheint eine Hand im Bild, von der man annehmen kann, dass es die Hand desjenigen ist, der filmt, und legt sich auf das Gesicht der Kleinen. Ich kann sehen, wie es mit den Armen durch die Luft wedelt. Es ist eine stark beharrte Hand mit kurzen, kräftigen Fingern. Ich starre auf diese Hand und denke die ganze Zeit, mein Gott, diese Hand muss da weg, das Kind kriegt ja keine Luft mehr. Die Weingeräusche des Babys sind nicht mehr zu hören. Mein Herz beginnt schneller zu schlagen. Diese Hand muss da weg. Endlich verschwindet sie. Die Kleine ringt sofort nach Luft und schreit wieder. Diesmal lauter und nicht mehr so gleichmäßig. Ich puste die Luft raus und merke, dass ich selbst die ganze Zeit über nicht geatmet habe. Aber schon erscheint die Hand wieder im Bild und drückt sich auf das Gesicht der Kleinen. Ich kann sehen, wie die Ärmchen und Beinchen durch die Luft schlagen. Das Kind muss Todesangst haben.

»Mein Gott, das ist ja furchtbar«, flüstert Bärbel hinter mir. »Was soll das denn?« Sie starrt auf meinen Bildschirm und spricht mir aus der Seele. Ich verstehe auch nicht, was das soll.

Als der Film zu Ende ist, starren Bärbel und ich noch eine Weile auf den schwarzen Bildschirm. Dann notiere ich. Straftatbestand: sadistisches Quälen eines Säuglings. Opfer: weiblich, circa 2 Monate. Nicht identifiziert. Täter: vermutlich männlich, nicht identifiziert.

Ich schütze mit der Hand die Flamme, als Bärbel mir Feuer gibt.

»O Mann, kranke Sachen gibt's«, sagt sie, nachdem sie tief inhaliert hat.

Ich nicke und lege den Kopf in den Nacken. Etwas ist nicht gut. Ich begreife einfach nicht, warum dieser Mann das Kind gequält hat. Ich begreife nicht, was er davon hat. Die Zigarette schmeckt ekelhaft. Ich nehme einen tiefen Zug und denke, dass ich weniger rauchen sollte. Ich hatte mit einem sexuellen Missbrauch gerechnet, darauf bin ich hier quasi immer eingestellt. Ich habe meine Strategien, damit fertig zu werden. Aber für das, was ich gerade gesehen habe, fehlen mir die Worte

»Na, wollen wir weitermachen? Kannst du noch?«
Ich hebe schlaff die Schultern. »Ich weiß nicht. Okay.«

Die Luft im Auswerteraum kam mir noch nie so schlecht vor. Ich gehe auf direktem Weg zum Fenster und reiße es auf.

»So schlimm?«, fragt Bärbel.

»Hier ist einfach schlechte Luft drin«, entgegne ich etwas schroffer, als ich eigentlich wollte.

Ich setze mich vor den Bildschirm und springe gleich wieder auf.

»Ich mach noch schnell Kaffee. Willst du auch?«

»Gerne.« Bärbel hat ihren Bildschirm schon eingeschaltet und schiebt bereits die nächste DVD ein.

Ich nehme mir Zeit zum Kaffeekochen. Aber irgendwann ist er fertig, und es gibt keinen Grund mehr für mich, nicht in den Auswerteraum zurückzugehen.

»Bua! Guck mal!«, Bärbel schüttelt sich. Auf ihrem Bildschirm sehe ich Herrn Schneider beim Geschlechtsverkehr mit einer Frau. Sein stattlicher Bauch wippt dabei so mit, dass einem die Partnerin fast leidtun kann. »Sieht nicht aus, als wäre das seine Frau, oder?«

Jetzt muss ich doch grinsen. Wie der gute Herr Schneider sich da im Schnelldurchlauf vor der Kamera abmüht, ist irgendwie grotesk. Die Frau bei ihm ist eindeutig nicht die Frau, die wir bei der Hausdurchsuchung angetroffen haben. Diese hier ist blond und deutlich jünger. Herrn Schneiders dunkle Augen blicken starr in die Kamera. Mir ist noch immer nicht eingefallen, woher ich den Mann kenne.

»Dann hoffen wir mal für seine Frau, dass es ein altes Video ist«, erwidere ich, setze mich an meinen Platz und lege die nächste DVD ein.

Auf meinem Bildschirm erscheint ein nacktes Kleinkind. Wieder ein Mädchen, etwa ein Jahr alt. Es kann noch nicht laufen. Als die Kleine die Kamera bemerkt, oder besser, die Person, die filmt, krabbelt sie so schnell sie kann weg. Diesmal ist der Ton besser. Ich höre das Mädchen kreischen. Vielleicht vor Vergnügen, für mich hört es sich aber eher nach Angst an. Das Mädchen ist an einer Wand angelangt, es kann nicht mehr weg. Die Kamera geht ganz nah an sein Gesicht, und ich sehe den Fleck über seinem rechten Auge. Offenbar handelt es sich um das gleiche Kind wie im letzten Film. Bei dem Fleck handelt es sich also um ein Muttermal oder etwas in der Art und nicht um ein Hämatom. Das Mädchen schreit und haut in Richtung der Kamera. Wieder erscheint eine Männerhand im Bild. Ich halte den Atem an. Bitte nicht noch mal, denke ich. Die Hand greift nach den Ärmchen und hält es fest. Im nächsten Moment sieht man die Hand über die Wange des Mädchens streicheln, aber das schreit und versucht, die Hand irgendwie wegzuschieben. Dann legt sich die Hand über das Gesicht des Mädchens. Ich weiß, dass ich hinsehen muss, weil das ja Beweismaterial ist, das protokolliert werden muss, aber ich schließe die Augen und am liebsten würde ich mir auch noch die Ohren zuhalten. Denn das verzweifelte Schnaufen und Röcheln des Kindes geht mir durch Mark und Bein. Als ich die Augen wieder öffne, hat die Hand von dem Mädchen abgelassen. Es sitzt gegen die Wand gelehnt und schnappt nach Luft. Ich atme auf. »Mama!«, jammert das Mädchen im Film, wieder taucht diese Hand auf. Wieder schließe ich die Augen, nur kurz, ich kann nicht anders. Dann sehe ich erneut hin, fassungslos darüber, was dort passiert. Ich höre das Mädchen schnaufend nach Luft schnappen, dann weint es laut und anklagend.

Ich schiele zu Bärbel. Auf ihrem Bildschirm sehe ich Bilder von einem nackten Mädchen in allen möglichen Positionen. Ich kenne die Serie. Das Mädchen war zwölf, als es aufgenommen wurde. Diese Bilder wären mir jetzt lieber als das, was ich mir jetzt ansehen muss. Ich schüttle den Kopf über diesen Gedanken und blicke wieder vor mich, wo die Männerhand dem Mädchen einen Lutscher hinhält. Das schreit noch immer besinnungslos.

»Was ist das denn? Schon wieder so ein Kranker?«, fragt Bärbel ehrlich erschüttert. Sie steht hinter mir und hat zumindest das Ende des Films mit angesehen. »Ist das etwa der Gleiche?«

»Das Mädchen schon. Bei dem Täter kann ich das nicht so ganz sicher sagen. Die Hand sieht zumindest gleich aus«, sage ich. Meine Stimme hört sich komisch an.

»Kann das Herr Schneider sein?«

»Möglich, ich weiß es aber nicht. Bisher habe ich nur eine Hand gesehen.«

268

Wir finden noch zwei Filme von dem Mädchen mit dem Fleck über dem Auge. Immer wird sie von demjenigen, der die Kamera hält, sadistisch gequält. Immer wieder taucht diese behaarte Hand mit den kurzen kräftigen Fingern auf. Danach kriegt sie etwas geschenkt, einen Lutscher oder ein Bonbon. Meistens ist das Mädchen nackt oder nur mit einer Windel bekleidet, insofern ist ein sexuelles Motiv naheliegend, aber man sieht keine konkreten sexuellen Handlungen.

»Lass uns Schluss machen. Ich hab genug für heute.«

Ich habe Kopfschmerzen und ich bin müde. Ich will mir heute keinen einzigen Film mehr ansehen.

»Ja, ich mag auch nicht mehr. Das ist ja echt abartig«, schimpft Bärbel.

Wir rauchen schweigend. Zum Glück kommt keiner vorbei. Ich habe jetzt keine Lust auf Small Talk. Wieder im Büro zurück, hefte ich die Blätter, auf denen ich die Filme und Bilder dokumentiert habe, in den Ordner für den Fall Schneider. Ich schließe den Ordner und stelle ihn in den Aktenschrank. Dann greife ich mir meine Tasche und meine Jacke und schließe die Bürotür von außen ab. An Tagen wie diesen mache ich das sehr bewusst. Der Fall soll hier in dem Ordner im Aktenschrank in meinem Büro bleiben. Nichts davon soll diese Räume verlassen. Bei mir zu Hause will ich keinen Gedanken an meine Arbeit verschwenden. Normalerweise funktioniert das auch sehr gut, spätestens, wenn ich das Gebäude verlasse, liegt der Fall hinter mir. Aber heute ist das irgendwie anders. Mein Kopf dröhnt und auch sonst fühle ich mich nicht gut. Vielleicht werde ich einfach krank, denke ich, als ich im Wagen sitze und das Gelände der Polizei verlasse. Ich schalte das Radio ein, aber das Gebrabbel geht mir auf die Nerven, deshalb stelle ich es gleich wieder ab. Wie kann man nur so grausam sein? Wie kann man ein wehrloses Baby so quälen? Was wohl aus dem Kind geworden ist? Wir müssen unbedingt herausbekommen, wer das ist. Ob es immer noch von seinem Peiniger gequält wird? Ich schüttle den Kopf. Ich habe Feierabend, jetzt wird nicht an die Arbeit gedacht und schon gar nicht an so einen unschönen Fall.

Am Abend sitze ich auf dem Sofa und starre auf den Fernseher.
»Was guckst du denn da?«, fragt mein Mann belustigt.
»Ich weiß nicht. Ich glaube, das ist eine Krankenhausserie«, murmle ich. Mir ist völlig egal, was ich mir ansehe, Hauptsache es bringt mich auf andere Gedanken.
»Guckst du während der Arbeit nicht genug Filmchen?«, grinst er. Von den Filmen, die ich heute sehen musste, weiß er nichts.
»Nein!« Das war etwas heftiger, als ich eigentlich wollte. Ich will mich hier jetzt einfach nur berieseln lassen und nicht nachdenken.

Nachts. Irgendetwas hat mich aufgeweckt. Ich lausche in die Dunkelheit, aber ich höre nur das gleichmäßige Atmen meines Mannes. Und das Schnaufen des Hundes. Meine Kopfschmerzen haben sich etwas gelegt, es pocht nur noch leicht in den Schläfen. Leise stehe ich auf und gehe rüber in das Zimmer meines Sohnes. Er liegt auf dem Bauch. Seine Bettdecke liegt neben dem Bett. Ich hebe sie auf und decke ihn zu, wie ich das früher oft getan habe. Inzwischen ist er sechzehn, da mache ich das eigentlich nicht mehr.

Leise schleiche ich in die Küche und trinke ein Glas Wasser. Es ist halb vier, und ich bin hellwach. Ich kontrolliere, ob die Haustür abgeschlossen ist, obwohl ich eigentlich genau weiß, dass ich das am Abend nicht vergessen habe. Langsam gehe ich wieder ins Bett und starre in die Dunkelheit. Und ohne, dass ich etwas dagegen tun kann, sehe ich den aufgerissenen Mund des Babys und die Männerhand, die sich fest darüberlegt. Ich schüttle den Kopf, um die Bilder zu vertreiben. Sie gehören absolut nicht hierher. Vergeblich versuche ich, mir etwas Schönes vorzustellen, eine Fahrt auf dem Motorrad zum Beispiel. Ich denke an den Fahrtwind und das Gefühl, mit der Hand am Gasgriff zu drehen. Aber sobald meine Konzentration nur ein bisschen nachlässt, sind meine Gedanken wieder bei dem Fall Schneider. Hat er das Mädchen misshandelt? Wie kriegen wir heraus, wer das Mädchen ist? Wie kriegen wir den Täter? Und warum kommt mir Herr Schneider so bekannt vor? Irgendwann habe ich schon mal mit ihm geredet, aber während der Arbeit war es wohl nicht. Zumindest habe ich dafür keine Anhaltspunkte gefunden. Oder bilde ich mir das alles nur ein?

Als der Wecker klingelt, muss ich gerade eingeschlafen sein. Ich fühle mich bleischwer, meine Augen wollen unbedingt noch eine Weile zubleiben, und mein Kopf macht den Eindruck, als wäre Watte darumgewickelt.

Eine Woche später. Der Auswerteraum ist voll. Gestern Abend gab es ein Länderspiel, Deutschland hat gegen irgendein Land gespielt, welches, habe ich vergessen. Michael will Wilhelm ein Tor aus dem Spiel zeigen, das er für legendär hält. Bärbel, Susanne und ich sitzen vor den Bildschirmen und sehen uns mal wieder Material von Herrn Schneider an. Ich fühle mich seit Tagen schlapp und übelgelaunt. Ich schlafe schlecht, und wenn ich nachts wach liege, muss ich oft an den Fall Schneider denken. Das ist nicht gut, aber ich hoffe, dass es bald vorbeigeht. Spätestens, wenn wir herausgefunden haben, wer das kleine Mädchen in dem Film ist und wer es gequält hat. So lange muss ich durchhalten.

Der Stapel mit den nicht angesehenen DVDs ist inzwischen deutlich geschrumpft. Vielleicht werden wir diese Woche fertig, wir haben einiges gefunden. Bisher können wir Herrn Schneider den Besitz und Erwerb von kinderpornographischem Material nachweisen. Ob er selbst auch deliktische Filme oder Bilder weitergegeben hat, wird derzeit noch geprüft. Es ist aber wahrscheinlich. Die Täter, die Kinderpornos erwerben, geben in der Regel auch selbst Filme und Bilder weiter. Wir erwarten noch den Bericht der Firma, die die beschlagnahmten Computer untersucht. Außerdem versuchen wir herauszubekommen, wer das misshandelte Mädchen mit dem dunklen Fleck über dem rechten Auge ist. Den Täter suchen wir natürlich auch. Aber das ist schwierig, weil wir nur wenige Anhaltspunkte haben. Das Mädchen und sein Peiniger können prinzipiell auch aus einem anderen Bundesland kommen. Zum Glück hat das Mädchen ein so markantes Muttermal im Gesicht, das dürfte uns bei der Suche helfen.

Während Michael noch die richtige Stelle in dem Spiel sucht und dabei erklärt, warum das Tor so einzigartig ist, sehe ich einen Dokumentarfilm über einen afrikanischen Nationalpark aus der Videothek von Herrn Schneider.

271

»Jetzt«, ruft Michael.

Ich drehe meinen Bürostuhl so, dass ich den Bildschirm mit dem Fußballspiel im Blick habe.

»Guck mal hier!« Michael ist ganz aufgeregt. »Guck mal! Wie der jetzt von hinten kommt. Und dann … Kopfball und direkt ins Tor.«

Es sieht tatsächlich beeindruckend aus, wie der Spieler von hinten vorgeprescht kommt und den Ball ins Tor befördert, als wäre es die einfachste Sache der Welt.

»Habt ihr das gesehen?« Michael ist noch immer ganz begeistert. Sein Blick wandert von einem zum anderen, wie um sicher zu sein, dass auch jeder das Tor gesehen hat.

»Noch mal?«

Bevor einer von uns etwas sagen kann, spult Michael zurück. »Das muss man eigentlich mehrmals gesehen haben, um es richtig zu verstehen«, murmelt er.

Ich schiele kurz auf meinen Rechner, um mich zu vergewissern, dass der Dokumentarfilm noch läuft. Aber statt imposante Naturbilder sehe ich einen kleinen Jungen. Er liegt da, als ob er schlafen würde, und er ist nackt. Offenbar hat jemand diesen Film in der Dokumentation versteckt.

»Scheiße!«, entfährt es mir. Und ich denke: Bitte nicht schon wieder.

»Was …?« Michaels Stimme klingt etwas ungehalten. Aber als er sieht, was sich vor mir auf dem Bildschirm abspielt, verstummt er.

Ich versuche das Alter des Jungen zu schätzen: 12 Monate, höchstens 18, jedenfalls noch ein Kleinkind. Er liegt auf dem Rücken, die Augen sind geschlossen, er scheint tatsächlich zu schlafen.

»Hier, das ist bei dem Schneider zu Hause. Dieses komische Muster auf dem Teppich, das ist oben bei denen, wo die ihr Gästezimmer haben«, ruft Michael.

Die Kamera ruckelt ein bisschen, dann kommt ein Mann ins Bild und hält sein Gesicht direkt in die Kamera: braunes schütteres Haar, dunkle Augen in einem blassen Gesicht, eindeutig Herr Schneider.

»Collin«, sagt er, als würde er einem imaginären Publikum etwas ganz Besonderes präsentieren.

Ich halte den Atem an.

Als er sich entfernt und auf das Kind zugeht, sehe ich, dass auch

272

er nackt ist. Es ist ganz still im Auswerteraum. Keiner sagt ein Wort. Ich würde jetzt gerne rausgehen, rauchen gehen oder Kaffee kochen. Ich möchte das hier einfach nicht sehen. Nicht schon wieder ein röchelndes wehrloses Kleinkind, das sinnlos gequält wird. Ich zwinge mich sitzenzubleiben, und bin froh, dass ich mir das wenigstens nicht alleine ansehen muss. Herr Schneider kniet sich vor das Kind. Ich schließe für einen Moment die Augen.

Der Film dauert sechs Minuten. Als der Bildschirm endlich wieder schwarz ist, massiere ich minutenlang meine Schläfen, als könnte ich so die Bilder aus meinem Kopf vertreiben. Das Kind lag da, als ob es schlafen würde. Offensichtlich hat es nichts mitbekommen. Es hat nicht geröchelt und um Luft gerungen. Ich hoffe nur, dass keine Medikamente im Spiel waren.

Ich notiere: sexuelle Handlung an einem Kind mit unmittelbarem Körperkontakt. Straftatbestand: dokumentierter sexueller Missbrauch eines Kindes, Opfer: männlich, circa 15 Monate alt, nicht identifiziert; Täter: männlich, eindeutig identifiziert.

»Lass uns jetzt gleich hinfahren«, sagt Michael entschlossen.

Ich bin froh, hier herauszukommen. Ich will keine Bilder und Filme mehr sehen. Ich habe einfach genug.

Einige Minuten später sitzen wir im Dienstwagen. Die P6 sitzt nach Vorschrift im Holster. Ich suche das mobile Blaulicht und befestige es am Dach, bevor ich die Beifahrertür schließe. Die ganze Fahrt über reden wir kein Wort. Hin und wieder schalte ich das Martinshorn ein, wenn an einer Kreuzung jemand im Weg steht, ansonsten ist es ruhig im Wagen. Michael blickt entschlossen auf die Straße. Ich habe das schon öfter bei ihm gesehen. Wenn er so einen Ausdruck im Gesicht hat, dann ist er richtig sauer. Schwungvoll lenkt er den Wagen in die Einfahrt. Kies knirscht unter den Reifen. Als wir aussteigen, sehe ich, dass er dabei ein paar der ordentlich gepflanzten Tulpen überfahren hat.

Frau Schneider öffnet uns wieder die Tür, aber bevor sie etwas sagen kann, drängt sich Michael an ihr vorbei. Als ich dann auch im Flur bin, steht Herr Schneider schon mit dem Gesicht zur Wand und wird von Michael durchsucht. Während Michael ihm erklärt, dass er vorläufig festgenommen ist, weil der dringende Tatverdacht besteht, dass er sich des sexuellen Missbrauchs an mindestens einem Kind schuldig gemacht hat, klicken die Handschellen. Ich bin mir nicht ganz sicher, ob wir die in Herrn Schneiders Fall wirklich brauchen, sicherer ist es auf jeden Fall. Frau Schneider steht stumm daneben.

»Wer ist Collin?«, frage ich sie.

Irritiert blickt sie von mir zu ihrem Mann, der ihren Blick nicht erwidern kann, weil er es offenbar noch nicht wagt, den Kopf von der Wand wegzudrehen.

»Ich weiß nicht …«

Ich sehe, wie es in ihr arbeitet.

»Frau Schneider, wir bekommen es ohnehin heraus. Wenn sie uns jetzt den Namen sagen, hat das für Sie nur Vorteile. Sie machen sich sonst mitschuldig«, sage ich eindringlich.

»Äh ja, ich überlege ja noch. Das ist doch der Kleine von unseren Nachbarn, also nicht von den direkten Nachbarn, sondern zwei Häuser weiter.« Frau Schneider spricht hastig.

»Und war der schon mal hier?«

»Äh … ja, also wir haben mal aufgepasst, als die Mutter zum Arzt musste. Stimmt doch, oder?«

Herr Schneider brummt etwas, was wir nicht verstehen können.

Ich lasse mir die Adresse der Eltern geben, dann rufe ich Susanne an.

»Ich fahre gleich mit Bärbel hin«, sagt sie.

Frau Schneider sieht plötzlich etwas verloren aus in ihrem Flur mit den sauberen Fliesen. Dann setzt sie sich auf die unterste Stufe der Treppe und legt die Hände in den Schoß.

Als wir mit Herrn Schneider das Haus verlassen, sitzt sie immer noch dort. Wie verabschiedet man sich von einem Mann, dem so etwas vorgeworfen wird?

»Bis bald«, ruft Herr Schneider, als wir schon beinahe draußen sind.

Ich höre sie noch ganz leise »Tschüs« sagen, bevor die Tür ins Schloss fällt.

Wir werden Herrn Schneider jetzt so schnell wie möglich, innerhalb von 24 Stunden, dem Haftrichter vorführen. Wenn der beschließt, dass wir Herrn Schneider weiterhin festhalten dürfen, wovon ich stark ausgehe, dann kommt Herr Schneider in Untersuchungshaft.

Im Vernehmungszimmer sitzt er dann ordentlich auf seinem Stuhl. Er zeigt sich kooperativ und bleibt höflich. Er hätte eine Vernehmung auch verweigern können. Seine Hände liegen vor ihm auf dem Tisch. Behaarte Hände mit kurzen, kräftigen Fingern. Ich muss an die Filme mit dem Baby denken. Diese Hände könnten gut zu dem Täter gehören, der das Kind gequält hat, aber hundertprozentig sicher bin ich nicht. Ich blicke dem Mann ins Gesicht, er starrt aus dunklen Augen zurück. Dann lächelt er unvermittelt, eigentlich ist es ein freundliches Lächeln, aber ich wende den Blick ab. Ich mag keine Vertraulichkeiten mit diesem Mann. Herr Schneider gibt zu, dass er Collin begrapscht und dabei gefilmt hat.

»Das war aber nicht schlimm für den«, beteuert er. »Der hat ja geschlafen. Mehr hab ich nicht gemacht. Ehrlich!«

Er streitet auch ab, dem Kind etwas gegeben zu haben, damit es schläft. »Ich hab sofort aufgehört, als der aufgewacht ist. Ich wüsste ja auch gar nicht, was ich dem geben soll.«

Ich ertappe mich dabei, dass ich ihn anstarre, weil ich versuche, mir vorzustellen, was in so einem Menschen vorgeht. Die Quälerei an dem Mädchen streitet er ebenfalls ab. So als wüsste er, dass wir zu wenig Anhaltspunkte haben, um ihm diese Tat nachzuweisen.

Nach einer Stunde verlasse ich den Raum und rufe Susanne an.

»Ja, Collin ist mit ziemlicher Sicherheit der Junge aus dem Film. Wir haben hier die Decke gefunden, die mit im Bild war.«

Ich atme auf.

Nach drei Stunden ist die Vernehmung zu Ende. Mir ist kalt. Jetzt erst merke ich, dass ich geschwitzt habe während des Gesprächs. Michael fährt sich müde über das Gesicht. Bevor wir nach Hause gehen können, müssen wir die Akte für den Haftrichter fertigstellen. Erst als mein Magen rumort, fällt mir ein, dass ich seit heute Morgen nichts mehr gegessen habe. Michael macht netterweise das Protokoll der Vernehmung zu Ende, während ich die letzten Protokolle der deliktischen Filme in den Ordner hefte. Bärbel hat mir noch ein Protokoll, das sie angefertigt hat, ins Büro gelegt.

Mir fallen wieder die Hände von Herrn Schneider ein. Und plötzlich bin ich mir ganz sicher, dass er das war – und dann wiederum kann ich es nicht glauben. Wie kann jemand überhaupt so etwas tun?

»Fertig?«

Michael steht in der Tür meines Büros und sieht mich an. Offenbar habe ich sein Klopfen nicht gehört. Ich werfe einen Blick auf die Uhr, 16:33. Als ich das letzte Mal nachgesehen habe, war es 16 Uhr. Ich muss hier seit einer halben Stunde gesessen und auf den Ordner gestarrt haben. Eigentlich hätte ich Michael die Akte längst vorbeibringen sollen, damit wir sie vervollständigen können, um sie heute Abend noch dem Haftrichter zukommen zu lassen.

»Alles klar? Ich hab auf dich gewartet«, fragt er besorgt.

»Ja klar!«, sage ich ein bisschen zu laut.

»Schon wieder eine Krankenhausserie?«, fragt mein Mann.

Ich nicke, ohne meinen Blick vom Fernseher zu wenden. Seitdem ich die Misshandlung des kleinen Mädchens gesehen habe, habe ich nach der Arbeit zu nichts anderes mehr Lust, als fernzusehen. Möglichst seichte Unterhaltung. Ich will meinen Gedanken einfach keinen freien Lauf lassen, sie enden sonst immer wieder bei den Fragen: Wie kann so etwas sein? Wie kann man so etwas tun? Was kann ich tun, um dem ein Ende zu machen? Kann Herr Schneider wirklich der Peiniger des Kindes sein? Im Verhör hat er behauptet, dass er die Filme aus dem Internet hat. Er weiß nicht mehr, von wem. Die Frau sagt auch, dass sie das Mädchen nicht kennt. Die Kollegen befragen jetzt die Nachbarschaft. Ein Mädchen mit so einem Mal über dem Auge fällt ja auf.

»Ist es denn interessant?«, reißt mich mein Mann aus meinen Gedanken.

»Was?«

»Der Film?«

Ehrlich gesagt, weiß ich schon gar nicht mehr, was gerade passiert ist. Genervt schalte ich den Fernseher aus. Obwohl ich hundemüde bin, mag ich nicht ins Bett, denn da geht das Gedankenkarussell gleich wieder los.

»Alles klar bei dir?«, fragt mein Mann jetzt auch noch.

276

»Ne, ja, das geht schon vorbei. Ist gerade ein bisschen viel. Und dann schlafe ich auch noch schlecht.« Ich sage das schnell. Es wird ja sicher bald wieder besser, denke ich mir.

Als er mich unvermittelt in den Arm nimmt, wird mir plötzlich eng im Hals. Mein erster Impuls ist, mich aus der Umarmung zu lösen, damit nicht alles noch schlimmer wird, aber dann lehne ich meinen Kopf an seine Schulter, und bevor ich etwas dagegen tun kann, werden meine Augen feucht und dann rollt eine Träne und dann noch eine über meine Wangen. Es lässt sich nicht mehr aufhalten, es werden immer mehr. Mein ganzer Körper schüttelt sich bei jedem Schluchzer. Es fühlt sich an, als könnte ich gar nicht genug weinen. Alles ist düster und schwer, und ich weiß gar nicht, wie es wieder gut werden soll.

Als ich endlich im Bett liege, schlafe ich auf der Stelle ein. Ich fühle mich so schwach und zerbrechlich, dass ich mir nicht vorstellen kann, morgen wieder aufzustehen und normal zur Arbeit zu fahren.

Es ist fünf, als ich wieder aufwache. Und plötzlich weiß ich, woher ich Herrn Schneider kenne. So, als hätte mich die Erkenntnis aufgeweckt. Herr Schneider hat früher hier im Supermarkt gearbeitet. Vielleicht war er Filialleiter, ich weiß es nicht mehr. Er lief immer durch die Gänge. Ich erinnere mich an eine Situation, bei der ich mit dem Kinderwagen unterwegs war, es ist also schon sehr lange her. Ich habe ihn gefragt, wo die Babykost steht, und ich weiß noch, dass er mir da sehr freundlich weitergeholfen hat. Ich erinnere mich plötzlich an diese dunklen Augen in dem relativ blassen Gesicht und an das braune Haar, vielleicht war es damals noch etwas voller. Er trug einen weißen Kittel, wie alle Mitarbeiter des Supermarktes, deshalb konnte ich ihn überhaupt nicht einordnen.

Wieder schlafe ich erst kurz bevor der Wecker klingelt ein. Ich halte die Augen geschlossen.

»Musst du nicht aufstehen?«, fragt mein Mann nach einer Weile.

»Doch.«

»Schalt wenigstens den Wecker aus«, grunzt er.

Wenn ich etwas bei der Polizei gelernt habe, dann einfach zu funktionieren. Ich schwinge die Beine aus dem Bett und stehe auf, obwohl sich mein ganzer Körper wie Pudding anfühlt. Nach dem Ausbruch gestern Abend fühle ich mich noch schwächer. Noch immer habe ich keine Ahnung, wie ich den Tag heute überstehen soll. Aber ich weiß, ich werde ihn überstehen. Einfach weitermachen, sage ich zu mir. Es ist ja nicht das erste Mal, dass du hundemüde zur Arbeit gehst. Ich habe fünfzehn Jahre Schichtdienst hinter mir, da lässt sich das nicht vermeiden.

Ich dusche, ich koche Kaffee, ich füttere den Hund, so wie jeden Morgen. Ein bisschen wackelig bin ich auf den Beinen, aber es geht. Ich kann alles machen. Am Wochenende, nehme ich mir vor, da werde ich mich mal richtig ausruhen.

»Willst du heute nicht lieber mal zu Hause bleiben?«

»Was?« Ich starre meinen Mann an, der im Türrahmen steht und mich besorgt ansieht.

»Ich meine nur, du siehst so aus, als könntest du mal eine kleine Pause vertragen.«

»Ne, geht schon.« Aus irgendeinem Grund füllen sich meine Augen wieder mit Tränen. Wenn ich jetzt schwach werde, bricht alles über mir zusammen, denke ich und schlucke hart. »Ne, echt. Ist, glaube ich, besser, wenn ich hingehe. Hier fällt mir nur die Decke auf den Kopf.« Ich weiche seinem Blick aus, ziehe schnell die Jacke über und dränge mich an ihm vorbei.

»Wenn du meinst …«, sagt er zweifelnd.

Eine Stunde später sitze ich mit den Kollegen beim Frühstück. Mein Wurstbrötchen liegt angenagt vor mir. Den ersten Bissen schiebe ich immer noch in meinem Mund hin und her. Er fühlt sich trocken an und widerspenstig. Ich habe Mühe, ihn hinunterzuschlucken. Müde starre ich auf meinen Teller. Als ich aufblicke, begegne ich dem besorgten Blick von Bärbel. Ich bemühe mich um ein aufmunterndes Lächeln, aber ich merke, dass mir das nicht gelingt.

»Alles in Ordnung, Birgit?«

Jetzt gucken mich alle an. Na toll, das hat mir gerade noch gefehlt.

»Wenn du's genau wissen willst: Mir geht's Scheiße!« Das kam viel unfreundlicher heraus, als ich wollte. Bärbels Frage war ja nur nett gemeint. Ich spüre wieder, dass es eng wird in meiner Kehle. Jetzt bloß nicht weinen. Denn wenn ich jetzt anfange, dann endet das so wie gestern. Dann kann ich nicht mehr aufhören, und hier vor den Kollegen möchte ich so einen Zusammenbruch auf keinen Fall.

In dem Moment kommt Klaus zur Tür rein. Ich atme auf.

»Ich habe gerade mit den Kollegen telefoniert, deshalb bin ich später dran. Wir wissen, wer das misshandelte Mädchen ist, das auf den Filmen von Herrn Schneider war.«

»Und?«, fragt Michael. Ich bin froh, dass sich plötzlich niemand mehr für meine Befindlichkeiten interessiert, und ich bin froh, dass wir das Mädchen endlich identifiziert haben.

»Es ist die Tochter einer Freundin von Frau Schneider.«

»Ach was? Dann kennt sie das Opfer also auch.« Susanne ist entrüstet.

»Sie heißt Selina. Hier ist die Adresse.« Er wedelt mit einem Zettel in der Luft herum. »Birgit, Bärbel, fahrt ihr hin?«

Ich nicke automatisch und greife nach dem Zettel. Bärbel sieht mich zweifelnd an. Ich ignoriere ihren Blick.

Eine schmale Frau mit etwas verhärmtem Gesicht öffnet die Tür. Ich stelle uns vor und frage, ob sie die Mutter von Selina sei. Das alles kann ich im Schlaf abspulen.

»Selina ist im Kindergarten«, sagt die Frau müde und sieht für einen Moment aus wie eine alte Frau. Ich erkläre ihr, dass wir uns um Fälle kümmern, in denen es um Kinderpornographie geht, und dass wir glauben, dass ihre Tochter Opfer eines Missbrauchs wurde. Selinas Mutter starrt uns an.

»Kinderpornographie?«

»Können wir ein Bild von Ihrer Tochter sehen?«, fragt Bärbel.

»Warten Sie mal.« Sie wirft uns noch einen verwirrten Blick zu, als sie in einem der Zimmer verschwindet. Die Tür hat sie offen gelassen. Wir blicken in einen engen Flur. An der Garderobe baumelt eine orangefarbene Kinderjacke. Das Foto, das Selinas Mutter uns dann hinhält, zeigt ein etwa vierjähriges Mädchen mit dem unverkennbaren Fleck über dem Auge. Sie hat das Gesicht zu einem Lächeln verzogen, aber sie sieht irgendwie nicht froh aus. Das Mädchen tut mir unendlich leid.

Ich frage, ob sie Herrn Schneider kenne.

279

»Ja, das ist der Mann von einer Freundin. Der hat mir immer geholfen«, erklärt die Frau unsicher.

»Wie denn?«, fragt Bärbel.

»Also, er hat mal die Kleine genommen und so. Er mochte sie so gerne. Aber was ist denn jetzt mit ihm?«

Und plötzlich will ich nicht mehr weitermachen. Am liebsten würde ich wieder gehen. Mir ist mit einem Mal kalt, und mein ganzer Körper fühlt sich zittrig und unruhig an, als hätte ich zwanzig Tassen Kaffee hintereinander weggetrunken. Ich will dieser Frau jetzt nicht von den Filmen erzählen, in denen ihre Tochter vorkam. Ich will ihr nicht erzählen, wie sie gequält wurde und wie sie geschrien hat. Das geht jetzt auf keinen Fall.

»War Selina oft dort?«, frage ich, um Zeit zu gewinnen.

»Ja, manchmal schon. Ohne den Herrn Schneider hätte ich das alles nie durchgestanden. Erst ist der Vater von Selina abgehaun, und die Selina, die war ja dann verhaltensauffällig. Die geht jetzt in so eine spezielle Einrichtung.«

Schon wieder habe ich ein würgendes Gefühl im Hals. Bärbel wirft mir erneut so einen Blick zu, als wäre irgendetwas ganz komisch mit mir. Immerhin versteht sie, dass sie jetzt übernehmen muss.

Ich habe einen schalen Geschmack im Mund, als wir uns von Selinas Mutter verabschieden. Bärbel hat der Frau alles erzählt. Sie hat das sehr gut und sachlich gemacht. Ich hätte das nicht hinbekommen. Selinas Mutter ist trotzdem zusammengeklappt. Sie wird später noch mal als Zeugin zur Vernehmung ins Präsidium kommen müssen.

»Meinst du, wir können nachweisen, dass Herr Schneider das war?«, fragt Bärbel im Auto.

»Ich weiß nicht.« Ich will auf einmal nur noch schlafen. Nach Hause und gar nichts mehr sprechen und denken.

»Alles in Ordnung?«

»Nein! Gar nichts ist in Ordnung. Ich bin fix und fertig. Wie kann es sein, dass ein Mensch einem Kind so etwas antut. Ist doch klar, dass das Mädchen verhaltensauffällig ist, wenn sie so gequält wurde. Ich find das Scheiße!« Ich habe mich in Rage geredet und bin laut geworden, mein Herz klopft gegen meine Brust. Ich spüre, dass ich zittere. Vielleicht vor Wut. Vielleicht habe ich heute auch einfach zu wenig gegessen. Ich weiß es nicht. Ich weiß eigentlich gar nichts mehr. Ich fahre den Wagen an den Straßenrand und schalte den Motor ab.

»Vielleicht solltest du in diesem Zustand nicht arbeiten«, sagt Bärbel leise.

Ich blicke Bärbel an und sehe in ihre ernsten, freundlichen Augen. Sie meint es gut. Ich denke daran, dass mein Mann heute früh auch gesagt hat, ich sollte mal Pause machen. Und plötzlich fühle ich mich klein und schwach und absolut unfähig. Eigentlich dachte ich immer, ich wäre eine gute Polizistin. Ich habe meinen Kolleginnen in der Gewerkschaft doch immer erzählt, dass man wissen muss, wo die eigenen Grenzen liegen. Man soll rechtzeitig die Notbremse ziehen und sich selbst ernst nehmen. Das dient der Eigensicherheit und der Sicherheit der Kollegen natürlich auch. Und jetzt muss ich von einer Kollegin darauf angesprochen werden, dass ich so nicht arbeiten kann. Ich benehme mich offensichtlich wie eine Anfängerin.

»Was soll ich denn tun?«, frage ich.

»Ich weiß nicht. Nimm dir einen Tag frei. Komm runter und hol dir notfalls Hilfe. Ruf mal den Friedrich an. Du siehst echt schlimm aus.«

Ich kann nur noch nicken. Josef Friedrich ist der Polizeiseelsorger. Ein wirklich netter Mann. Aber ich habe seine Hilfe noch nie in Anspruch nehmen müssen. Bisher habe ich alles wunderbar alleine hingekriegt. Warum geht das jetzt nicht mehr? Wieder wird es so eng in meinem Hals. Ich spüre, wie meine Augen sich mit Wasser füllen, es gibt kein Zurück mehr. Eine Träne bahnt sich ihren Weg über meine Wange, und dann sind alle Dämme gebrochen. Ich kann nur noch weinen. Ich spüre, wie die Tränen meine Wange herunterrollen und auf das Lenkrad des Dienstwagens tropfen. Es ist mir egal. In mir ist ein großes, schwarzes, bodenloses Loch. Alles ist durcheinander, ich will nach Hause, ich will niemanden mehr sehen, keine Verantwortung mehr tragen. Bärbel legt behutsam den Arm um mich. »Ist ja gut«, flüstert sie lieb und macht damit alles noch schlimmer. Ich muss immer mehr weinen. Dabei muss ich doch eigentlich wieder aufhören, mich zusammenreißen und weitermachen, wir sind kurz davor, den Fall abzuschließen. Mit dem, was wir jetzt wissen, können wir Herrn Schneider bestimmt nachweisen, dass er das Mädchen in dem Film gequält hat.

»Lass mich fahren. Und wenn wir beim Präsidium sind, dann fährst du gleich nach Hause und lässt dich krankschreiben.«

Ich will noch widersprechen, aber dann fällt mein Blick in den Seitenspiegel und ich sehe mein verheultes Gesicht, und dann merke ich, wie schwach ich mich fühle. Bärbel hat recht. Für heute muss ich nach Hause. So wie ich mich jetzt fühle, nutze ich niemandem. Morgen werde ich den Friedrich anrufen, und dann werden wir sehen.

Den Rest des Tages verbringe ich im Bett. Mein Mann sieht erleichtert aus, als er mich dort liegen sieht. Ich starre aus dem Fenster in den heute ausnahmsweise mal blauen Himmel und denke nichts, dann schlafe ich ein.

Als ich am nächsten Morgen kurz vor dem Weckerklingeln aufwache, muss ich erst mal überlegen, wo ich bin. Ich weiß, dass irgendwas passiert ist, aber ich brauche eine Weile, bis ich mich erinnere. Als ich mich langsam aufrichte, höre ich meinen Mann brummen.

»Willst du heute wieder hin?«

»Ja, aber ich ruf den Friedrich an. Ich kann ja auch nicht einfach zu Hause bleiben.«

»Wie geht's dir«, fragt Klaus besorgt, als wir zum Frühstück zusammensitzen.

»Nicht gut. Ich ruf gleich den Friedrich an.«

»Soll lieber jemand anders den Fall übernehmen?«

»Nein!«, sage ich trotzig.

Herr Friedrich trifft sich für eine Stunde mit mir, später dann noch mal. Danach kann ich wieder eine Weile weitermachen, aber etwas hat sich bei mir verändert. Ich habe einen Widerwillen gegen den Auswerteraum, und ich habe gar keine Lust mehr, mich mit diesem ganzen Schmutz zu befassen. Ich habe die Neugier verloren. Ich will damit nichts mehr zu tun haben. Das Ganze ist zu nah an mich herangekommen. Als mir einfiel, dass Herr Schneider der freundliche, harmlos wirkende Mann aus dem Supermarkt ist, hat mich das tief beunruhigt. Bisher kamen die Täter, mit denen wir zu tun hatten, nie aus meinem Umfeld. Das hat es einfacher gemacht.

Wir können Herrn Schneider nachweisen, dass er die kleine Selina in dem Video gequält hat. Aufgrund unserer Ermittlungen erhebt die Staatsanwaltschaft Anklage gegen ihn. Ihm wird Besitz kinderpornographischer Schriften, sexueller Missbrauch von Kindern und sadistische Gewalt gegenüber einem Kind vorgeworfen. Als ich das deliktische Material, das wir bei Herrn Schneider gefunden haben, von der psychologischen Begutachtung abhole, sagt die zuständige Gutachterin zu mir: »Was tun Sie sich da an, Frau Reimann?« Ich stutze. Für einen Moment wird es wieder eng in meiner Kehle. Ich schlucke, um den Tränen erst gar keine Chance zu geben loszubrechen. Das passiert mir momentan öfter. Manchmal denke ich, dass ich es wieder im Griff habe, aber das stimmt nicht. Am schlimmsten ist es, wenn sich jemand mitfühlend äußert, dann könnte ich auf der Stelle anfangen zu weinen. Manchmal passiert das dann auch einfach, ohne dass ich etwas dagegen tun kann. Vielleicht liegt es daran, dass ich immer noch schlecht schlafe, oder daran, dass ich morgens mit einem faden Gefühl zur Arbeit fahre. Es macht mir keinen Spaß mehr zu arbeiten.

Auf dem Weg zu meinem Büro denke ich: Die Frau hat recht. Was tue ich mir da an? So geht es nicht weiter. Ich will das nicht mehr. Ich möchte diese Bilder nicht mehr sehen. Ich möchte das nicht mehr aushalten.

»Ich beantrage meine Versetzung auf einen anderen Arbeitsplatz«, sage ich, als wir draußen stehen und rauchen. Michael, Susanne, Wilhelm, Bärbel, Karin und Klaus, der ausnahmsweise mitgekommen ist, obwohl er gar nicht raucht, sehen mich an.

»Schade!« Karin findet als Erste die Sprache wieder.

»Ja, schade«, sage ich und meine das ernst.

2012

Es ist Herbst. Ich atme die kühle Luft ein, als ich im Untergeschoss des Präsidiums ankomme, dann zünde ich mir eine Zigarette an. Ich stehe hier ausnahmsweise mal alleine. Inzwischen habe ich einen neuen Arbeitsplatz innerhalb der Polizei im Bereich Kommunikation und Datenverarbeitung. Ich kümmere mich kurz gesagt darum, dass unsere Software funktioniert und gegebenenfalls weiterentwickelt wird. Das ist weniger aufregend als die Jobs, die ich vorher gemacht habe. Aber auch diese Arbeit mache ich gerne, und vielleicht tut es mir auch gut, ein bisschen weniger Herzklopfen bei der Sache zu haben.

Herr Schneider ist zu fünf Jahren Haft verurteilt worden. Das hat mir die Staatsanwaltschaft mitgeteilt. Mir hat diese Geschichte den Boden unter den Füßen weggezogen. Ich habe eine Therapie gemacht, in der ich die Bilder von Selina und Herrn Schneider verarbeiten konnte. Das heißt nicht, dass mich die Bilder der kleinen Selina nicht mehr schockieren. Ich sehe sie immer noch manchmal gegen eine stark behaarte Hand mit kurzen kräftigen Fingern kämpfen. Die Bilder kommen manchmal einfach so, aber ich kann damit leben. Nach wie vor stelle ich mir die Frage, wie jemand in der Lage sein kann, ein wehrloses Baby oder auch ein Kind zu quälen? Es bleibt mir ein Rätsel und ich bin froh, dass ich mit solchen Fällen nicht mehr konfrontiert werde.

Ich blicke in das Stück Himmel, das ich von meinem Raucherplatz sehen kann. Es hat gerade aufgehört zu regnen, zwischen den schweren Wolken macht sich ein blauer Abschnitt breit. Als ich meine Zigarette ausdrücke, fällt ein erster Sonnenstrahl auf den noch feuchten Boden. Aus irgendeinem Grund muss ich lächeln, als ich wieder an meinen Schreibtisch gehe.

Schlusswort

Es ist merkwürdig, meine Erlebnisse bei der Polizei geschrieben vor mir zu sehen. Es ist ein sehr persönlicher Bericht geworden, und das finde ich auch richtig so. Mir kam es darauf an, die menschliche Seite der Polizeiarbeit zu zeigen. Es war nicht immer einfach, das Leid zu verkraften, mit dem ich in meiner Arbeit konfrontiert wurde, aber ich kenne jetzt meine Grenzen und achte sie. Meiner Meinung nach bringt es nichts, sich ein dickes Fell zuzulegen. Abstumpfen ist keine Lösung. Ich habe es in meinem Beruf mit Menschen zu tun gehabt, denen unter Umständen Schlimmes passiert ist, und es wäre fatal gewesen, wenn mir dabei das Einfühlungsvermögen abhandengekommen wäre. Für die Vernehmung eines Missbrauchsopfers zum Beispiel braucht man eine gewisse Empathie, sonst geht es nicht. Ich versuche deshalb, sensibel für die Opfer zu bleiben; das bedeutet aber auch, dass ich mir selbst gegenüber sensibel sein muss.

Es würde mich freuen, wenn Sie als Leserin oder Leser dieses Buches an meine Geschichten denken, wenn Sie das nächste Mal mit der Polizei zu tun haben. In den Uniformen, selbst in den Kampfanzügen des MEK, stecken Menschen, die sich bemühen, ihren Job gut zu machen. Und natürlich gilt das auch für die Kollegen, die ihre Arbeit ohne Uniform erledigen. Und rufen Sie uns ruhig an, wenn Sie unsere Hilfe brauchen, denn dafür sind wir ja da.